老挝史

ปະຫວັດສາດລາວ

申旭　著

上海教育出版社

内容提要

　　本书是国内出版的第一部老挝史，是一部填补空白的作品，曾于 2011 年首次出版，现作修订再版。

　　作者在详尽资料的基础上，全面完整地叙述了从史前文化直至 1975 年老挝人民民主共和国建立的历史，涵盖了老挝的古代史、近代史与现代史。

　　全书共 11 章，分别叙述：老挝的史前文化与民族的形成，7 世纪以前越裳国、掸国、堂明（道明）国的历史，7—10 世纪老挝地区真腊、文单、参半、僧高、女王诸国的社会发展，11—13 世纪孟骚、老告、老丫、牛吼、哀牢国、老抓、挝国、猛老诸国的历史，1353—1697 年澜沧王国的兴衰史及其经济发展，1698 年澜沧王国分裂后万象王国、琅勃拉邦王国、占巴塞王国三国分立的历史，1893—1940 年法国的殖民统治，1941—1954 年第二次世界大战前后老挝动荡曲折的历史及老挝人民的抗法战争，1955—1962 年的两次日内瓦会议与老挝的中立，1963—1975 年全面内战的爆发、反抗美国武装干涉的斗争，以及 1975 年 12 月老挝人民民主共和国的建立。

ບົດຄັດຫຍໍ້

ປຶ້ມທ່ອນີ້ແມ່ນປະຫວັດສາດລາວພາກທີ 1 ທີ່ຈັດພິມໃນປະເທດຈີນ, ເປັນຜົນງານທີ່ເພີ່ມເຕີມຊຸດຂອງຫວ່າງເຫຼັ້ມທີ່ຈັດພິມໃນປີ 2011, ປັດຈຸບັນໄດ້ປັບປຸງ ແລະ ຈັດພິມໃໝ່.

ຜູ້ຂຽນໄດ້ອີງໃສ່ຂໍ້ມູນອັນລະອຽດເຂົ້າໃນການອະທິບາຍປະຫວັດສາດລາວກ່ອນການສ້າງຕັ້ງ ສາທາລະ ນະລັດ ປະຊາທິປະໄຕ ປະຊາຊົນລາວ ໃນປີ 1975, ຮວມເອົາປະຫວັດລາວສາດບຸຮານ ລາວ,ປະຫວັດສາດລາວສະໄໝໃໝ່ ແລະ ປະຫວັດສາດສະໄໝປັດຈຸບັນ.

ທັງໝົດແບ່ງອອກເປັນ 10 ບົດ, ອະທິບາຍເນື້ອໃນແຍກອອກຕາມລໍາດັບດັ່ງນີ້: ວັດຖະນະ ທໍາກ່ອນປະຫວັດສາດ ແລະ ການເກີດຂຶ້ນຊົນຊິນຊາດລາວ, ປະຫວັດສາດອານາຈັກເຢັຍຊາງໃນ ສະຕະວັດທີ 7, ອານາຈັກຊານ, ອານາຈັກຖັງເໝົ່ງ, ໃນໄລຍະສະຕະວັດທີ 7-10 ກໍມີປະຫວັດ ສາດການພັດທະມາສັງຄົມຂອງອານາຈັກເຈນລະ, ອານາຈັກເວີນຕານ, ອານາຈັກຊານປານ, ອານາ ຈັກເຊີນເກົາ, ອານາບົ່ວຍທວ້ງ, ສະຕະວັດທີ 11-13 ກໍມີປະຫວັດສາດອານາຈັກເມິ່ງຊາວ, ລາວເກົາ, ລາວຍາ, ບົ່ວໂທ, ອານາຈັກຮ້າຍລາວ, ລາວຈວາ, ອານາຈັກທວ່ອ, ອານາຈັດເມິ່ງລາວ, ປີ 1353-1697 ໄລຍະຈະເລີນຮຸ່ງເຮືອງ-ເສື່ອມໂຊມ ແລະ ການພັດທະນາເສດຖະກິດຂອງອານາຈັກລ້ານ ຊ້າງ, ປີ 1698 ອານາຈັກລ້ານຊ້າງຖືກແຍກເປັນອານາຈັກວຽງຈັນ, ອານາຈັກຫຼວງພະບາງ, ອານາຈັກຈໍາປາສັກ, ປີ 1893-1940 ໄລຍະຕົກເປັນເມືອງຂຶ້ນຂອງຝຣັ່ງ, ປີ 1941-1954 ປະຫວັດສາດຄວາມອຸ້ມອາຍພາຍໃນກ່ອນ-ຫຼັງສົງຄາມໂລກຄັ້ງທີ 2 ແລະ ສົງຄາມຕໍ່ຕ້ານລ່າເມືອງ ຂຶ້ນຝຣັ່ງຂອງປະຊາຊົນລາວ, ປີ 1955-1962 ກອງປະຊຸມເຈນິວາທັງ 2 ຄັ້ງ ແລະ ຄວາມ ເປັນກາງຂອງລາວ, ປີ 1963-1975 ສົງຄາມພາຍໃນທົ່ວປະເທດໄດ້ເກີດຂຶ້ນ, ການຕໍ່ສູ້ຕ້ານການ ແຊກແຊງຕ້ານອາວຸດຂອງສະຫະລັດ ແລະ ເດືອນ 12 ປີ 1975 ໄດ້ປະກາດສ້າງຕັ້ງປະເທດ ສາທາລະນະລັດ ປະຊາທິປະໄຕ ປະຊາຊົນລາວຂຶ້ນ ຢ່າງເປັນທາງການ.

作
者
小
传

　　申旭，1958 年生于郑州。1977 年读大学，1984 年毕业于郑州大学，获历史学硕士学位。1986 年起就职于云南省社会科学院，1996 年破格晋升为研究员。长期致力于东南亚历史、云南跨境民族及对外关系史研究，已主持完成 2 个国家社会科学基金项目，参与完成 4 个国家社会科学基金项目，主持和参与完成 7 个省部级研究项目。出版《老挝史》《当代老挝》《中国西南对外关系史研究》《中国西南与东南亚的跨境民族》《金三角瞬间》等专著（合著）15 部，在国家级、省级刊物和海外杂志上发表论文 150 余篇。其著作曾获中国图书奖、云南省哲学社会科学优秀成果奖等多项奖励。

目录

第一章　史前文化与民族形成　　　　　　1

第一节　考古遗址和原始人类　　　　　2
第二节　早期越人的迁入　　　　　　　6
一、　地理和历史因素　　　　　　　　　6
二、　考古学和人种学依据　　　　　　　8
三、　稻作文化的传播　　　　　　　　　12
第三节　秦汉时期泰老民族先民的南迁　　15
一、　乌浒的族属和迁徙　　　　　　　　15
二、　铜鼓文化的传播　　　　　　　　　18
第四节　哀牢和老族的关系　　　　　　22
一、　哀牢的概念　　　　　　　　　　　22
二、　哀牢、百越和泰老民族文化特征的对比　23
三、　哀牢人的演化及"牢""僚""老"的关系　27
四、　从中、老两国"哀牢"的对比看其南迁　30
五、　哀牢人南迁的原因和路线　　　　　32

第五节　泰老族先民南迁的其他依据　　34

　　一、民族学方面　　34

　　二、语言学方面　　35

　　三、地名学方面　　36

　　四、历法方面　　37

　　五、少数民族文献　　38

第二章　7世纪以前诸国　　41

第一节　越裳国　　42

第二节　掸国　　45

　　一、老挝地区的掸国　　45

　　二、掸国同中国的交往　　48

第三节　堂明（道明）国　　50

　　一、堂明（道明）国的方位　　50

　　二、堂明是否为扶南属国的问题　　55

　　三、堂明（道明）国的族属和文化　　58

第三章　7—10世纪老挝地区社会的发展　　63

第一节　真腊的兴起　　64

第二节　陆真腊即文单国　　67

　　一、真腊、文单和柬埔寨　　67

　　二、　陆真腊即文单国　　　　　　　　　　69

　　三、　真腊、文单同中国的交往　　　　　　72

第三节　参半　　　　　　　　　　　　　　　78

第四节　僧高　　　　　　　　　　　　　　　80

第五节　女王国　　　　　　　　　　　　　　80

第四章　11—13世纪诸国　　　　　　　83

第一节　孟骚与所谓澜沧国问题　　　　　　84

　　一、　澜沧国诸说　　　　　　　　　　　84

　　二、　勐骚国的建立年代　　　　　　　　87

　　三、　澜沧国称谓的由来　　　　　　　　90

第二节　老告和老丫　　　　　　　　　　　91

第三节　牛吼　　　　　　　　　　　　　　92

第四节　哀牢国　　　　　　　　　　　　　93

第五节　老抓、挝国、猛老　　　　　　　　95

第五章　澜沧王国的兴衰
　　　　　　（1353—1697）　　　　101

第一节　澜沧王国的建立　　　　　　　　102

　　一、　法昂统一老挝　　　　　　　　　102

　　二、　佛教被定为国教　　　　　　　　105

第二节　繁荣和衰落　　　　　　　　　　　　106

第三节　澜沧王国的对外关系　　　　　　　　111

　　一、　同中国的关系　　　　　　　　　　111

　　二、　越南人的入侵　　　　　　　　　　113

　　三、　缅甸人的入侵　　　　　　　　　　115

　　四、　同大城的关系　　　　　　　　　　116

第四节　澜沧王国的经济发展　　　　　　　　117

　　一、　土地制度　　　　　　　　　　　　117

　　二、　村社制度　　　　　　　　　　　　126

　　三、　封建剥削　　　　　　　　　　　　131

　　四、　分封制的后果　　　　　　　　　　137

第六章　分裂后的老挝诸王国
（1698—1892）　　　　　143

第一节　三国分立　　　　　　　　　　　　　144

　　一、　万象王国　　　　　　　　　　　　144

　　二、　琅勃拉邦王国　　　　　　　　　　147

　　三、　占巴塞王国　　　　　　　　　　　148

第二节　南掌和中国的交往　　　　　　　　　150

第三节　暹罗的统治　　　　　　　　　　　　159

第四节　文学艺术　　　　　　　　　　　　　162

第七章　法国的殖民统治
（1893—1940） 167

第一节　法国的入侵 168
一、 法国殖民者的早期活动 168

二、 法暹战争与《曼谷条约》 170

第二节　法国的殖民统治 172
一、 政治统治方式 172

二、 经济政策和社会结构 176

三、 文化教育情况 181

第三节　老挝人民的反法斗争 183
一、 富巴都起义 184

二、 昂克欧—库马丹起义 184

三、 巴寨起义 186

第八章　老挝（1941—1954） 189

第一节　第二次世界大战中的老挝 190
一、 日本侵占印度支那 190

二、 泰国与法国关于老挝领土的争端 191

三、 日本发动军事政变 193

第二节　十月独立运动 194

第三节　法国重返老挝　　　　　　　　　　198

　　一、法、美、英之间的幕后交易　　　198

　　二、法国重返老挝　　　　　　　　200

　　三、美国开始插足老挝　　　　　　203

第四节　老挝人民的抗法战争　　　　　　205

　　一、伊沙拉阵线与巴特寮　　　　　205

　　二、老挝人民党的组成　　　　　　206

　　三、老挝人民抗法战争的胜利　　　207

第九章　两次日内瓦会议与老挝的中立（1955—1962）　　209

第一节　日内瓦会议与第一次联合政府　　210

第二节　美国的干涉　　　　　　　　　　215

第三节　中立运动的发展　　　　　　　　222

第四节　第二次日内瓦会议　　　　　　　227

第十章　老挝人民民主共和国的建立（1963—1975）　　239

第一节　全面内战和中立派的分化　　　　240

第二节　第二次联合政府的崩溃　　　　　246

第三节　美国的轰炸和解放区的巩固　　　251

第四节　和平协定和人民民主共和国的成立　258

第一章
史前文化与民族形成

第一节　考古遗址和原始人类

随着考古发掘和研究工作的进展，东南亚地区越来越引起世界的瞩目。尤其是近几十年来一系列的地下发掘，不仅使人们相信东南亚地区是人类的发祥地之一，而且也证实了这里曾经是古代世界的一个文化中心。在该地区出土的精美器物由于其重要价值而显得更加光彩夺目。就大陆东南亚即中南半岛地区而言，越南诸文化遗址的发现和泰国仙人洞、能诺他、班清、班告等遗址的挖掘，不但向人们展示了该地区史前历史发展的基本连续性，而且使该地区在世界作物栽培史上占有一定的地位。然而，由于种种原因，位于越南和泰国之间的老挝，在考古发掘和研究方面似乎没有多少进展，以至于老挝地区是否经历过旧石器时代似乎都存在不少的疑问。

据老挝官方宣称，老挝有 68 个民族，尚不包括越南人、华人、印度人和皮通銮即黄焦叶人等，但这 68 个民族的名单从未公布过。[①] 而且，对老挝各民族的分类方法也是相当不科学的。按照居住地区的不同，现在通常把老挝各民族划分为老龙、老听和老松三大族系[②]。居住在平原、河谷地区的民族为老龙族系，居住在丘陵、山坡地带的民族为老听族系，居住在高山顶上的民族为老松族系。无论属于哪个语系的民族，只要居住地区相似，便被划归在一个族系内。例如，在老听族系中，既有南亚语系孟高棉语族的民族如拉威、克木等，也有属于南岛语系的民族，还有汉藏语系藏缅语族中的戈（哈尼）等民族，显得十分混乱。同样，对老挝主体民族老族的称呼也很混乱，有称老族者，有称老龙族者，也有称老龙族系者。有的学者甚至将老龙族系各民族的总人口数当作老族的人数，认为老族占老挝全国总人口的 80%，这是很不妥当的。如果按照语言系属来划分，目前所见到的一些老挝民族名称还无法归类，尚有待于通过调查和研究逐步确定。

在老挝民族的三大族系中，老龙族系主要指老、泰、（傣）泐等民族，老松族

---

① Martin Stuart-Fox, "Minority Policy in the Lao People's Democratic Republic", Proceedings of the International Conference on Thai Studies, Canberra, 1987, vol. 2, p.331.

② 20 世纪 80 年代初，老挝将其国内民族划分为三大族系 68 个部族，即老龙族系 10 个部族，老听族系 43 个部族，老松族系 15 个部族。之后经过多次民族识别，截至 2018 年，老挝政府认定其国内共有 50 个民族。参见鱼耀：《老挝"民族识别"的再认识》，《世界民族》2022 年第 2 期。

系主要指 19 世纪初叶以后从中国云南、越南等地迁去的苗、瑶等民族,^①含义相对固定。老听族系则基本上包括了这两个族系之外的民族,该族系的一些民族,当是老挝地区原始人类的后裔。因此,在论述老挝地区的原始居民之前,应先了解老挝及东南亚地区的史前史。

东南亚地区最早发现原始人类是在今印度尼西亚的爪哇。1891 年,荷兰军医 E. 杜布瓦在中爪哇梭罗河畔的特里尼尔发现原始人类的头盖骨 1 块,以及 1 枚上臼齿和 1 块大腿骨,后被命名为“爪哇猿人”。据研究,爪哇猿人已能够直立行走,故又称“爪哇直立猿人”。杜布瓦发现的是世界上最早获得的晚期猿人的化石,爪哇猿人距今 100 万年至三四十万年。1936 年,另一名荷兰人 G. 孔尼华在东爪哇的莫佐克托挖掘到据认为是东南亚地区最早直立人的头盖骨,距今已有 190 万年,比爪哇猿人还要古老。莫佐克托猿人和爪哇猿人属于旧石器时代初期的人类,1931—1934 年在爪哇中部昂栋附近的梭罗河畔发现的 11 块头盖骨残片和 2 块胫骨的人类化石,则属于旧石器时代中期即介于猿人和现代人之间的人类。P. 贝尔伍德认为,梭罗人是东南亚澳大利亚人种的直接祖先,现在东南亚的澳大利亚人种似乎在某种程度上具有来自梭罗猿人的基本特征。^②19 世纪末叶在爪哇南部瓦贾克发现的瓦贾克智人头盖骨化石,则属于旧石器时代晚期的人类,与莫佐克托猿人、爪哇猿人及梭罗猿人一脉相承。如果以莫佐克托猿人能够直立行走为起点的话,至少在 190 万年以前,东南亚地区已有人类生息繁衍,因此完全可以说,东南亚是世界人类的起源地之一。

中南半岛地区最早的原始人类,是在越南谅山发现的新文洞猿人,与北京猿人相近,属更新世中期,距今约 50 万年。老挝境内最早的人类,目前可以追溯到更新世中期之末,距今约 10 万年。在老挝查尔平原北面的坦杭遗址中,发现了人科骨骼遗存和猿人类型的牙齿,以及当时的人类使用的骨器和石器。坦杭地区人类的年代远远早于爪哇南部的瓦贾克人,可能处于人类学上的早期智人阶段。

旧石器时代早、中期的文化器物,在老挝发现不多,这可能与发掘工作做得不够有关。根据到目前为止的考古发掘,除了上面所说的上寮坦杭遗址外,还有在

① 申旭、刘稚:《中国西南与东南亚的跨境民族》,云南民族出版社,1988,第 4-5 章。

② P. Bellwood, "Man's Conquest of the Pacific: the Prehistory of Southeast Asia and Oceania", Oxford University Press, New York, 1979, p.42.

上寮帕香通地区地面上采集到的一些由火山岩制成的双面器。由于没有地层作为依据，因而虽然看起来像从旧石器时代初期到中期之间的过渡类型，但还不能确定在该地区存在过旧石器时代中期的文化。另外，在川圹地区的芒翁大平原的古代冲积砾石地层中，曾发掘出一件边缘经过打制的多面器，但这同样不能作为确定旧石器时代文化的依据。[①] 然而，这也不能说明老挝不存在旧石器时代，随着考古发掘工作的不断进展，老挝旧石器时代的文化也许会更多地展现在人们面前。

进入旧石器时代晚期，由法国考古学家 M. 科拉尼命名的和平文化在东南亚地区广泛分布，该文化因首次在越南的和平省发现而得名，也有学者将和平文化归为中石器时代的文化。和平文化诸遗址早期出土的石器有刮削器、砍砸器、击石等石片石器，多由砾石打制而成，其典型代表是用天然砾石打制的椭圆形石斧，从侧面看有明显的打制痕迹。另外，在和平文化遗址中还出土了少量的骨器，但还没有陶器。这一时期从旧石器时代之末一直延续到出现磨光石器和陶器的新石器时代开始为止。

在和平文化遗址中，主要出土有贝类、甲壳类水生动物，猪、牛、鹿、猿猴等哺乳动物以及鸟类、爬行动物的残骸。植物遗存仅见于泰国西北部夜丰颂府的仙人洞遗址，包括瓜类、豆类、杏、槟榔、菱角的种子等。C. 戈尔曼认为，葫芦和黄瓜的食用，以及菱角、带荚的豆和豌豆，形成一组食用的作物，表明了超过简单的食物采集阶段的经济发展。[②] 由于仙人洞遗址中植物种子的发现，许多学者将东南亚看成是世界上栽培作物最早的地区。

和平文化在老挝也有发现。在上寮地区的洞穴遗址中，和平文化的地层断断续续可上溯至更新世时期。老挝境内主要的和平文化遗存是琅勃拉邦东北部的坦邦遗址，和典型的和平文化密不可分的坦邦人实际上是属于"印度尼西亚"人种。[③] 由于和平文化的分布范围相当广泛，因此，它不可能是起源于一个中心，而后向其他地区发展起来的。和平文化的中晚期阶段和中国华南地区新石器中晚期

① ［法］埃德蒙·索兰、让皮埃尔·卡伯内尔：《印度支那半岛的史前文化》，任友谅译，载中国社会科学院考古研究所编《考古学参考资料》1979 年第 2 期。

② C. German, "Hoabinhian: A Pebble-Tool Complex with Early Plant Associations in Southeast Asia", Science, vol. 163, 1969, pp. 671–673.

③ G. Olivie, "Revision du Crane Mesolithique de Tam Pang (Laos)", Bull. et Mem. Soc. Anthropologie, Paris 2e Serie, 9, pp. 229–253.

文化的内涵接近,这"是在早期相似文化的基础上,东南亚地区受到华南地区文化影响和传播的结果"①。

进入新石器时代,中南半岛地区通常以北山文化为代表。北山文化大致可以分为早、中、晚三个时期:早期以砾石打制石器为主,石斧的面经过敲琢,断面呈圆形或椭圆形,刃部磨光,这种石斧在和平文化中已有发现。中期出土的石斧数量增多,并伴有刃部经过打磨的骨器。晚期以梯形有肩石斧为主,通体磨光,并有少量绳纹陶。在琅勃拉邦以北 10 千米处的坦南安遗址中,发现了北山类型的单面磨光短石斧,高 7 厘米,宽 8 厘米。在南坦杭遗址中,出土了单面磨光杏仁状石器和三棱石器。在老挝出土的新石器时代遗物中,石器占大多数,其中最多的为方形石斧,尤其是柄部细长的方形斧。另外,在老挝还出土有少量有肩石斧。

关于老挝地区的青铜时代及出土的青铜器,目前还没有看到详细的报告,但从已发现的青铜器来看,已可以说明老挝地区青铜冶炼的存在。在老挝中部的容马拉,发现了一块孤零零的藏在岩洞中的铸造铜斧的范。据认为,这块范与在越南胡志明市以东 70 千米的贡洞发现的范非常相似。②在老挝北部的琅勃拉邦地区,人们在地面上或湄公河的冲积平原上找到了一些青铜器,如斧、凿、镰、鱼钩和箭镞等,但由于地层关系不明确而无法进行仔细研究,不过从外表看,这些器物与柬埔寨的三隆盛贝丘遗址和姆吕波瑞发现的青铜器大体相似。③另外,在琅勃拉邦北部,在这座城市和芒外市之间的南乌河、南芽河以及南博河的河谷地区的许多遗址中,都发现了青铜制造的工具。④至于在老挝地区发现的铜鼓,将在下面进行讨论。

据人类学家研究,东南亚地区的原始人类属于澳大利亚—尼格罗人种,包括美拉尼西亚人、尼格罗人、印度尼西亚人等。老挝自然也不例外,在老挝发现的 11 个人头骨皆属于澳大利亚—尼格罗人种。前面谈到,坦邦和平文化遗址的主人为印度尼西亚人,"而尼格罗类型主要是在老挝北部的北山文化中和安南中部新石器时代晚期文化中发现的,他们的后代,现在可能居住在老挝和越南中部的边

---

① 戴国华:《论东南亚"和平文化"及其与华南文化的关系》,《东南亚》1988 年第 1 期。

② [法] 埃德蒙·索兰、让皮埃尔·卡伯内尔:《印度支那半岛的史前文化》,任友谅译,载中国社会科学院考古研究所编《考古学参考资料》1979 年第 2 期。

③ H. Mansuy, "L'industrie de la Pierre et du Bronze dans la Région de Luang Prabang, Haut-Laos", Bull. Serv. Geol. Indochine, 7, 1, 14pp. , 6pl.

④ P. Levy, "Mission dans la Region Nord de Luang Prabang", Inst. Indoch. de L'Homme, 5, 2, pp.127–128. , 1 Carte.

界地区以及柬埔寨境内……从老挝北部的中石器时代文化起，在东京和老挝北部的北山文化中，就发现了印度尼西亚血统。过去称为'蒙古—欧罗巴人种'的头骨也可以归入这一血统"[①]。也就是说，老挝地区的原始居民主要是印度尼西亚人和尼格罗人。后来，随着南岛语系、南亚语系和汉藏语系三大语系民族的迁入，[②]老挝地区的原始居民和南岛语系的迁入者融合在一起，形成了今日老挝称之为老听族系中的一些民族。后来迁入的一些南亚语系孟高棉语族的民族和汉藏语系藏缅语族的民族也被划入老听族系。关于南亚语系孟高棉语族的民族迁入老挝，将在下一章中论述，在这里，主要探讨老挝泰老民族的来源问题。

第二节　早期越人的迁入

一、地理和历史因素

关于中南半岛地区泰人[③]的起源问题，人们经过了一个多世纪的争论，提出了各种不同的观点和假设，[④]到现在似乎还远没有得到解决。正如饭岛茂所说的那样："关于东南亚民族的形成，至今尚有不少问题仍处于谜团中。这可能是由于记载该地区过去的文献资料极为缺乏的缘故。"[⑤]这位日本学者指出，由于在中国、印度诸文明到来之前，东南亚各民族尚无固定文字，加之东南亚地区高温潮湿的气候和居民多用竹、木器物，不便保留过去的历史，所以，很难找到可以利用的记载资料。"正是由于这样的生态背景，所以在研究东南亚民族的形成时，不能不依靠某些传说和神话。这些材料大致表明：东南亚民族的形成与他们的祖先

① ［法］埃德蒙·索兰、让皮埃尔·卡伯内尔：《印度支那半岛的史前文化》，任友谅译，载中国社会科学院考古研究所编《考古学参考资料》1979 年第 2 期。
② 王民同：《东南亚民族的来源和分布》，《昆明师范学院学报》1984 年第 2 期。
③ 这里所说的泰人，包括泰国的泰族，老挝的老族、沥族，缅甸的掸族，越南的泰族等。
④ B. 戴维：《泰人起源问题的再思考》，申旭译，《民族译丛》1989 年第 4 期。
⑤ ［日］饭岛茂：《东南亚社会的原型——从文化人类学来考察》，马宁译，《东南亚历史译丛》1982 年第 2 期。

在远古时代从北方的'故乡'向南方迁移这样一个民族大移动的历史有密切的关系。""根据迄今为止的民族学、历史学、语言学以及考古学的研究，从历史上可明显地看出：在东南亚大陆上，确有从北方向南方的民族移动的痕迹。"①中南半岛地区泰人先民的来源，应是或者主要是中国的南方。

从历史上看，整个古代直至近现代时期，不少民族都在不停地从北向南迁徙，其中部分越过了后来才确定下来的国界，进入并定居在中南半岛诸国。从自然地理的角度来看，中国的云南和广西两省区与中南半岛可以被视为同一个地理区域，云南是红河、湄公河、萨尔温江、伊洛瓦底江等著名江河的上游地带，它们流经中南半岛后注入海洋，形成了一个庞大的扇子骨形的水系网络。这一区域气候湿热，雨量充沛，森林茂盛，土地肥沃，物产丰富，是原始人类生存的沃土。从人文地理上看，众多的河谷地带既是从大陆走向海洋的走廊，又是古代民族迁徙流动的通道，多数古代民族是从高地沿着河谷向前移动并在此过程中逐步定居下来的。原因是在当时的条件下，古代民族受到了大山的阻隔，不得不选择河谷地区作为迁徙的通道。从民族迁徙的角度看，中南半岛又是亚洲大陆的顶端和死胡同，古代民族迁到中南半岛以后，大多留居繁衍于当地，只有少数从海路迁往他国或返回中国的南方地区。因而可以说，中国的云南、广西和中南半岛地区既是古代人类繁衍和迁徙的中心，也是众多古代民族活动的历史舞台。所以，现今中南半岛的民族大多数和中国南方诸民族有着渊源关系和亲缘联系，从而构成了众多跨境民族和共源文化以及文化认同。②

最早迁入老挝地区的越人当为越裳。据中国史籍记载，在古代交趾的南方有一个越裳国，在公元前10世纪前后曾通好中国，到公元前后又数次前来中国朝贡。不少中外学者认为越裳在今越南，这种观点并不妥当。公元前10世纪前后"交趾之南"的越裳，当泛指中南半岛北部地区；而公元前后的越裳国，有可能位于今老挝北部地区，也即后汉时期掸国的前身。这里所说的掸国不是在缅甸，而是在老挝。③

① ［日］饭岛茂：《东南亚社会的原型——从文化人类学来考察》，马宁译，《东南亚历史译丛》1982年第2期。
② 申旭、刘稚：《中国西南与东南亚的跨境民族》，云南民族出版社，1988，第4-5章；刘稚、申旭：《论云南跨境民族研究》，《云南社会科学》1989年第1期；申旭：《论云南跨境民族文化研究》，载云南省东南亚研究所《云南与东南亚关系论丛》，云南人民出版社，1989。
③ 深思：《越裳即掸——老挝古国新证》，《东南亚》1986年第4期。

越裳地区的主要居民即越裳人。"越裳"一词最初为族名,是百越的一支,后来才演变成为地名和国名。古代文献中的一些族称的词序是可以颠倒的,例如,"骆越"又可以称为"越骆";另外,还有"越摇""越沤""越裳""越俚""越佬"等。"我们虽然未见有'裳越''佬越''俚越'的称法,但'佬人''俚人'显然都是百越的一支。所以这些称号也正和'越骆'一样。""总的说来,这些名号可以分为两类:用古代名学的术语说,一类是共名在前,别名在后,例如越骆。又一类是别名在前,共名在后,例如骆越。用目下语言学的术语说,前一类是中心词在前,定语在后。后一类是定语在前,中心词在后。这两类的说法在我国诸兄弟民族中都有典型的例词。"[①] 就"越裳"一词来说,又可以称为"裳越","越"为共名,"裳"为别名;"越"即百越之"越","裳"即掸,只是西汉以前史书称为"裳",之后则记载为"掸"。西汉以后,百越各支大多改变了称呼,或者说文献记载时改变了对他们的称呼,不再见有"×越"的记载。"越裳"之名则演称为"掸",保存了其别名"裳"("裳"即"掸",二者同音),省去了作为共名的百越之"越"。

从目前所能见到的史料来看,越裳当为老挝地区最早的越人分支之一。虽然不可能找到越裳迁到老挝地区的直接记载,但我们有理由认为,从新石器时代开始,中国南方的越人逐渐迁到老挝地区。如果有必要给越人迁入老挝确定年代的话,那么,其时间不会早于新石器时代,越裳可能是最早的代表。[②]

二、考古学和人种学依据

对古代中国南方诸文化稍加研究即可发现,它们大多属于地方文化,但早在新石器时代就受到中原文化的显著影响,而老挝该时期的文化也同时间接受到中原文化和直接受到中国南方文化的影响。

将云南滇西、滇西北和滇中的新石器文化的遗址与黄河流域的主要新石器文化加以比较,可以发现,二者在陶器(器形、颜色、纹饰、刻符等),石器(石刀),葬俗(瓮棺葬),建筑形式(半穴居及地面建筑)等方面有许多相似之处,表明云南新石器文化受到黄河流域新石器文化的影响。[③] 梁钊韬指出:"大汶口文化分布

---

① 闻宥:《族名小考》,《中央民族学院学报》1981年第3期。
② 深思:《老挝泰老族系民族探源》,《东南亚》1987年第1、2期。
③ 李昆声:《试论云南新石器文化与黄河流域的关系》,《云南文物》1982年第12期。

在山东、苏北和安徽境内。它创造了蛋壳黑陶和形状原始的陶鬶，也出现了一部分独具风格的彩色陶器，有的纹饰类似仰韶文化。这说明古代东夷越族的前头部落已与中原仰韶文化有一定程度的融合和统一的特征。"[1] 新石器时代，中国西南地区和东南地区的文化都受到黄河流域诸文化的影响，而这两个地区的新石器文化之间又有着许多共同之处。浙江、福建地区有于越、闽越，广西、广东地区有南越、骆越、瓯越，云南地区有滇越等，他们在各自的居住地区创造了新石器时代的文化。由于他们同属百越，又皆受到中原地区文化的影响，所以，他们的文化之间有相通之处，和中原文化也有许多相通之处，但又有他们自己的特征。

前面已经谈到，东南亚中晚期和平文化曾受到同时期华南文化的影响，新石器时代的陶器文化和石斧文化等同样如此。彭适凡指出："印度支那和中国南方地区在印纹陶及其他文化因素上表现出某些相似，显然是中国南方古代印纹陶影响和传播的结果。大量的考古资料证明，中国南方地区古代印纹陶产生于新石器时代晚期，并有其发展和兴盛的历史。"[2] 而且从印度支那各地出土的印纹陶情况来看，越靠近中国南方的地区，陶器的纹饰越丰富多彩；越往南，陶器上的纹饰就越少。[3] 这种情况表明，印纹陶起源于中国南方，而后逐渐向印度支那地区传播和发展。也就是说，"中国南方地区和东南亚一带的远古居民，从新石器时代起，就有较为密切的联系，至少到3000多年前的商周时代，中国南方发达兴盛的几何印纹陶就曾传播到南洋一带，给这些地区的陶器制造工艺以一定的影响"[4]。从后来在老挝发现的古陶窑遗址及陶器中，既可以看到中国的影响，又具有老挝自己陶器的风格。[5] 这反映了古代中老两国陶器工艺上的密切交往关系，同时也体现了老挝古陶瓷器的历史发展。几何印纹陶是典型的百越文化特征之一，它起源于中国，是由越人创造的，新石器时代及其以后，由越人及其后裔通过迁徙传播到老挝及其他东南亚国家。索尔海姆也认为，"缅甸、泰国和老挝的制陶工艺或陶器涉及的陶工和云南的傣族陶工，至少在公元前一千年的华南有着一个共同的祖先"，在"华南、缅甸、老挝、泰国北部和越南的大部分地区的泰族（和其他民族）中，

① 梁钊韬：《百越对缔造中华民族的贡献》，《中山大学学报》1981年第2期。
② 彭适凡：《中国南方古代印纹陶》，文物出版社，1987，第375页。
③ ［越］黎文兰等：《越南青铜时代的第一批徙迹》，梁志明译，中国古代铜鼓研究会印，1982，第164页。
④ 彭适凡：《中国南方古代印纹陶》，文物出版社，1987，第383页。
⑤ 蔡文欉：《"班岛海"古陶窑遗址与老挝的古陶瓷器》，《东南亚》1985年第2期。

便有许多内部的贸易和交往"。①

在谈到老挝地区的新石器时代文化时,松本信广指出:"从安南地区越过脊梁山脉进入老挝,其文化多少带有特殊的形象。在1908年和1909年经曼续伊勘察过的琅勃拉邦地区,从土著居民手中收集了一百八十件遗物。其中八件是青铜器、三件石斧,另外有凿、镞和钓针,其他全部为石器。整个文化给人一种极发达的印象,其中最多的为方形斧,特别是柄部细长的方形斧的存在,为了解这一地区的文化体系提供了重要线索。"②到20世纪70年代,还没有发现老挝存在旧石器时代文化的确凿证据,而其新石器时代文化(尤其是北部靠近中国的地区)既"给人一种极其发达的印象",又和越南的新石器时代文化有所不同,表明其当有不同的来源。

奥地利考古学家格尔德恩以通体磨制石器的类型来划分,认为在新石器时代中晚期,东南亚主要出现有三种文化,即有肩石斧文化、长方石斧文化和圆筒石斧文化,并把长方石斧归属于仰韶文化,认为东南亚的长方石斧文化是从仰韶传播和发展而来的,它的传播者是澳斯特洛尼西亚人。③圆筒石斧在老挝尚无发现,取而代之的是长方石斧,在老挝的发展颇具特色。长方石斧又称方角石斧、四棱石斧、梯形石斧等,在东南亚各国大多有分布,而以老挝地区显得最为发达。在老挝,既出土了柄部细长的长方石斧,也发现了厚柄、片刃突出、刃部为弧形的长方石斧。长方石斧文化在中国的分布范围相当广泛,是一种极普通常见的石器类型,从黄河流域到长江流域沿岸都有分布,但在仰韶遗址中特别显著。在云南地区,长方石斧则和圆筒石斧并存。格尔德恩认为,长方石斧是从北方经云南、老挝,通过暹罗、马来半岛进入印度尼西亚,其分支向东部印度支那扩展,而在西方形成和有肩石斧相伴向印度扩展的文化波。④长方石斧起源于中国中原地区,看来已无问题。关于这种文化的族属,格尔德恩认为是澳斯特洛尼西亚人。贝尔伍德认为,中国南部可能是澳斯特洛尼西亚语系的古老家乡。⑤中国已故人类学家林惠祥认为,属于澳斯特洛尼西亚语系的马来人

① [美]W. G. 索尔海姆:《陶器、傣族与马来人》,彭南林译,《民族考古译文集》②,1987年。
② [日]松本信广:《印度支那的史前文化》,王民同译,载昆明师范学院历史系、科研处编《世界史译文集》第一辑,1983年。
③④ Robert H. Geldern, "Urheimat und Fruheste Wanderungen der Austronesier", Anthropos, vol. 27, 1932, pp.543-619.
⑤ P. Bellwood, "Man's Conquest of the Pacific: the Prehistory of Southeast Asia and Oceania", Oxford University Press, New York, 1979.

的祖先即中国东南地区的古越族，马来人的祖先于新石器时代分两路进入南洋地区。一为西路，由印度支那到苏门答腊，再向东进到爪哇、菲律宾等处；另一路为东路，由华南到菲律宾，然后向西到爪哇、苏门答腊。[①]中国是否为澳斯特洛尼西亚语系民族的故乡的问题，还有待进一步的研究，但仰韶文化的主人当为华夏民族，而不像格尔德恩所认为的那样，长方石斧文化是随其创造者澳斯特洛尼西亚人迁到东南亚各地的。长方石斧文化可能源于仰韶，和有肩石斧文化等一起，通过云南传入老挝地区，其传播者可能为越人，是新石器时代从中国南方迁往老挝北部地区的越人。

新石器时代中晚期东南亚地区的另一种文化是有肩石斧文化，主要分布在大陆东南亚地区。在老挝北部的腊特新和中部的甘蒙省等地都发现了有肩石斧。有肩石斧是典型的百越文化特征之一，这种文化起源于中国南方，老挝的有肩石斧当由其主人传播过去。松本信广指出："有肩石斧在北方的分布，还提供了一个有趣的问题。关于在云南的有肩石斧不是印度支那的四方形，在腾越附近发现的是轮廓弯曲的石斧，这或许是纯正有肩石斧的始祖型，但确实与否尚有问题。"[②]松本信广谈的是 20 世纪 40 年代的情况，后来云南各地发现了大量有肩石斧，但要说云南就是有肩石斧的发源地，恐怕还不能下这样的结论。有肩石斧在广西、广东、福建、浙江等地出土最多，这些省区也是古代百越集中分布的地区，云南出土的一些有肩石斧也可能是从广西地区传入的。但无论如何，有肩石斧文化的族属为中国南方的百越，这是没有问题的。那么，老挝的有肩石斧当是从中国南方传播过去的，其传播者自然应为它的创造者——百越，传入老挝地区的时间，应该是在新石器时代中晚期。越人不是老挝地区的土著，在老挝新石器时代出现了有肩石斧文化，说明其时越人已迁入这一地区。再说，既然长方石斧文化能从中国中原地区传入老挝，那么，中国南方百越的有肩石斧文化传到老挝就更不成问题了。上引松本信广的文章谈到，老挝的新石器时代文化"给人一种极发达的印象"，这与越人从中国南方迁入不无关系。

---

① 林惠祥：《林惠祥人类学论著》，福建人民出版社，1981，第 298、317 页。

② ［日］松本信广：《印度支那的史前文化》，王民同译，载昆明师范学院历史系、科研处编《世界史译文集》第一辑，1983 年。

从人种学方面来看，中国南方人民和中原人民很早就是一个不可分割的整体了。百越民族和中原民族的整体性，从人种来源方面可以得到证实。仰韶文化是中原地区的文化，根据中国考古学家和人类学家研究认为，创造仰韶文化的人们属于蒙古人种。他们和近代蒙古人各支人种相比较，与太平洋支的南亚人种系、远东蒙古人种系接近，其中又与南亚人种系最为接近，而与蒙古人种的大陆支的中亚细亚系相去较远。这说明"大概在原始时期，华南华北都住着我们的祖先，后来居住在华北的先民不断与北方来的民族融合或同化，体质特征起了变化，南方居民则仍保持着原来的特征，因而仰韶文化的人们体质接近于近代南方人。这证明了仰韶文化的人们正是我们的祖先，是北方住民的祖先，也是南方土著的祖先"[①]。

中国古代南方人民和中原人民同一祖先，属于一个整体，那么，老挝的民族与中国的原始居民有什么关系？老挝的原始居民有尼格利陀人、印度尼西亚人等，后来，澳斯特洛尼西亚语系即南岛语系的民族迁入，和当地的土著融合在一起，形成了今天老听族系中的一些民族。老听族系中的其他一些民族是从中国迁去的，老挝的南亚语系孟高棉语族的民族和泰老民族的先民同样如此。老挝的老、泰各族属于汉藏语系壮侗语族，其先民为百越。中国南方是百越的故乡，而老挝的泰老民族先民不是当地的土著，其结论必然是从中国南方迁去的。整个古代时期，一直存在着一条由北向南的人种移动线，中国南部人种的流动，民族的迁徙和文化的传播，自然会进入和中国接界的老挝地区。

三、稻作文化的传播

进入新石器时代以后，中南半岛地区就大体确定了它的基层文化，这种文化属于低地类型，以种植稻、粟为主要特点。[②]亚洲的稻作文化起源于中国南方地区，由百越族群所创造，随着越人向老挝及其他国家的迁徙而得到传播。

关于亚洲栽培稻的起源和传播问题，有些学者认为，亚洲栽培稻起源于从中国杭州湾到印度阿萨姆这一大的弧形地带，包括中国浙江、福建、广东、海南、台湾、江西、广西、云南等省区以及越南北部、老挝北部、泰国北部、缅甸北部（主

---

① 江应樑：《越族的形成》，《思想战线》1985 年第 1 期。

② 罗纳德·C·Y·恩：《东南亚大陆历史上殖民的地理环境》，丁明国译，载中南民族学院民族研究所、历史系编《民族关系史译丛》1984 年第 1 期；[日] 大林太良：《东南亚的民族文化》，李岩峰摘译，《民族译丛》1986 年第 6 期。

要是掸邦）和印度阿萨姆邦。中南半岛北部地区的栽培稻，起源于中国云南，随着越人的南迁而传播到那里，泰、老等国的泰、老、泐等民族或其先民是来自中国南方。日本学者渡部忠世认为，泰国和老挝在古代皆在"糯稻栽培圈"之内，他指出："在热带亚洲纬度较高的地带，存在着一个粳型或者类粳型稻种的分布区。""那么，这些类粳型稻种的传播，究竟始于哪里，而又达到何处呢？我认为回答是比较简单的，根据这类稻种的成熟和感光度等特征来推测，传播的路线是由北向南，亦即发端于云南，南下到老挝和泰国。如果认为由南向北，至少从农学的角度来说是不可想象的。今天在印度支那半岛还存在的类粳型的品种，如果沿着传播稻米的媒介湄公河追根寻源的话，那么其发源地就是云南。"[①] 渡部忠世认为这是两条稻米传播路线中的一条，即始于云南到达老挝、泰国的"稻米之路"。本书同意渡部忠世的观点，并且认为，稻作文化是随着其创造者的迁徙而传播到老挝和泰国的。

那么，是哪个民族首先种植栽培稻？又是哪个民族将稻作文化传播到老挝地区？是百越。从壮、泰、侗等 14 种语言或方言对"稻"的读音看，这 14 种语音分布在中国广西的中部和西部、中国云南的西部和南部、越南北部、老挝北部、泰国北部和缅甸东北部；从壮侗语族对"田"的读音比较来看，壮、傣等族自古以来就称"田"为"纳"（Na），"稻谷"一词在壮侗语族中有两种模式：第一种是第一个音节用本族语中固有的词"稻"，第二个音节用中古汉语借词"谷"；第二种是两个音节都用本族语固有词，其中第二个音节皆为 Na，这就是说，Na（纳）自古以来就是稻田的意思，和稻的关系密切。关于含 Na（纳、那等）字的地名，在中国主要分布在广西和云南等省区的南方，也即古代百越的分布区域；在中南半岛则主要分布在北部或东北部与中国接界的地方，也是壮侗语族各民族居住的地区。栽培稻是由普通野生稻驯化出来的，所以栽培稻的起源地不可能超出野生稻的分布线。通过绘图对比可以看出，含"那""纳"字的地名分布线、"稻"词同语线和"田"词同语线都未超出普通野生稻的分布线，这三条封闭线所圈定的相重合的地区，就是栽培稻的起源地。[②] 童恩正认为："根据现有的资料，基本上可以断定亚洲栽培稻的起源地就在中国长江以南的地区。它可能在浙江省杭州湾一带，但更有可能是

① ［日］渡部忠世：《稻米之路》，尹绍亭等译，云南人民出版社，1982，第 95~96 页。
② 游汝杰：《从语言地理学和历史语言学试论亚洲栽培稻的起源和传布》，《中央民族学院学报》1980 年第 3 期。

在纬度较南的云南、广东、广西地区。"① 这一地区正是古代越人的分布和流动的地区，也基本上是今天汉藏语系壮侗语族民族的主要居住地区。所以，中国学者在各方面作了具体分析研究之后，得出了 "最早驯化野生稻的民族是古代百越"② 的结论，认为："这个栽培稻起源地也应该就是壮侗语族原始居民的家园，即壮侗语族未分化为各种独立的语言之前，他们的聚居地。"③ 云南也是百越族群的故乡，具体到老挝来说，其稻作文化是从云南传播过去的。种植栽培稻最早的民族是百越，那么，老挝的稻作文化就应当由百越传播过去，从而也说明在栽培稻驯化成功以后，部分百越迁入老挝地区，带去了他们所创造的特有的稻作文化。

关于开始种植栽培稻的年代，李昆声指出："鉴于河姆渡和罗家角又分为两个不同亚种，需要相当时期才能完成。结合这两个遗址的文化面貌和生产水平考察，河姆渡遗址距驯化野生稻的初期阶段应有一两千年之久。那么，百越先民开始驯化成功野生稻的时间，可能距今七八千年。"④ 游汝杰认为："关于这一地区（中国南方和中南半岛北部）栽培稻的起源的历史，从壮侗语族 '稻' 词古音 Kau 分化为 k 系、h 系，而伊尹所谓 '秏' 来源于 h 系来看，至少有 3700 年以上。考虑到基本词汇变化的缓慢，Kau 分化为 k、h 两系，必然经过漫长的岁月，所以其起源的历史当可以从中原商汤时代再上溯到更为久远得多的年代。又，从壮族大量含 '那' 地名来分析，其起源历史至少有 3000 年。考虑到上古文明史的演进是十分缓慢的，从普通野生稻的驯化到开田种稻，引用 '田' 作地名，到这种命名法的传布和流行，其间必定经过漫长的岁月，所以其历史当可从中原的殷商时代再上溯到更为久远得多的年代。"⑤ 虽然关于栽培稻的起源年代很难确定，但早在新石器时代，已经出现了百越首创的人工栽培稻，这是没有疑问的，在浙江余姚河姆渡，云南宾川、元谋等地的数十处新石器遗址中皆发现了栽培稻的痕迹。稻作文化起源于云南及其以后的向南传播，为百越在新石器时代迁入老挝提供了进一步的证据。

上引渡部忠世的观点认为，"湄公系列" 水稻群的传播道路是很古老的，它始于中国云南而延及老挝和泰国。那么，泰国出现栽培稻的时间应基本上和老挝一

---

① 童恩正：《略述东南亚及中国南部农业起源的若干问题——兼谈农业考古研究方法》，《农业考古》1984 年第 2 期。

② 李昆声：《云南在亚洲栽培稻起源研究中的地位》，《云南社会科学》1981 年第 1 期。

③ 游汝杰：《从语言地理学和历史语言学试论亚洲栽培稻的起源和传布》，《中央民族学院学报》1980 年第 3 期。

④ 李昆声：《亚洲稻作文化的起源》，《社会科学战线》1984 年第 4 期。

⑤ 游汝杰：《从语言地理学和历史语言学试论亚洲栽培稻的起源和传布》，《中央民族学院学报》1980 年第 3 期。

致。据报道，1966 年在能诺他发现了一块带栽培稻壳印的陶片，经碳 –14 测定，这块陶片是在至少 3500 年前的墓坑下面，也就是说处在新石器时代。这与栽培稻传播到老挝地区的时代是一致的。如果该陶片上稻壳印的年代可靠，那么，泰族的先民在新石器时代已经定居在泰国地区。素集·翁贴指出："可以认为：远在 3000—4000 年前，在暹罗的土地上已经普遍居住着使用石器的早期人类，他们主要的聚居点是北碧府的班告和乌隆府的班清。虽然还不能证实班告和班清的人类属于哪个民族，但是索·香威迁教授研究的结论表明，新石器时代居住在班告的人与现代泰人并没有任何性质上的差别，这足以说明他们不是一个民族（可以理解为，除了是泰族或老族外，不可能是其他任何民族）。索·香威迁教授的这一论断和丹麦考古学家贝尔·瑟林森博士关于'泰人可能在泰国这块土地上已经生息了 3000—4000 年'的说法是近似的。"[1] 另外，越人在新石器时代也已经居住在今越南北部地区。从上可以看出，中南半岛地区出现泰老民族先民的时代基本上是一致的，因而他们开始种植栽培稻的时间也应大体相同；反过来说，如果各地泰老民族先民种植栽培稻的时间前后相差不大，也就可以认为他们迁到这一地区的时间基本一致。

第三节　秦汉时期泰老民族先民的南迁

前面主要以越裳为例，谈了史前时期越人迁入老挝的问题。下面主要以乌浒为例，谈谈秦汉时期越人的南迁。

一、乌浒的族属和迁徙

据《墨子·鲁问篇》："楚之南，有啖人之国者焉，其国之长子生，则解而食之，谓之宜弟。"[2]《列子·汤问篇》也载："越之东有辄木之国，其长子生，则鲜而食之，

---

① ［泰］素集·翁贴：《泰人不是从何处来的》，简佑嘉译，谢远章校，《东南亚》1985 年第 2 期。
② 《墨子校注》，吴毓江撰，孙启治点校，中华书局，1993，第 735 页。

谓之宜弟。"① 其时对南方的地理概念还仅局限在"楚之南"和"越之东"的阶段。所以，其时其地是否已涉及中南半岛地区尚不得而知。但是到了后汉时期，情况就有所不同。据《后汉书》卷八十六载，交趾"其西有啖人国，生首子辄解而食之，谓之宜弟。味旨，则以遗其君，君喜而赏其父。娶妻美，则让其兄。今乌浒人是也"。汉代交趾的西面为今云南南部和老挝北部，说明此时老挝已有乌浒人居住。关于乌浒的族属，民族史学界的看法不一，至今尚无定论。本书观点是乌浒属于越人系统，而且老挝的乌浒系由中国迁去，为老挝泰老民族的先民。

关于"辒木国"之"辒"，《说文》云：辒，"车两辒也。从车，耴声"。② 又说："耴，耳垂也。"③ "耴，诸涉切，耳垂也，休美也，盖儋耳之类是也。"说明乌浒人属儋耳之类。关于儋耳，《异物志》卷一载："儋耳，南方夷，生则镂其颊，皮连耳匡，分为数支，状如鸡肠，累累下垂至肩。"《山海经·海内南经》注云："锼离其耳。分令下垂以为饰，即儋耳也。"从上引可知，儋耳即是耳下垂，乌浒人为其同类。儋耳属于百越，已成定论，乌浒也应属于百越。乌浒人的主要居住区域在交州与广州之间，④ 这正是百越的分布地区。至于"乌浒"一名的由来，大多数人认为"无余"即"于越"的异写，也有人认为是"瓯""骆越"的同音异字，或由合浦郡得名诸说，但皆与百越有关。另外，从乌浒与百越的文化特征的对比中也可以看出，乌浒属于百越。⑤

江应樑指出："'乌浒'是东汉时对越人的另一称呼，一直到两晋时期，这一名称仍被普遍使用着。乌浒是对于一个较为广泛地区的越人而言。"⑥ "乌浒"是东汉时期对越人一支的称呼，乌浒和俚、骆越同类。《太平寰宇记》卷一百六十六载："贵州郡（今广西贵港市一带）连山数百里，有俚人，皆为乌浒。"《博物志》云："交州夷名曰俚子。"《后汉书》卷八十六载，公元40年，交趾徵侧及徵贰反，"九真、日南、合浦蛮里皆应之"。"里"即"俚"，也即乌浒。这说明乌浒的分布区并不仅限于交州与广州之间，而是一直到日南郡，这一广大区域也正是原骆越的所在地区。

---

① 王力波：《列子译注》，黑龙江人民出版社，2003，第122页。
② 段玉裁：《说文解字注》，上海古籍出版社影印经韵楼刻本，第722页。
③ 同上书，第591页。
④ 参见万震《南州异物志》。
⑤ 深思：《老挝泰老族系民族探源》，《东南亚》1987年第1期。
⑥ 江应樑：《傣族史》，四川民族出版社，1983，第48页。

公元前 4 世纪，越人受到楚国的威胁，部分归服于楚，其余则南迁。公元前 222 年，"秦始皇并楚，百越叛去"①。接着，秦又征服了东瓯和闽越，而后派大军南征百越。②秦朝大举征伐百越和大量向越人之地移民，使得越人部分南迁到中南半岛北部地区。到了西汉时期，汉武帝又发五路大军，越过五岭，远征南越。经过多次的征讨，汉武帝时终于统一了这一地区的百越。之后，在秦建三郡的基础上，分建南海、郁林等九郡。江应樑指出："秦始皇建立南方三郡之后，将近一个世纪的时期中，是内地人民向百越地区移民的一个重要时代。到汉武帝建南方九郡之后，百越地区的移民又进入一个高潮，这时中央封建朝廷的政治直接统治区域，已扩大到印度支那半岛的北部及中部（交趾、九真、日南郡的建立）和海南岛地区（儋耳、珠崖郡的建立）。"③

到了东汉时期，乌浒人的流动并未结束，由于边事纠纷，又有部分乌浒人迁入老挝地区。《后汉书》列传卷七十六载，公元 40 年，"交趾女子徵侧及其妹徵贰反，攻郡……于是九真、日南、合浦蛮里皆应之，凡略六十五城，自立为王……（42 年）遣伏波将军马援、楼船将军段志，发长沙、桂阳、零陵、苍梧兵万余人讨之。明年夏四月，援破交趾，斩徵侧、徵贰等，余皆降散。进击九真贼都阳等，破降之……于是领表悉平"。在这次战争中，有许多乌浒人参加，战败之后，"余皆降散"，部分可能流徙到老挝地区。另外，由于对交趾、九真等地越人的讨伐，势必会引起这些地区越人的外迁，从而进入老挝。

由于战事牵涉到相当多的乌浒人，所以战事结束以后，汉王朝便安抚南方，使没有他迁者得以安定。170 年，"郁林太守谷永以恩信招降乌浒人十余万内属，皆受冠带，开置七县"。但是，边境地区的乌浒人并未安定。178 年，"交趾、合浦乌浒蛮反叛……（181 年）刺史朱俊击破之"④。而在乌浒人生存的南方，林邑国开始崛起，以后就连续不断地北攻日南、九真等郡。由于受到南方林邑人的侵扰，乌浒人向西、北两个方向移动，北上的进入广西地区，西上的进入老挝北部。迁入老挝的乌浒人构成今老泰民族先民的一部分。

① 《越绝书·记吴地传》。
② 《史记·秦始皇本纪》。
③ 江应樑：《越族的形成》，《思想战线》1985 年第 1 期。
④ 《后汉书》，许嘉璐主编《二十四史全译》，汉语大词典出版社，2004，第 1714、1717 页。

秦汉时期越人不断迁入中南半岛北部地区，其原因之一，就是受到连续不断的战争的纷扰，越人无法安定生活，一部分则南迁至老挝等地。越人南迁的另一个原因，是大量中原居民迁入越人地区，后者受其影响，也随即南迁进入中南半岛北部地区。秦征百越，士兵即达 50 万之众，除死亡者外，皆谪戍在岭南地区。[①] 随军运饷的人员数量也是很大的，《史记·平津侯主父列传》载："当是时，秦祸北构于胡，南挂于越，宿兵无用之地，进而不得退。行十余年，丁男被甲，丁女转输，苦不聊生，自经于道树，死者相望。"[②] 这些人大部分后来留居当地。又，《史记·淮南衡山列传》载："又使尉佗逾五岭攻百越。尉佗知中国劳极，止王不来，使人上书，求女无夫家者三万人，以为士卒衣补。秦皇帝可其万五千人。"[③] 中原人民大量进入越人地区，势必引起后者的南迁，从而进入中南半岛。所以，东汉时期，老挝北部已有乌浒人居住。

二、铜鼓文化的传播

关于老挝地区出土的铜鼓，就目前见到的资料看，已发现三面。其中两面是在沙湾拿吉以北 40 千米处的会华桑村发现的，另一面是修筑巴色—乌汶公路时发现的，即"老挝 1 号鼓"，又称"农森鼓"。在会华桑村发现铜鼓的情况，我们不太清楚。另在老挝乌汶地区发现有一面铜鼓，后被居住在巴色（Pakse）的法国古董商纳尔逊所收藏，故称纳尔逊鼓。[④] 这面鼓可能不在上述三面鼓之列，故越南学者认为老挝已发现有四面铜鼓，并将其定为其分类法中的第 II 类。[⑤] 由于对其他几面铜鼓的情况了解不多，所以，仅以"老挝 1 号鼓"（下称"老挝鼓"）为例进行论述。

如果要将老挝鼓归类的话，该鼓属于黑格尔分类法的 I 型，汪宁生分类法的 B 型，[⑥] 李伟卿分类法的 Ib 式。[⑦] 本书暂将其归为 Ib 式，属于早期铜鼓的第二阶段。

---

① 《资治通鉴》卷七。
② 《史记》，许嘉璐主编《二十四史全译》，汉语大词典出版社，2004，第 1363 页。
③ 同上书，第 1423 页。
④ [日] 松本信广：《古代印度支那稻作民宗教思想的研究——通过古代铜鼓纹饰所见》，王大道译，《民族考古译文集》②，1987 年。
⑤ [越] 黎文兰等：《越南青铜时代的第一批遗迹》，梁志明译，中国古代铜鼓研究会印，1982，第 130、197 页。
⑥ 汪宁生：《试论中国古代铜鼓》，载《云南青铜器论丛》编辑组编《云南青铜器论丛》，文物出版社，1981，第 111 页。
⑦ 李伟卿：《云南出土铜鼓源流考略》，载《云南青铜器论丛》编辑组编《云南青铜器论丛》，文物出版社，1981，第 146 页。

戈鹭波认为老挝鼓属于越南的东山文化。[①]越南统称这一类铜鼓为东山鼓，并认为其发源地在越南，老挝的东山鼓是由越南流传过去的。[②]老挝鼓应来自中国南方，是由越人迁入时带去的。之所以如此认为，其原因之一是老挝鼓和广西西林出土的铜鼓十分相似，应属同一族群的民族铸造，其铸造地在广西，而后流传到老挝。

我们先将老挝鼓和西林鼓加以比较：

（1）鼓面直径和通高：老挝鼓鼓面直径86.5厘米，通高58厘米；西林鼓鼓面直径78厘米，通高51厘米。

（2）鼓面中心太阳纹：老挝鼓12芒，西林鼓16芒。

（3）鼓面带回旋的S形螺纹：老挝鼓和西林鼓的式样和组数完全一样。

（4）鼓面翔鹭：老挝鼓30只，西林鼓20只。

（5）鼓面锯齿图案：老挝鼓和西林鼓完全一样。

（6）胸部羽人划船纹：老挝鼓周围共铸有6只船，每船9—11个羽人；西林鼓上同样有6只船，每船也有羽人9—11个。

（7）船形：老挝鼓和西林鼓上的船的样式和构图基本一致。

（8）老挝鼓上的船外每端有一条大鱼；西林鼓上的船外一端是一条大鱼，另一端是两只站立的长喙鸟。

（9）腰部纹饰：老挝鼓腰部上半部饰鹿纹12组，每组有鹿两只；西林鼓腰部也饰鹿纹12组，其中2鹿的9组，3鹿的3组；老挝鼓和西林鼓的鼓腰下半部皆饰羽人纹12组，每组皆为2人。[③]

关于老挝鼓的来源，越南学者认为它"可能不是本地的产品"，并且指出：

---

① ［法］V. 戈鹭波：《东京和安南北部的青铜时代》，刘雪红、杨保筠译，载云南省博物馆、中国古代铜鼓研究会编《民族考古译文集》①，1985年。

② ［越］武胜：《越南和东南亚东山鼓分布状况》，梁志明译，载中国社会科学院考古研究所编《考古学参考资料》1979年第2期。

③ 关于老挝鼓的资料，见：［瑞典］高本汉：《早期东山文化的年代》，赵嘉文译，载云南民族学院民族研究所考古、民族学研究室编《民族考古译丛》第一辑，1979年；［法］V. 戈鹭波：《东京和安南北部的青铜时代》，刘雪红、杨保筠译，载云南省博物馆、中国古代铜鼓研究会编《民族考古译文集》①，1985年；［越］武胜：《越南和东南亚东山鼓分布状况》，梁志明译，载中国社会科学院考古研究所编《考古学参考资料》1979年第2期；闻宥：《古铜鼓图录》，上海出版公司，1954。关于西林鼓的资料，见广西壮族自治区文物工作队：《广西西林县普驮铜鼓墓葬》，《文物》1978年第9期。

"东山文化对这个地区的影响的性质与其他地区不同。"[1] 但西方学者对此有不同看法，佩尔·索伦森认为："除了滇中心和可能存在的翁巴中心以外，东南亚其他地区还可能有一些中心。关于最早的鼓和黑格尔 I 式早期鼓在大陆和东南亚的一些群岛上的分布图已显示出一些中心。在老挝的巴色附近出土了老挝鼓、纳尔逊鼓和现在陈列在曼谷泰国国立博物馆的乌汶鼓，巴色附近有一个中心。"[2] 根据老挝青铜器文化的发展程度来看，在当地并不存在一个铜鼓铸造中心。老挝鼓虽然被列入东山文化，但并非从越南传去。在越南之外发现的诸多铜鼓中，"古东山鼓标本只有老挝鼓"[3]。而且，越南本身也无如此古老的东山鼓，那么，它的起源地当为中国南方。除了前面谈到的广西西林鼓以外，在广西贵港市（原贵县）罗泊湾一号墓发掘的铜鼓，和上述两鼓也有许多相似和相同之处。[4] 综观上述，老挝鼓和中国的西林鼓、贵港市鼓诸多方面的相同和相似之处，说明这几面鼓的铸造和使用者属于一个族系的民族。再进一步说，它们的铸造地当为同一地区。老挝不是铜鼓的发源地，故推断，这几面铜鼓皆在中国广西地区铸造，而后流传到老挝地区。

那么，在广西西林、贵港市等地铸造和使用铜鼓的是哪个民族呢？是百越。古代西林地区为越人的居住区域，而贵港市则为乌浒人的所在地，[5] 也属于越人的分布地区。广西地区此类铜鼓的铸造工艺，是由云南传过去的。李伟卿指出："云南古代的铜鼓最早出现于楚雄，然后成熟于晋宁和江川，并分别由滇东、滇东北向广西、贵州、四川播迁。滇西的椎髻之民首先把铜釜演变成 Ia 式铜鼓，滇池地区的濮人把它发展成 Ib 式，然后传给了越巂、牂牁、句町的濮人和交广地区的乌浒人。"[6] 因而，广西西林、贵港市等地的 Ib 式铜鼓可能是乌浒人铸造，而后随着乌浒人的迁徙带到了老挝地区。百越铸造和使用铜鼓，史家多有论述，不必赘说。从铜鼓的分布区域来看，也大多为百越的居住地区，这恐怕不是偶然的巧合。

---

① [越] 黎文兰等：《越南青铜时代的第一批遗迹》，梁志明译，中国古代铜鼓研究会印，1982，第 197 页。

② [丹麦] 佩尔·索伦森：《泰国翁巴洞穴及其出土的第五面铜鼓》，蔡葵译，载云南省博物馆、中国古代铜鼓研究会编《民族考古译文集》①，1985 年。

③ [越] 武胜：《越南和东南亚东山鼓分布状况》，梁志明译，载中国社会科学院考古研究所编《考古学参考资料》1979 年第 2 期。

④ 广西壮族自治区文物工作队：《广西贵县罗泊湾一号墓发掘简报》，《文物》1978 年第 9 期。

⑤《太平寰宇记》卷一百六十六云："贵州郡（今广西贵港市一带）连山数百里，有俚人，皆为乌浒。"

⑥ 李伟卿：《云南出土铜鼓源流考略》，载《云南省青铜器论丛》编辑组编《云南青铜器论丛》，文物出版社，1981。

Ib 式铜鼓的年代大约在战国末叶到东汉初年这一时期。关于老挝鼓，戈鹭波把它定在 1 世纪，[①] 这个年代和中国出土的同类铜鼓的年代基本一致，贵港市罗泊湾铜鼓的年代为西汉中期，西林铜鼓的年代为西汉后期，那么，老挝鼓的年代也应在公元初年前后。至于传入老挝地区的时间，可能是在两汉时期，也就是说，老挝鼓是随着泰老民族的先民乌浒人或其他越人的迁徙而带到老挝去的。徐松石指出："在岭南创铸铜鼓之前，岭南土著的俚僚部族，大约在楚国强盛和秦始皇开辟南海、桂林、象郡时，即已开始大量移入印度支那半岛。但最大批的迁徙，还是在两汉时期。铜鼓随着移民而流传于印度支那半岛。"[②] 他还认为，老挝等地的铜鼓，"必是桂西壮人之所传播"[③]。乌浒人是今广西壮族的祖先，两汉时期有乌浒人等越人迁入老挝，因而老挝鼓可能是由乌浒人迁入时带到老挝去的。

前面谈到，老挝鼓来自中国南方，老挝鼓的鼓面、腰部、胸部的图案和中国西林鼓及贵港市鼓上的图案有许多共同之处。不但如此，老挝鼓上的某些图案与中国中原地区出土文物上的图案也有相似之处。高本汉指出："至于鸟图像，我仅限于对老挝鼓上的飞鸟作单独衡量，戈鹭波则把它与汉代画作过比较（我觉得并不使人信服）。根据怀履光的《中国古代陵墓画像砖》（1939）的一块墓砖图而复制了本文图版的 16：7（图缺——引者注），我以为它与老挝鼓上的鸟有着明显的相似性。怀履光所发表的这一群画像砖都出自河南洛阳地区的金村附近的一些墓葬，它们风格上如此相似以致可以断定它们属于同一个时期。怀履光以各种理由说明它们的年代是公元前 3 世纪，我深信这是正确的……总而言之，金村画像砖群无疑属于公元前 4—前 3 世纪的先汉艺术，并与青铜艺术的晚期淮式艺术同时代。金村画像砖和老挝鼓上的鸟之间的相似性是很耐人寻味的。金村地区淮式的两种典型特征即'金村鸟'和'带反勾的金村螺纹'同样也出现在老挝鼓上；这个事实使得它们之间的相似性具有更加重要的意义。"[④] 那么，老挝鼓上和金村画像砖上的飞鸟纹饰和带反勾螺纹的相似性说明了什么？其重要意义又

① ［瑞典］高本汉：《早期东山文化的年代》，赵嘉文译，载云南民族学院民族研究所考古、民族学研究室编《民族考古译丛》第一辑，1979 年。

② 徐松石：《东南亚的铜鼓民族》，《东南亚学报》（香港）1966 年第 1 卷第 6 期。

③ 徐松石：《泰族僮族粤族考》，中华书局，1946，第 15 页。

④ ［瑞典］高本汉：《早期东山文化的年代》，赵嘉文译，载云南民族学院民族研究所考古、民族学研究室编《民族考古译丛》第一辑，1979 年。

在哪里？这恰恰说明了南方百越文化深受中原文化的影响，也使老挝的铜鼓文化是从中国南方传播过去的看法得到进一步的证实。如果说上述纹饰因素的发源地是在中原地区的话，那么，西林鼓、贵港市鼓和老挝鼓上同样的纹饰艺术皆来自北方，或者是在中原器物纹饰艺术的基础上进一步发展的结果。"岭南是我国古代越族聚居的地区……生活在这个地区的民族在吸收中原地区先进文化的基础上，已创造、发展了以铸造使用铜鼓为特征的青铜文化。"[1] 老挝远离中国中原地区，自然不会直接接受中原文化传播的影响，而是通过中国南方的百越作为媒介传播过去，也就是说，受到中原文化影响的南方文化，通过百越民族的迁徙而传播到老挝地区。从中原到南方（就 Ib 式铜鼓上的某些纹饰来说，是从中原到云南，再传播到广西地区），后从中国南方到老挝地区，这是一条古代文化传播和发展的道路。通过老挝鼓和西林鼓、贵港市鼓的比较以及老挝鼓上的某些纹饰和中国中原地区画像砖上图案的比较，为老挝泰老民族先民是从中国南方迁去这一观点提供了进一步的证据。

第四节　哀牢和老族的关系

一、哀牢的概念

关于哀牢的记载，首见于东汉杨终（？—100）《哀牢传》，但此书早佚，其内容仅留存一份哀牢王世系谱，见于《后汉书·南蛮西南夷列传》。此外，东汉王充（27—97）在其《论衡》中曾三次提到"哀牢"，并提及杨终作《哀牢传》之事。关于哀牢情况的详细记载，首见于东晋常璩所撰《华阳国志·南中志》。该书关于哀牢的记载，很可能主要来自杨终的《哀牢传》。到了南朝宋范晔撰《后汉书》时，又根据《华阳国志》《东观汉记》及华峤《后汉书》等众家之书，对哀牢的传记作了补充和修改，列在其《南蛮西南夷列传》之中。魏晋南北朝以后，哀牢的名称演

---

[1] 广西壮族自治区文物工作队：《广西贵县罗泊湾一号墓发掘简报》，《文物》1978 年第 9 期。

变，以后史籍关于哀牢的记载，大多来自《华阳国志》和《后汉书》，如乐资《九州记》，以及《新唐书》《白古通记》《南诏通记》等。

翻阅《华阳国志》和《后汉书》可以看出，"哀牢"一词具有两种不同的含义：一为地名，一为族称。作为地区名称，又包括国名和山名。如《华阳国志·南中志》载："永昌郡，古哀牢国。哀牢，山名也。其先有一妇人，名曰沙壶，依哀牢山下居，以捕鱼自给。"[①]古代民族的命名方法，依地名命族名的较少，依族名命地名的较多，也就是说，很多地名是来自族称。哀牢在当时十分强盛，其族称不可能来自某一山名，只可能是山名由哀牢人称呼而来。另外，哀牢人后来内附以后，汉显宗即以其地置哀牢、博南二县，后人又称其地为哀牢国。很显然，哀牢县、哀牢国皆由哀牢这一族称而来。作为族称，"哀牢"应专指当时永昌郡或哀牢国的哀牢人。哀牢国和哀牢人是两个不同的概念，不能等同起来，原因是在哀牢国内除哀牢人外，还有许多其他民族，如僄、裸濮、身毒（印度）之民等。

二、哀牢、百越和泰老民族文化特征的对比

关于哀牢人的族属，恐怕是民族史学界争论最多的问题。从明代到如今，各种看法已不下十数种，如濮人说、昆明人说、氐羌说、越人说、泰人说、壮族先民说、怒人说等，概括起来可以分为三大类，即濮人说、氐羌说和百越说。哀牢属于百越，为滇越之后裔，是金齿、百夷、壮、傣民族的先民。部分哀牢人曾迁往老挝，演化成为今天老挝的主体民族——老族。这种看法并不像不少西方学者所认为的那样：哀牢是南诏的祖先，哀牢又为泰族先民，所以，南诏是泰族建立的"国家"[②]。但也不像某些中国学者那样，为了否定南诏为泰族所建，从一个极端走到另一个极端，极力去证明哀牢不属于百越族群。当然，单从学术角度来讲，在哀牢人的族属问题上，也确实存在着各种不同的观点。在这里主要讨论哀牢人的族属及其有关问题。

为了弄清哀牢人的族属，下面将对百越、哀牢和泰老民族的文化特征加以对比论述。

---

① 常璩：《华阳国志》，载刘晓东等点校《二十五别史》，齐鲁书社，2000，第56页。
② E. H. Parker, "The Early Laos and China", The China Review, No. 19, 1891, pp.67-106; W. C. Dodd, "The Thai Race, Elder Brother of the Chinese", Iowa, 1923, etc.

（一）鼻饮

骆越、乌浒皆有鼻饮之俗，哀牢（僚）人也如此。据《永昌郡传》："僚民……以口嚼食，并以鼻饮水。"永昌郡为哀牢人的所在地，后来大多演化为僚人，说明其有此文化特征。我们再来看老挝的情况。周致中《异域志》记老挝人风俗云："其可笑者，凡水浆之物不从口入，以管于鼻中吸之，大概与象类同。"又，《七修类稿》卷四十九云："元诗人陈孚出使安南，有纪事之诗曰：'鼻饮如瓴甋，头飞似辘轳。'盖言土人能鼻饮者，有头能夜飞于海食鱼，晓复归身者。予见《嬴虫集》中所载，老挝国人鼻饮水浆，头飞食鱼……作书者自云目击其事。予又考占城正接安南之南，而老挝正接安南西北，信陈诗之不诬也。"①

在"僚"的名称出现以前，史书中关于"鼻饮"的记载大多是指骆越、乌浒的风俗，也即指今中国、越南、老挝交界地区的越人风俗。从科学的角度讲，"飞头"是不可能的，因而当指越人某种特有的风俗习惯，这可能与越人习水有关。如《异物志》载乌浒人"割蚌求珠为业"，《永昌郡传》云："僚民能水底持刀，刺刀捕鱼。"后来可能被传闻致讹，误以为"飞"头，记载流传至今。"鼻饮"则可能是以竹管吸水或饮水时鼻子被容器遮掩而被误以为是用鼻子饮水，但它实际的含义是指什么内容，我们不得而知。无论如何，它是越人的一个文化特征是无可否认的。从史书对骆越、乌浒、僚（哀牢）和老挝人"鼻饮"的记述，我们大致可以看出这一系统民族及其先民在名称概念和居住区域等方面的发展和演变，这为老挝泰老民族的来源提供了人类学方面的证据。

（二）文身

《淮南子·原道训》载："九嶷之南，陆事寡而水事众，于是民人被发文身，以象鳞虫。""九嶷之南"正是百越的分布地区，"被发文身"或"断发文身"是越人的风俗特征，已为史家所公认。再看哀牢，《华阳国志·南中志》载，哀牢"种人皆刻画其身，象龙文"。云南傣族文身的记载更是多不胜举。老挝泰老民族也有文身之俗，《皇清职贡图》卷一载，南掌人"体皆刺花"，《滇系》卷十也云老挝人"身及眉皆黥绣花"。"古书记载，越族（指越南的越族——引者注）与中国南方各个民族都有以水中蛟龙文身的习俗。这种习俗在今天的印度支那半岛及马来亚，特别

---

① 郎瑛：《七修类稿》，上海书店出版社，2009，第515页。

是老挝、柬埔寨山区以及属于马来少数民族居住的地区还能见到。直至20世纪初在中寮和下寮的少数民族中，文身的习俗仍很盛行。"① 直到现在，云南和中南半岛地区的傣、泰、老等民族依然保留有文身的传统习俗。

（三）龙崇拜

《淮南子》载"九嶷之南"的越人"被发文身，以象鳞虫"，也即刻龙于身，是对龙的崇拜和避免遭其伤害。《泰族训》又说："刻肌肤，镂皮革，被创流血，至难也，然越为之，以求荣也。"刻龙纹于身不但有避龙之害的用意，而且也是为了荣耀，实即表示对龙的崇拜。龙崇拜是越人共有的习俗，哀牢人也是如此。《华阳国志》和《后汉书》皆载，哀牢人的祖先沙壶（壹）于水中捕鱼，触沉木而有孕，生子十人，后沉木化为龙。由于哀牢人认为其祖先就是龙，所以，哀牢"种人皆刻画其身，象龙文"，以示对祖先龙的崇拜。

老挝的老族不但有身刻龙纹的习俗，而且还有其祖先为龙的传说。其大意是：很久以前，在现今中国四川省边界山区的湄公河（指澜沧江——引者注）河谷住着许多人，其中一个妇女生有九个儿子。在她有第九个儿子以前，她在湄公河捕鱼的时候，腿触到一根漂来的木头，便怀上了第九个儿子。后来，木头化为龙，当她再去河中捕鱼的时候，龙便问她："我的儿子在哪里？"她匆忙叫了一声"九龙"（Kaolong）就扔下儿子逃走了，于是龙就舐了第九个儿子的后背。后来，九个儿子都成了家，第九子最聪明，成为其首领。这九个儿子便是老族人的祖先，并由此被称为"哀牢"，意为老人兄弟。②

我们再看关于中国地区哀牢的传说。《华阳国志·南中志》载："永昌郡，古哀牢国。哀牢，山名也。其先有一妇人，名曰沙壶，依哀牢山下居，以捕鱼自给。忽于水中触一沉木，遂感而有娠。度十月，产子男十人。后沉木化为龙，出谓沙壶曰：'君为我生子，今在乎？'而九子惊走，唯一小子不能去，陪龙坐，龙就而舐之。沙壶与言语，以龙与陪坐，因名曰元隆，犹汉言陪坐也。沙壶将元隆居龙山下，元隆长大，才武。后九兄曰：'元隆能与龙言，而黠有智，天所贵也。'共推以为王。时哀牢山下，复有一夫一妇，产十女，元隆兄弟妻之，由是始有人民。"③

---

① ［越］莫唐：《越南中部以北山区各个民族的风俗习惯及信仰》，梁红奋摘译，《印支研究》1983年第3期。

② Maha Sila Viravong, "History of Laos", Vientiane, 1957, p.7.

③ 常璩：《华阳国志》，载刘晓东等点校《二十五别史》，齐鲁书社，2000，第56页。

可以看出，老挝和中国关于哀牢祖先龙的传说是一致的，说明二者之间必有一定的联系。众所周知，哀牢人起源于中国，老挝地区本无哀牢人，后来有了哀牢人，并成为今天老族人的祖先，其结论是不言自明的：老挝地区的哀牢人是由中国迁去的。老挝老族人的传说也明确指出，其祖先哀牢人最初是居住在中国，后来才迁到老挝地区的。

（四）儋耳

《后汉书·南蛮传》云："珠崖、儋耳二郡在海洲上，东西千里，南北五百里。其渠帅贵长耳，皆穿而缒之，垂肩三寸。"又云："哀牢人皆穿鼻儋耳，其渠帅自谓王者，耳皆下肩三寸，庶人则至肩而已。"[①] 儋耳原是越人的一种特有的风俗，即是耳垂，儋耳同时也是越人的一种。所谓"耳皆下肩三寸"，并非耳本长如此，而是使其下垂所致，或穿耳装以饰物所使然。史书记载，仅乌浒、儋耳和哀牢有儋耳之俗。后来"儋耳"一词演变成地名，居住在儋耳地区的人为百越之属，乌浒和哀牢属于百越族群已是很明确了。老挝人也有穿耳之俗，"在印度支那和越南的各个民族同样有文身、穿耳的习惯。通常都是孩子刚学会爬或开始走路时，父母就给穿耳。尽管当前穿耳已演变成为一种装饰，但追溯其根源，穿耳与各个民族挂铜圈、银圈和在颈上戴老虎、野猪脚趾饰品一样，其出发点都是为了给孩子们除病驱邪。这些祈望与各个民族在一定的历史时期的原始宗教信仰有关。人们在穿耳时，便在耳孔中穿上一小团白纱或挂上银、铜制的耳环"。[②] 儋耳或穿耳的真正用意是否如此还值得研究，但越人系统的民族有此习俗是肯定的。

（五）习水善舟

越人习水善舟，史书记载甚多，这主要是越人傍江河而居的缘故。哀牢人更是如此，他们生活在江河岸边，其祖先起源就与水有着极为密切的关系。《华阳国志·南中志》中还有哀牢人乘箄鹿茤的记载。

（六）种水田

越人居住区域大多近水，比较有利于开垦水田和水稻的种植，亚洲水稻的最早栽培者即为中国南方的百越。《后汉书》载，哀牢地区"土地沃美，宜五谷、蚕桑"，所以，哀牢人很擅长农业和水稻种植。虽然他们进入老挝地区较晚，但也是

---

① 范晔：《后汉书》，中华书局，1965，第2835、2849页。
② ［越］莫唐：《越南中部以北山区各个民族的风俗习惯及信仰》，梁红奋摘译，《印支研究》1983年第3期。

主要居住在河谷及近水的地区, 农作物以种植水稻为主。

（七）善纺织

百越擅长纺织, 是和农耕及作物种类联系在一起的。例如在儋耳、珠崖地区, "男子耕农, 种禾稻纻麻, 女子桑蚕织绩"[1]。哀牢人的"兰干细布"更是闻名,《华阳国志·南中志》载, 哀牢 "有梧桐木, 其华柔如丝, 民绩以为布, 幅广五尺以还, 洁白不受污, 俗名曰'桐华布', 以覆亡人, 然后服之, 及卖与人。有兰干细布, 兰干獠言纻也, 织成, 文如绫锦"[2]。桐华布即以木棉织成之布, 古代南方人常用。《赤雅·卉服》云: "南方草木可衣者曰卉服……绩其花者有桐花布、琼枝布、娑罗布, 其精者曰娑罗龙段吉贝布、桃花布。"[3] 兰干细布也许是由苎麻纺织而成。住在云南边境附近的老挝人同样 "知耕种, 善纺织"[4]。

（八）贯头衣

《后汉书》卷八十六载, 西部都尉广汉郑纯 "与哀牢夷人约, 邑豪岁输布贯头衣二领、盐一斛, 以为常赋, 夷俗安之"[5]。"贯头衣", 据《汉书·地理志》载, 儋耳、珠崖郡 "民皆服布如被单, 穿中央为贯头"。《后汉书》卷八十六载, "交阯……（其人）以布贯头而著之"[6]。由于越人居住地区炎热而又靠近江河, 为了凉爽和便于洗澡, 所以, 越人大多穿贯头衣。

从上面的对比可以看出, 哀牢属于越人系统, 中国地区的哀牢人和老挝的老族有着共同的风俗习惯和文化特征, 从中也可看出两者的演承关系。

三、哀牢人的演化及 "牢" "僚" "老" 的关系

"哀牢" 一词在东汉时始见于史书, 但根据《哀牢传》中的世系来看, 其出现年代要早得多。据杨终《哀牢传》: "九隆代代相传, 名号不可得而数。至于禁高, 乃可记知。禁高死, 子吸代; 吸死, 子建非代; 建非死, 子哀牢代; 哀牢死, 子桑

---

① 班固:《汉书·地理志》, 中华书局, 1962, 第 1670 页。

② 常璩:《华阳国志》, 载刘晓东等点校《二十五别史》, 齐鲁书社, 2000, 第 57 页。

③ 俞樾:《茶香室丛钞》, 中华书局, 1995, 第 1185 页。

④ 傅恒等:《皇清职贡图》卷一, 清乾隆间刻本。

⑤ 范晔:《后汉书》, 中华书局, 1965, 第 2851 页。

⑥ 同上书, 第 2836 页。

藕代；桑藕死，子柳承代；柳承死，子柳貌代；柳貌死，子扈粟代。"① 柳貌曾在东汉初的永平十二年（69）率其种人内属，据此推算，至迟在西汉时期，"哀牢人"之称已经出现。

哀牢人属于百越的一支，在"哀牢"的称谓出现以前，史称"滇越"。据《史记·大宛列传》："昆明之属无君长，善寇盗，辄杀略汉使，终莫得通。然闻其西可千余里有乘象国，名曰滇越。"② 后来的腾越即来自滇越，乾隆《腾越州志·建置志》载："腾越者，古滇越也。亦曰越赕，其来久矣。在西汉时为张骞所称之滇越。旧志曰：五岭外古称南越，亦曰百越。交、广、滇南俱滨海，接壤腾越，风气俗尚类之，越赕其百越之一乎？""滇越"（越赕）正是百越的一支，也即后来的哀牢。乾隆《腾越州志》卷二十二载："腾越者，古滇越也，亦曰越赕。其称乘象国，则所辖土司犹能驯象，故知腾越即古滇越……腾越在西汉时为张骞所称之滇越，在东汉时为范史所传之哀牢。""范史"即指范晔之《后汉书》。另外，我们从其他方面也可以佐证滇越即哀牢。

第一，从地望上讲，永昌郡为古哀牢国之地，治所不韦，在今云南保山东北。《华阳国志·南中志》载永昌郡"其地东西三千里，南北四千六百里"，虽然此数字不一定确切，但它的面积很大，包括滇越在内是没有问题的。第二，从滇越到哀牢的演变来看，西汉时期昆明人之西有滇越，以后不再见于记载。而刚进入东汉，就在滇越的地区出现了关于哀牢的记载，显然，哀牢由滇越而来，为百越的一支，哀牢国即滇越国。当然，二者的地域大小和境内民族的类别及分布可能有所不同，但永昌郡的主体民族就是哀牢，也即以前的滇越。哀牢后来演化为僚、金齿、百夷等，如《读史方舆纪要》卷一百一十八载："百夷之俗，以金裹两齿者曰金齿蛮，漆其齿者曰漆齿蛮，文其面者曰绣面蛮，刺其足者曰花脚蛮，以彩绳撮髻曰花角蛮，又或以铜圈穿其鼻，坠其耳，总曰哀牢蛮。"③ 金齿诸蛮也即百夷，为今傣族的先民，史书记载总称之为哀牢，说明哀牢属百越系统，是傣族的祖先，因而云南傣族的演变可以粗略地勾画为：滇越—哀牢—僚—金齿诸蛮—百夷—傣。第三，从对外关系上讲，滇越临近中国边境，汉武帝时

---

① 范晔：《后汉书》，中华书局，1965，第2848页。
② 司马迁：《史记》，中华书局，1982，第3166页。
③ 顾祖禹：《读史方舆纪要》，中华书局，2005，第5186页。

曾试图打通西南以通西域，但由于受到昆明人的阻碍而未能成功。哀牢人大部内附以后，对外交往便有了转机。《华阳国志·南中志》载，哀牢国有"闽濮、鸠獠、僄越、裸濮、身毒之民"。"僄"即"骠"，在今缅甸，"身毒"即印度，说明外界和哀牢的交往是相当频繁的。我们再看哀牢境内的物产和流通的商品，《华阳国志·南中志》载，永昌郡出产黄金、光珠、琥珀、翡翠、孔雀、犀、象、水晶、琉璃、蚌珠、轲虫等物。[①] 实际上，这些物品并非全部为永昌郡所产，如光珠（宝石）、琥珀、蚌珠（珍珠）、翡翠等产自缅甸，而轲虫（海贝）、琉璃则来自印度。[②] 这说明哀牢国的西界及西南界已接缅甸和印度，完全包括了滇越的区域在内。第四，从国名上看，滇越又叫乘象国，说明这里盛产大象。而哀牢国也出产大象。哀牢地跨澜沧江，而澜沧江在泰老语中即为"百万大象之江"之意。从以上四个方面看，名曰"滇越"的乘象国，也即后来的哀牢国，后者由前者演化而来。虽然二者的地域范围不能等同，但至少可以说，哀牢国的范围包括了以前滇越国的区域。滇越为百越的一支，哀牢由滇越演变而来，自然是属于百越系统。

另外，从"哀牢"一词本身及其读音也可看出其和老挝老族的关系。据《华阳国志·南中志》："哀牢，山名也。其先有一妇人，名曰沙壶，依哀牢山下居。"而《后汉书·南蛮西南夷列传》则云："哀牢夷者，其先有妇人沙'壹'，居于牢山。"司马彪《郡国志》和郦道元《水经注》也写作"牢山"。范晔撰《后汉书》时是看过《华阳国志》的，因而不可能在其书中对哀牢夷描述时两次都错写为"牢山"，再说《郡国志》和《水经注》等书也不可能皆出现记载错误。这只能说明一点："哀牢山"又可称为"牢山"，而"哀"字则可有可无。戴裔煊指出："'哀牢'即'牢'，'哀'为汉字译者所加。从 L 或 R 发音之字转为汉文，开端加 NG 或 A 等之助音，此一助音可有可无。"[③] 古代越人、僚人等属于百越系统或其后裔的民族，都有在名称前面加"阿"字的习惯，古史称为"发语声"，意即语气助词，可有可无。例如，《魏书·僚传》载，僚人"略无姓氏之名，又无名字，丈夫称阿谟、阿段，妇人称阿夷、阿等之类"。再如《洛阳伽蓝记》卷二云："吴人之鬼……自呼阿侬，语则阿傍。""阿"即"哀"，也即"岩"，直到现在，中国南方壮侗语族民族的人名前面仍常加"阿"或"岩"（云南读

---

① 常璩：《华阳国志》，载刘晓东等点校《二十五别史》，齐鲁书社，2000，第57页。

② 陈茜：《川滇缅印古道初考》，《中国社会科学》1981年第1期。

③ 戴裔煊：《僚族研究》，载中南民族学院民族研究所资料室编《南方民族史论文选集》（一），1982年。

音为 ai ）字，前者多用于广东等地，后者多用于云南傣族之中。

　　弄清了"哀"（或"阿"，或"岩"）为一虚词之后，再来看看"牢"字，"牢"即"僚"，除了二者的分布区域和风俗习惯等多方面的一致性以外，在中国文献中也可以找到记载。例如，《华阳国志·南中志》在谈及哀牢人的"兰干细布"时说，"兰干，獠言纻也"，说明僚人的语言很可能就是哀牢语。再如段成式《西阳杂俎·前集》卷四说："木直夷，在旧牢西，以鹿角为器……"而王圻《三才图会》则云："木直夷，在葛僚西，以鹿角为器……"对照这两条材料就可以发现，"旧牢"也即"葛僚"，"旧牢"为唐人对东汉时哀牢的称呼，意为过去或旧时的"牢人"。"哀牢"之"牢"即僚人之"僚"，也即骆越之"骆"，以及老族之"老"。老挝的老族之"老"，即来自哀牢之"牢"。

　　另外，据《后汉书·南蛮西南夷列传》载，哀牢人的祖先九隆"其母鸟语，谓背为九，谓坐为隆，因名子曰九隆"。"鸟语"是形容唇舌音比较突出的民族的语言，又称"缺舌"，古代有"南蛮缺舌之人"的说法，就是指南方的越人。周去非《岭外代答》卷三说："以唇舌杂为音声，殊不可晓，谓之篓语。""篓"即"骆"，"篓语"，即骆越人的语言。因此，这种以唇舌音突出为明显特征的"鸟语"，当为壮侗语族民族先民的语言。

四、从中、老两国"哀牢"的对比看其南迁

　　谈过中国地区的哀牢，再来看看老挝地区的哀牢。《皇明象胥录》卷三载，嘉靖九年（1530），"（莫）登庸立子方瀛为国大王，而僭称太上皇，率兵攻谏清化，谏败走义安及葵州，复穷追，走入哀牢国，哀牢即老挝也"。又如徐延旭《越南山川略》云："越南有大横山……山西北接隅为万象国，古之哀牢国也。"这个哀牢国在今老挝。从中国史书的记载来看，老挝哀牢国的地域还是相当大的。据越南史书所述，哀牢主要在老挝中、北部地区，陶维英《越南历代疆域》说，13 世纪初叶，越南皇帝陈仁宗多次亲征哀牢，并且"因见牛吼常依靠哀牢而不肯臣服，认为要平定牛吼，必须先给哀牢以沉重的打击。因此，于开祐六年（1334），上皇打算由义安道进兵，直攻哀牢国（其时，哀牢有两个国家：万象即永珍，老挝即琅勃拉邦）"①。

① ［越］陶维英：《越南历代疆域》，仲民岩译，商务印书馆，1973，第 321 页。

记载老挝地区出现哀牢的最早时间为 6 世纪。据《大越史记·外纪》卷四《赵越纪》载,赵越王庚午三年(梁大宝元年,550 年)。李天宝兵败,率余众万余人,"奔哀牢境夷僚中"。《越史通鉴纲目·前编》卷四也有同样的记载,并引黎阮荐《舆地志辑注》云:"哀牢部落甚繁,在在有之,皆号曰牢。今考诸书,则哀牢今属云南,唯族类甚繁,散居山谷,故我国(指越南——引者注)沿边、老挝万象以至镇宁、镇蛮、乐边诸蛮,俗皆以为牢。此处旧史上叙八九真下云,'奔哀牢境夷僚中',或者即今镇蛮南掌之属欤?"这里的哀牢,正是指老挝北部地区。《越史略》卷一说得更清楚:"国史梁简文帝大宝元年(550),李天宝与族李佛子起兵抗梁,为陈伯先所败,入九真,走哀牢,筑城自居,号桃郎王。按九真今为清(化)义(安)静(河静)桃郎所居地,盖即邻清义之哀牢,而非隶云南之哀牢也,明甚。"

老挝北部地区先为吉蔑人、越裳人(掸人)的居住地,后有乌浒人迁入。到了 6 世纪,开始有哀牢人出现。很显然,老挝地区的哀牢人不是土著,而是由外地迁去的,虽然哀牢人可能并不是在 6 世纪才迁入老挝地区的。那么,老挝的哀牢人来自何处?答案只有一个:中国。越南史书也记载哀牢本属云南。据我们所知,史籍中仅记载中国和老挝有"哀牢",老挝的"哀牢"并非土著,而是由外地迁入,结论必然是从中国迁入的。况且,中国和老挝出现"哀牢"记载的先后时间,也说明了两个地区"哀牢"的关系。

我们再来看中、老两国"哀牢"一词的含义:

(1)族名或部落名。

《后汉书·南蛮西南夷列传》云:"哀牢夷者,其先有妇人沙壶,居于牢山……"(中国)

黎阮荐《舆地志辑注》云:"哀牢部落甚繁,在在有之,皆号曰牢。"(老挝)

(2)国名。

《华阳国志·南中志》云:"永昌郡,古哀牢国。"(中国)

《皇明象胥录》云:"(越南黎)谭败走义安及葵州,复穷追,走入哀牢国,哀牢即老挝也。"(老挝)

(3)地区名。

《后汉书·南蛮西南夷列传》云:永平十二年(69),哀牢王柳貌内属,"显宗以其地置哀牢、博南二县……"(中国)

《大越史记》云：李天宝"收余众万余人，奔哀牢境夷僚中"。（老挝）

如果说属于巧合，两国的"哀牢"不可能皆有族名、国名和地区名的含义和记载，这只能说明二者之间有着必然的联系和沿袭关系。中国云南的"哀牢"为越人的一支，系当地的土著居民；老挝的"哀牢"为后来由他地迁入，其老族的起源传说也指出其来自中国的"哀牢"，其结论已不言自明。反过来说，老挝的哀牢人是其老族的先民，这已不成问题，而且又是从中国迁去的，那么，这是否可以作为中国的哀牢人是壮侗语族民族先民的反证呢？答案是肯定的。

陈序经认为，关于哀牢，虽然还有很多留居在我国的云南与广西或贵州的一些地方，但是很多早已迁居在缅甸、暹罗、老挝与越南的北部。他们在历史上曾建立许多国家，其中一些后来演化成现代东南亚的主要国家，而且哀牢人也成为东南亚各种种族人数最多的民族之一。[1] 留在中国云南的哀牢人，后来主要演化成为傣族和壮族；迁到中南半岛地区者，主要是迁入老挝。迁到老挝的哀牢人，后来演化成为今天老挝的主体民族——老族。

五、哀牢人南迁的原因和路线

哀牢人南迁的主要原因是连续的战事纷争。哀牢人不但进攻其他部落遭到失败，而且内部的纷争也不断发生，加之汉朝对其多次征讨，哀牢人的势力便衰落下去。[2] 由于在战争中连续受挫，在当地无法安居，所以，部分哀牢人南迁到了老挝地区。永昌郡原来大多为哀牢人居住，哀牢人南迁以后，永昌郡已有名无实，所以，《南齐书·州郡志》记载："永昌郡，有名无民，曰空荒不立。"说明不少哀牢人已迁往他处。东晋以后不再见诸史书的"哀牢"，到南北朝时期即出现在老挝地区；而南北朝时期代"哀牢"而称的"僚"，不久也迁到了老挝。《太平寰宇记》卷一百七十七载："爱州，西至生僚界水路一百九十里。"爱州为523年分交州所置，在今越南清化一带。由此往西的水路为朱江，顺朱江向西行95千米即到今老挝桑怒省，表明当时老挝东北部地区已有僚人居住。

在中国文献中有"僚"的记载出现以后不久，老挝地区也有了僚人，这和"哀牢"在中国不再见诸史籍而随即在老挝出现的情况是一样的。这不但说明哀牢

① 陈序经：《掸泰古史初稿》，1962，第10页。
② 参见《华阳国志·南中志》《后汉书·南蛮西南夷列传》。

（僚）从中国迁到了老挝，而且表明迁徙一直在不断地进行着。巴德里指出："寮族（即老族——引者注）像所有喜爱稻田、平地的泰族一样，他们在印度支那聚集的第一个中心是离南乌河狭窄河谷不远的奠边府。毫无疑问，寮人在这里还遇上过几个东部的泰族集团，因平原广阔而富饶、美丽，他们几代人都在此得到了发展，安居乐业。"[1] 这也说明僚人最初是由老挝东北部迁入的。

除了战事纷争以外，由于不堪忍受封建奴役、受北方民族南迁的影响以及自然流动等原因，也有一些哀牢（僚）人迁往老挝。在这些原因中，很难说哪一个是最主要的，而且一种因素在某一时期是主要的，而在另一时期则可能是次要的，甚至已经不存在。但有一点可以确定，即在汉晋及南北朝时期，住在中国西南的哀牢（僚）人，部分迁入老挝地区。

移入老挝的哀牢（僚）人，经过长期的发展和融合，主要构成了今天老挝的老族，亦即寮族。"寮"的称呼，即来自中国"哀牢"之"牢"和"僚"。戴裔煊认为，老挝的 Lao（老）与中国最早所称之"骆""为译同一之音，其他如陆梁、里（俚）、僚、黎皆后此出"[2]。换言之，老挝的老族来源于中国古代百越之一的骆越。本书更倾向于认为，老挝的老族之"老"与中国的哀牢之"牢"和"僚"的关系更直接和密切，但并不否认骆越也是老挝泰老民族的先民。中国地区的哀牢后称为僚，分为多支僚人，老挝地区的哀牢亦然。据盛庆绂《越南地舆图说》载，越南黎维禭曾占据今老挝川圹一带，"西自呼芒各牢，以至兴化沿边诸芒，东至乐凡、皋州，北及茶、葵七总，商贾货赂通于汉，势颇滋蔓"。同书又云："呼芒即古老挝。""呼芒各牢"说明"牢"已非一支。中国的"各僚"为今壮傣民族的先民，老挝的"各牢"为今天老族的先民。

哀牢（僚）人的迁移主要是沿着澜沧江（进入老挝境后称湄公河）、南塔河、南乌江等河谷地带进入老挝的。从今天老族的分布地区来看，绝大多数居住在这几条河流的两岸地区，很明显，老族人的祖先是沿着河谷迁到那里的。他们到达老挝的时候，当地有老听人居住，他们便把老听人排挤到山上，自己安居下来。富米·冯维希指出："在民族大迁移的过程中，泰老族从中国南部的云南、贵州逐渐南迁到老挝来以后，就渐渐地把当地土著人老听族挤上山，自己定居在琅勃拉

---

① ［法］P. L. 巴德里：《泰族侵入印度支那》，卢汇译，载云南省民族研究所编《民族研究译丛》（3），1983年。
② 戴裔煊：《僚族研究》，载中南民族学院民族研究所资料室编《南方民族史论文选集》（一），1982年。

邦省至占巴塞省一带的湄公河两岸。在老挝历史发展过程中，他们逐渐表现为老挝民族的真正主体。"[①] 正像本书前面论述的那样，早在公元前数世纪，泰老民族的先民已迁入老挝。另外，迁到老挝东北部地区的僚人后来也移居河谷地区。巴德里指出："寮族在人口增加的时候，从山上下到了南乌河河谷直到南乌河与湄公河汇合处，并建立了一个叫孟骚（Muong-Soua）的 Muong 国。"[②] 他们原来居住的地方，为后来迁入这一地区的泰人所占据。

第五节　泰老族先民南迁的其他依据

一、民族学方面

前面谈到，根据考古发掘，早在新石器时代，中国南方越人就和中原地区发生了交往。"从龙山文化中可以看出我国南方民族和北方民族在文化上的密切关系。龙山文化的分布地区，以山东为中心，向北沿渤海湾经河北而达到辽东半岛，向南达到江苏省的北部，看出这一地区内古代住居的人民是属于一个文化系统的……至于广东、广西、福建所发现的新石器时代文化，如印纹陶不仅有共同的特征，而且其形制与中原地区的西周遗物颇为接近。这些事实都可以看出，百越地区与中原地区早在原始社会时期就已经逐步出现文化发展上的整体性了。"[③] 梁钊韬指出："大汶口文化的民族在我国南方与僚、俚、佬（即老——引者注）等民族有密切关系，他们可能沿长江西上流传至湖北江汉地区，或溯珠江西上流传于华南、西南，或从我国海岸流传至太平洋诸群岛。"[④] 同样，正像本书前面所论述的那样，随着民族向南迁徙，百越民族从中国云

① ［老］富米·冯维希：《老挝和老挝人民反对美国新殖民主义的胜利斗争》，蔡文櫶译，人民出版社，1974，第14页。
② ［法］P. L 巴德里：《泰族侵入印度支那》，卢汇译，载云南省民族研究所编《民族研究译丛》（3），1983年。
③ 江应樑：《越族的形成》，《思想战线》1985年第1期。
④ 梁钊韬：《百越对缔造中华民族的贡献——濮、莱的关系及其流传》，《中山大学学报（哲学社会科学版）》1981年第2期。

南、广西等地进入老挝地区。

从文献记载来看，自尧舜以后，南方越人和境外的越人与内地的来往不绝于途。《尚书·尧典》载：尧"申命羲叔，宅南交，曰明都"。[①]《大戴礼·少间篇》云："虞舜以天德嗣尧……南抚交阯。"[②]商代初年商汤时，伊尹为四方令，要四境各族纳贡，正东有泅深、越沤，正南有瓯、邓、桂国、损子、产里等[③]。《竹书纪年》载，周成王十年，交阯之南的越裳来朝；周成王二十年，"于越来宾"。虽然越裳部分移居域外，但由于同留在中国境内的百越属于一个族系，所以，在中国南方越人与中原地区频繁交往的同时，他们也前来通好。在当时没有什么严格国界的情况下，越裳前来是十分自然的事。他们同中国南方越人的来往更加密切，因为他们同属百越，又是从中国迁去的，所以，才与中国南方越人保持交往关系。

二、语言学方面

罗美珍在傣、泰、壮三种语言的词汇中找到了数百个和汉语相近或有对应的词（不包括新借词），经过对比研究以后发现，"这些词是傣、泰、壮三族人民未分化前的祖先和汉族所共同使用的词。这三种语言同汉语，以及汉藏语系语言的这种密切的关系，说明操这些语言的各族人民在历史上曾经有过共同的生活、密切的交往。就地域来说，根据汉、泰目前的距离，很难设想在历史上会使用如此相近的语言；由于距离的障碍，也很难设想汉语会对泰语产生如此巨大而深刻的影响。从常识来说，汉语当然不会同泰语天然就是同源的语言。如果从使用共同或相似语言的民族必然曾经居住于共同或相近的区域这种论点出发，傣、泰、壮三族人民必然同汉族，以及操汉藏语系的各民族曾经有一个时期居住在共同或相近的地区。也就是说，从语言上来看，傣、泰、壮三族发源于中国，应该是有根据的"。傣、泰、壮三族的祖先曾经说马来语系的黏着型的语言，"那么现代傣、泰、壮三族怎么又是操的属于汉藏语系的孤立型语言呢？这种语言类型的转变，要用汉族强大的文化影响来解释。就是说，远在泰族南迁之前，泰、傣、壮三种语言的母语就与汉语发生了融合，其影响之大，到了使这种母语的类型发生变化的程度，

---

① 曾运乾：《尚书正读》，黄曙辉点校，华东师范大学出版社，2011，第 9 页。
② 同上。
③《逸周书·王会解》。

第一章　史前文化与民族形成　　35

而一部分马来语成分则作为底层保存下来。这种解释的合理性可以从今天汉族与泰族虽然相隔遥远，却使用同一类型的语言这个事实充分体现出来。如果认为泰族原来就是当地居民，那么既无法解释为什么泰语里会有马来语的成分，也无法解释泰语为什么和汉语有那么多的相同成分"①。老挝语同壮语、傣语及泰语有许多共同之处，彼此交流不用翻译即可相互听懂一部分，它们同属汉藏语系壮侗语族。泰族是从中国迁去的，老族自然也不例外。

三、地名学方面

徐松石指出："古代由中国东南部向着南洋迁徙的人，大致分为水、陆两条路线。陆线移民，由两广云贵进入印度支那半岛地区……仓吾线乃陆行线，采取这条路线的移民，大部分属于僚壮部族……在事实上，仓吾陆线的大迁移，已经使得越寮柬泰掸的地名，与今日岭南的地名表现为同一型格。"② 地名上的同一型格，在此也即徐松石所说的"齐头式地名"，例如"那潘"（Na Pong）、"那当"（Na Than）等皆以"那"字开头。"这齐头式地名的双方普遍使用，对于印度支那半岛中部和北部各民族的岭南发源，乃是一种十分有力的证据。"③ 游汝杰将云南、广西、广东及越南、老挝、泰国、缅甸等地的含"那"字的地名作了统计，通过对比可以看出其中的一个特点是：此类地名皆由两个音节合成，极少例外，其先后次序也符合壮语构词的特点，即中心词在前，修饰成分在后。④

除此之外，中国和中南半岛地区诸多地名首字的一致和泰老语中汉语词汇的使用，也可作为泰老族先民南迁的佐证。例如，泰老语中的"清""景"等词的含意为"城市"，而这些词本身就来自汉语的"城"；泰老语中作为古老行政区的用词"格温"（Gwueu），也即汉语"郡"的对音。⑤ 再如，以"板"字开头的地名，也可以找到很多。徐松石指出："此类地名，在岭南和泰国一样多。而且也是自广西、广东的南部，经滇南、越南的北部，直至泰国，形成一条密集的路线。泰族发源于岭

① 罗美珍：《从语言上看傣、泰、壮的族源和迁徙问题》，《民族研究》1981 年第 6 期。
② 徐松石：《东南亚民族的迁徙路线》，《东南亚学报》（香港）第 1 卷第 4 期，1965 年。
③ 同上。
④ 游汝杰：《从语言地理学和历史语言学试论亚洲栽培稻的起源和传布》，《中央民族学院学报》1980 年第 3 期。
⑤ 谢远章：《泰—傣古文化的华夏影响及其意义》，《东南亚》1989 年第 1 期。

南，可谓绝无问题。"①徐松石所说的是广义的泰族，包括了今中国南方的壮侗语族民族和中南半岛的泰老各个民族在内。

四、历法方面

汉历和傣历是不同的历法，但有着许多相同之处，主要有四点：使用干支纪年、使用干支纪日、采用十二生肖和有共同的日序。②二者之间存在相同之处，说明它们有着悠久的渊源关系。研究中国历史可以看出，傣族先民在吸收中原历法的基础上，结合本民族的文化创造了傣历。

我们再看老挝历法和中国历法及云南傣族历法的关系。"从老挝历纪月的十二天宫二十四坐标的经度以及太阳到达各个经度坐标的时间来分析，和中国二十四节气的推算法大致上是相同的，老挝人民的传统节日——泼水节的推算法就包括运用中国的二十四节气推算法和中国的干支纪年法。因此可以得出结论：老挝的六十周期纪年法、十二天宫纪月法、天干纪日法无不受到中国古代的历法影响，在很大程度上可以说是从中国传去的……老挝的干支称呼与越南完全不同，而且更重要的是，尽管老挝和越南是相邻的国家，但在科学文化、艺术、文学和语言风俗习惯上没有内在的必然联系。因此，老挝使用的干支不是经越南传到老挝的……可以说，老挝的天干地支纪年纪日法不是从泰国素可泰王朝时代、缅甸及古代高棉传去的……更谈不上是从印度或斯里兰卡传去的。值得重视的一条线索是：和老挝共同使用天干地支纪年、纪日，并且在天干、地支代称的叫法上、语音上非常近似的有中国云南省的傣族和广西的壮族、越南北方的傣族、泰族（这一地区原叫西双诸泰），以及泰国北部清迈一带（古时称兰那国），以及今天泰国东北部的老族。这是具有十分重大意义的文化现象。从老挝使用天干地支的悠久年代中，我们不但可以知道古老挝的灿烂文明，同时还可以找到一条非常有价值的从中国云南省西双版纳傣族、广西的壮族到老挝，到越北的泰族，到古兰那（八百媳妇国）传播天干地支纪年纪日法的线索。它将有助于我们研究中老文化交流史、老挝古代史，甚至还推动我们去探讨更远的老、泰族源等问题。"③根据

① 徐松石：《泰族与岭南的关系》，《东南亚学报》（香港）第 1 卷第 2 期，1964 年。
② 黄惠焜：《傣族文化与中原文明》，载云南省历史研究所编《研究集刊》1981 年第 3、4 期。
③ 沙迈：《从老挝历法使用干支看中老文化关系》，《学术论坛（文史哲版）》1985 年第 2 期。

中国学者的考订，汉历的特点被傣历吸收是在秦汉之际，傣历深受秦历的影响。[①]
据此推断，中国历法影响傣历，在汉代及其以后时期，这种影响又通过云南地区
传到老挝，是由迁入老挝地区的泰老族先民传播过去的。

五、少数民族文献

云南自古以来就是百越的居住地区，他们是今天傣族的先民，因而在傣族历
史文献中留下了傣族先民起源和迁徙的记载。傣文典籍《沙都加罗》描述道："我
们祖先原来居住的家乡，恰好是与我们房梁上做窝的燕子居住的地方相反……因
为布桑该雅桑该撒仙葫芦籽时，先是从东撒向南，从西撒向北。当他们走到北边
时，仙葫芦籽撒完了，只好用地球上的黄泥巴来捏人。因此人就诞生在北边。"[②]
傣族创世史诗《巴塔麻嘎捧尚罗》记载，傣族最初住在勐泐龙，后来由于人口增
多，土地越来越少，便由两个女王率领沿河流向南迁移。两个女王各自率领的傣
族在今云南景洪市的龙谷地方相遇，后又继续南迁，到了勐腊县的布帕地区，在
此暂住下来。但这里只是被"当作休息点"[③]，其后，一部分定居在西双版纳，一
部分继续南下，迁入中南半岛地区。从傣族的创世史诗中可以看出，傣族先民最
初并不全居住在今西双版纳，而是生活在其北部地区。另外，在傣文史籍《帕萨
坦》中，也记载了秦汉以后，傣族先民从滇池、洱海地区南迁到西双版纳和中南
半岛地区的事迹。据调查，靠近中老边界的景洪、勐海和勐腊三个市县的傣族，
是远古时代从滇中的"勐些"（昆明）、"勐浓傣"（通海）和滇西的"勐少本"（大
理）地区南迁过去的。勐腊县的傣族绝大部分是傣泐，他们的先民在南下到阿腊
维（景洪）地区定居繁衍后，又逐渐迁至勐腊的。少数杂居的傣那支系，则是由
元江、景谷等地迁去的。勐海的傣族主要是来自大理，由其首领岩海率领，经过
长途迁徙，最后到达勐海坝。[④] 总之，靠近老挝边界的傣族是从云南其他地区迁去
的。既然傣族的先民能南迁到今勐腊、勐海等边界一带，那么也肯定会迁入今老
挝地区。云南其他地区的越人迁往西双版纳地区是在新石器时代，这和他们迁往

① 黄惠焜：《傣族文化与中原文明》，载云南省历史研究所编《研究集刊》1981 年第 3、4 期。
② 王军：《傣族源流新探——傣族文化史研究之三》，载云南省历史研究所编《研究集刊》1983 年第 2 期。
③ 西双版纳民委编《巴塔麻嘎捧尚罗》，岩温扁译，云南人民出版社，1989，第 432—485 页。
④ 王军：《傣族源流新探——傣族文化史研究之三》，载云南省历史究所编《研究集刊》1983 年第 2 期。

老挝北部地区的时代是一致的，而且在靠近中老边界的勐腊已发现了越人新石器时代的遗物，[①]因而说越人在新石器时代已开始迁往老挝是没有问题的。

除了上面所谈到的迁徙之外，整个古代时期，中国境内壮侗语族的先民都存在着移向老挝的情况（当然，也存在着由南向北迁的情况）。老挝泰老民族中的泐族、泰族中的一部分就是后来迁去的，例如泐族，是在7世纪时由西双版纳迁去的。[②]泰人几乎遍布老挝各省，分为黑泰、白泰、红泰等很多支系，最集中的地方是临近中国边界的桑怒省。"在泰族中，分布在南方和西部平原的进入老挝境内相对比较早。他们杂居在老人的地方，因此受老人的宗教、文化、语言方面的影响很深。泰人还部分居住在东部山区（主要是黑泰），移居进入老挝境内较晚。他们生活在远离老人集中的地方，因此，仍保持自己的语言与文化。"[③]

迁入老挝的泰族和迁入越南的泰族有关。"根据（越南）泰族的历史记载，他们的祖先大约于9世纪开始分路迁徙越南：一路从（云南）西双版纳过来；另一路从（泰国）湄公河过来。"[④]这些迁徙必然经过老挝，并且其中有一部分人留居老挝。老挝的泰族不但有从泰国迁入者，也有从越南迁入者。例如部分黑泰、白泰、汉傣先由中国迁到越南，后又迁入老挝，汉傣是"同泰丹（黑泰）、泰考（白泰）一道迁徙到老街，在南丹河（黑水河）上游安家落户，后因不愿与交人（指越南人——引者注）相处，纷纷迁移到桑怒—桑德、孟厄特、香科、孟绥和华孟，共五或六个孟，称'华潘汤哈汤福'省（意为'五六个孟联合'之省或'含有五六个孟'的省)，归琅勃拉邦澜沧洪考王国，今称桑怒省"[⑤]。前引富米·冯维希一书也认为，6、7世纪泰人从中国迁往老挝等地。这一时期的南迁，估计和南诏的兴起与战争有关。南诏兴起以后，到8世纪初逐渐统一了洱海地区，而后出兵统一云南各地，部分泰老族先民受其影响迁往中南半岛。在以后的各个历史时期，也还存在着泰老族先民迁入老挝的情况。

① 杨玠：《云南西双版纳勐腊发现石器》，《考古》1963年第6期。

② ［老］昭坎曼·翁骨拉达纳：《老挝丰沙里省诸民族》，蔡文欀译，载云南省东南亚研究所编《东南亚资料》1983年第2期。

③ ［越］吴德盛、张文生：《老挝各语族语言的地理分布概况》，李道勇译，《民族译丛》1981年第6期。

④ 越南民族委员会民族研究组：《越南泰族》，梁红奋译，载云南省东南亚研究所编《东南亚资料》1982年第1期。

⑤ ［老］昭坎曼·翁骨拉达纳：《老挝丰沙里省诸民族》，蔡文欀译，载云南省东南亚研究所编《东南亚资料》1983年第2期。

根据上面的论述,可以认为,老挝地区的泰老族先民主要是从中国迁去的。这种迁徙是一个长期的缓慢的过程,除特殊原因外,一般不会出现大规模的迁徙。整个古代时期都有泰老族先民迁到老挝的现象存在,最早迁入的是越裳即掸人及其他越人,迁入的时期在新石器时代,以后迁入的有乌浒人、哀牢(僚)人、泰人、白衣(百夷)等,其中大部分是由中国直接迁去,少数是从他国再迁而去的。历次迁入的合在一起,经过融合、分化和繁衍,形成今天老挝泰老各民族。

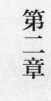

第二章

7 世纪以前诸国

第一节　越裳国

　　关于越裳国的记载，首见于《尚书大传》。该书卷五《周传七》说："交趾之南，有越裳国。周公居摄六年，制礼作乐，天下和平，越裳以三象重译而献白雉，曰：'道路悠远，山川阻深，音使不通，故重译而朝。'成王以归周公。公曰：'德不加焉，则君子不飨其质；政不施焉，则君子不臣其人。吾何以获此赐也？'其使请曰：'吾受命吾国之黄耇曰：久矣，天之无别风淮雨，意者中国有圣人乎？有，则盍往朝之？'周公乃归之于王，称先王之神致，以荐于宗庙。周德既衰，于是稍绝。"[①]任昉《述异记》则记载："陶唐之世，越裳国献千岁神龟，方三尺余，背上有文科斗书，记开辟以来，帝命录之，谓之龟历。"[②]《韩诗外传》也载："周公治致太平，越裳氏重译来贡白雉一，黑雉二，象牙一。使者迷其归路，周公赐以文锦二匹，轺车五乘，皆为司南之制，使越裳氏载之以南。"

　　越裳来朝之事，史书的记载并不一致。汉代以后不少史书记载其地在越南，也有载其在占城者。明清两代的史书，相当一部分记载越裳为老挝。如《滇黔志略》卷一说："老挝，古越裳氏苗裔。按，史又称交趾为越裳氏，盖交趾亦与老挝接壤故也。"另有一部分史书记载称越南为古越裳氏地。如潘鼎珪《安南纪游》云："安南，古越裳氏地，即周时所纪重译入贡，姬公赐指南车以返者也。"由于记载不一，所以，中外学者对越裳方位的看法也不相同，大致有以下几种意见：

　　（1）老挝说。方国瑜《新纂云南通志》卷二十三载："普洱府，南邻越裳，西通缅甸，左据李仙之水，右跨九龙之江。"这里的"越裳"，显然是指老挝。

　　（2）越南说。陈碧笙引述了《晋书》《宋书》《南齐书》《隋书》《唐书》《太平寰宇记》《太平御览》和《元和郡县图志》诸书记载越裳国在九德，即后来的驩州，得出结论说："综上种种，在元以前的载籍中，越裳是指交趾以南的驩州（在今越南中部德寿、河静一带），十分明确，而明末开始出现的以越裳为老挝之说，与历代记载全不符合，显然是不足信的。"[③]

① 皮锡瑞：《尚书大传疏证》，中华书局，2015，第244页。
② 马骕：《绎史》，中华书局，2002，第92—93页。
③ 陈碧笙：《老挝异名考》，《印度支那研究》1980年增刊。

（3）中国说。越南陶维英《越南古代史》写道："我们曾经认为古时的交趾是在扬子江流域，那么越裳也必然在扬子江流域以南。从越裳名字中的'越'字来看，使我们不得不想到，越裳可能是在扬子江流域越族人居住地盘的范围以内。"作者接着指出，"汉字'越章''越裳'对于中国人来说，这两个名称则是同音"，"黎志涉并怀疑古时的越裳即是楚时的越章地，我们认为黎志涉的这个见解是非常合理的"[①]。换句话说，越裳即在今中国扬州地区。这种说法未免失之偏颇，所以，也很少引起人们的注意和重视。

（4）多国说。张凤歧指出："越裳国则在交趾之南，即今之南圻。"[②] 他又认为，"老挝，即南掌国，古越裳地"[③]。徐松石认为，老挝、安南、缅甸、暹罗皆为古越裳氏，越裳人也即掸人。他的结论是："越裳氏的根据地即今印度支那的老挝，而他的领域似乎包括今日的缅甸、暹罗、安南的大部分。"[④]

上引《尚书大传》《韩诗外传》等书叙述越裳国前来中国，皆为公元前10世纪左右之事，而到了公元前后，仍有越裳通使中国的记载。据《王会新编·集志禽兽》载："长鸣，成帝（前33—前7）时越裳国所献也。即刻漏验之，晷度无差。"《汉书》卷十三《平帝纪》载："元始元年春正月，越裳氏重译献白雉一、黑雉二，诏使三公以荐宗庙。"[⑤] 从时间到内容，可谓记载确切。

但是，这里就出现了问题。越裳国在公元前10世纪左右就开始了与中国的通好，而到了公元前后又接连遣使来访，说明越裳国至少存在千年以上，而且其所在区域没有发生太大的变化。如果说我们对上古时期老挝的历史尚不清楚的话，那么，至少在越南地区不存在这样一个国家。越南北部古称交趾，而《尚书大传》等中国史书所载的"交趾之南"是一个笼统的概念，泛指今中南半岛北部地区，而不应狭隘地理解为仅指今越南中部某地。目前流行的说法，认为越裳在今越南的河静、德寿一带，其根据就是上引诸书关于越裳国在交趾之南的记载。另外，《晋书·地理志》有"九德郡"为"周时越裳氏地"的记载，《宋书》《南齐书》和《隋书》等皆在九德郡下列有"越常（裳）"之名。九德后称驩州，即在

① ［越］陶维英：《越南古代史》，刘统文、子钺译，商务印书馆，1976，第65—66页。
② 张凤歧：《云南外交问题》，商务印书馆，1936，第4页。
③ 同上书，第14页。
④ 徐松石：《粤江流域人民史》，中华书局，1939，第267—273页。
⑤ 班固：《汉书》，颜师古注，中华书局，1962，第348页。

今越南河静一带。但越裳国仅在越南中部一隅之地的看法与历史事实是矛盾的，前引《汉书》载，公元初年越裳国仍遣使中国，而在公元前3世纪，今越南中部地区已是九真郡的辖区，哪里会有一个越裳国存在？而且它的存在长达10个世纪之久？

本书认为，《尚书大传》诸书所载的越裳国，泛指整个中南半岛北部地区，越南中部只是其中的一小部分。而《王会新编》和《汉书》等所载的越裳国，不是在越南，而是可能位于今老挝北部地区，也即后汉时期的掸国。

关于越裳即掸，本书第一章中已有所论述。徐松石指出，掸族"乃远古时代自四川云南高原南移而先至印度支那半岛的"，越裳的根据地在今老挝，因而"老挝在古代乃掸族的越裳，而今日乃是广义壮族挝家的住地"[①]。"壮族最初移入印度支那的，乃掸族、老族的祖宗。越裳氏就是掸族最古的文化。"[②]虽然徐先生对掸族、壮族等民族的概念理解与今天并不一致，但他对越裳和掸族关系的看法，还是有可取之处的。

之所以认为越裳即掸，还可以从当时的情况来推断。史书所载的"交趾之南"，在当时没有清晰的地理和方位概念的情况下，是一个泛称，系指交趾的南、西、西南等广大的区域。正像史书中常常出现的"西南徼外""交州塞外"等记载一样，也是一个笼统说法，很难认为是指某一个具体的地方，只能看作一个广大的地区。交趾之南的越裳国，即指中南半岛北部地区。这一地区当时是越裳人的居住之地，因而后来的史书中就有了老挝、越南等国为古时越裳之地的记载。西汉以后，史书将越裳载称为掸，从分布区域来看，掸人和越裳人基本上是一致的。再从时间上看，据目前所能见到的史料，公元元年越裳遣使中国是最后一次，而就在1世纪，文献中就有了掸国来使的记载。反过来说，1世纪以前史书中不见有掸，而仅有越裳的记载。越裳在公元初年消失于史籍，掸则随即出现，而且二者的区域大体上是一致的。因而越裳即掸，为百越的一支，公元前数世纪已迁徙并逐步定居在中南半岛北部地区，为今泰老民族的先民，其中心位于今老挝北部。他们在中南半岛北部建立了越裳国，也即后来的掸国。需要指出的是，中国文献中记载的某些"国"，实际上可能仅是处在部落或部落联盟

① 徐松石：《粤江流域人民史》，中华书局，1939，第267~268页。
② 同上书，第50页。

阶段的民族或族群，和现在国家的概念有所不同。另外，这些"国"往往是指一个广大的地区，包括了今天的几个国家在内，越裳即是如此。公元前后遣使中国的越裳国，其地望当位于今老挝北部地区，也就是时隔不久从"日南塞外"遣使中国的掸国。

第二节　掸国

一、老挝地区的掸国

人们也许会感到奇怪：为何把掸国作为老挝的古国？因为传统的看法认为，掸国在今缅甸，似乎已成定论，但这种传统的看法是片面的。与越裳国一样，掸国不仅存在于缅甸，也存在于老挝地区。历史上在中南半岛地区曾同时存在过两个掸国。

关于掸国，史书记载不多，而且大同小异，往往重复。为了能更清楚地说明问题，现将主要的几条材料抄录如下：

永元九年（97）春正月，永昌徼外蛮夷及掸国重译奉贡。（《后汉书》卷四）

永宁元年（120）十二月，永昌徼外掸国遣使贡献。（《后汉书》卷五）

永建六年（131）十二月，日南徼外叶调国、掸国遣使贡献。（《后汉书》卷六）

安帝元初中（114—119），日南塞外檀国献幻人……自交州外塞檀国，诸蛮夷相通也；又有一道与益州塞外通大秦。（袁宏《后汉纪》卷十五）[1]

之所以认为当时有两个掸国同时存在，理由是：

（1）从地望上讲，"永昌徼外"的掸国即在今缅甸掸邦一带，这是没有太大疑问的；而"交州塞外"或"日南塞外"的掸国必在老挝无疑，无论如何也

---

[1] 范晔：《后汉书》，中华书局，1965，第183、231、258页；袁宏：《后汉纪》，中华书局，2022，第302页。

不可能在今缅甸境内。交州北接中国，南接林邑（原日南地区），东临大海，日南位于今越南中部，它们的"徼外"或"塞外"地区只能是在今老挝中、上寮一带。

（2）从遣使路线来讲，位于老挝地区的掸国从日南、交州方向聘问中国，并逐渐成为传统的通道，后来的堂明国、文单国也基本上由此道遣使中国。位于缅甸地区的掸国就不必舍近求远，便由永昌古道访问中国，即如袁宏所云"又有一道与益州塞外通大秦"。"益州塞外"即"永昌徼外"，从中国西南通往缅甸、印度等地，自古就有通道可行，这就是著名的"南方陆上丝绸之路"。因此，便有两个掸国分别由不同的路线来中国的情况出现。

（3）从遣使的时间来看，如上所引，120年"永昌徼外"的掸国遣使中国，但是在安帝元初中（114—119）已有"交州塞外"的掸国由日南方向遣使。这两次遣使的时间相距很近，在当时交通极不便利的情况下，从老挝地区派遣使者来中国，来回往往需要数年时间，所以，位于老挝地区的掸国不大可能再在120年派遣使者前往中国，两次遣使也就不是一个国家派出的。

（4）从民族上讲，居住在中南半岛北部地区的泰老民族先民，当时还不称为泰、老，只有越裳、掸的称呼，尤以掸为常见，故袁宏说"自交州塞外檀国，诸蛮夷相通也"。这不仅指出了居住在这一广阔区域内的泰老先民当时皆可称为掸，而且也说明老挝地区的掸人和其他地区的掸人是相通的，联系比较密切，因而袁宏补充说："又有一道与益州塞外通大秦。"直到清代，史书中仍有关于这一地区掸人的记载。薛福成《出使日记续刻》卷三云："老挝分为两大部：南称暹罗老挝，多老挝人；北称缅甸老挝，即掸人。掸人亦分两种：东曰白肚番，其大部曰缆掌，即南掌也；西曰黑肚番，其大部曰景迈，即古大八百媳妇国也。"清代史书中的南掌，是指老挝澜沧王国分裂以后的琅勃拉邦王国，古代老挝地区的掸人也正是居住在此区域内。老挝地区的掸人和其他地区的掸人虽属同一语族，但由于居住区域的不同和自身的发展，到了清代早已演化成不同的民族，即使对其仍皆称为"掸"，但已不是同一个民族。薛福成所说"掸人亦分两种"云云，正是由于这方面的原因。当时所称的老挝南掌王国境内的"掸人"，应为今老族的先民。

（5）从国王名称上讲，《后汉书》卷六载，131年，"日南塞外"的叶调国、掸国遣使来访，其注引《东观记》（即《东观汉记》），曰：赐叶调国王紫绶，"友掸国王雍（田）〔由〕亦赐金印紫绶"。关于这个掸国国王的名字，《东观汉记》原作"雍田"（《四库备要》本、《丛书集成初编》本等），《后汉书》各版本也均作"雍田"，唯有中华书局新出标点本作"雍（田）〔由〕"。侯康《后汉书补注续》云："以（《后汉书》）《南蛮西南夷列传》考之，当作雍由调。"这很可能就是认为"雍田"为"雍由调"之误的由来吧。因为传统的看法是只有一个掸国，所以，便认为雍田和雍由调是一个人，认为雍田的"田"为"由"之误，"雍田"则为"雍由调"之误，这是不能令人信服的。这两个国王的名字差别很大，读音也不同，古代中国文献也没有将他们混同起来，只是现在的人们将他们牵强联系在一起，认为是同一个人。

雍由调是缅甸地区掸国的国王，这是没有疑问的。但是，雍由调和雍田绝对不是一个人。雍田是老挝地区掸国的一个国王，也就是131年遣使来中国的那个掸国国王。"雍田"一词，也就是今天万象（Vientiane）一词的同名异译。理由是：第一，Vientiane一词，今译作"万象"，古时则作"维田""文单""镛铿""永珍"等，这些音译和"雍田"十分接近，当为一词的先后不同译法。第二，在古代东南亚地区，国名、王名、族名和都城名等彼此之间往往是相通和一致的。例如，"吉蔑"和"掸"既是族名，又是国名；又如"文单"，既是国名，又是都城名；再如"哀牢""骚"（Swa或Sawa，又译作"沙瓦""斯瓦"等），既是族名，又是国名和王名。所以，作为王名的"雍田"，后来就演变成为国名和都城名（"文单""永珍""万象"等）。再说，用国王之名来命国家和国都之名，也是理所当然的事情。第三，从地望上讲，今日万象一带正是古代老挝地区掸国的所在范围，其东部是林邑，东北部是堂明，南部是扶南及其属国。

（6）对音来看，"雍田"即"越裳"，亦即唐代之"文单"，后来之"维田""永珍"，今日之"万象"。Vientiane一词，在古时即可译为"越裳"。"越裳"即"越掸"，在"越裳"演变成为掸国以后，由于其中心在老挝地区，所以，掸国国王便用"越裳"之名来称呼自己，也就是族名、国名和王名等是相通和一致的。Vientiane之Vien，可译为"越"，又译作"文""允""维""永""万"等，而tiane，古时也写作tan，可译为"单""掸""田"，又译作"珍""铿"，今译为"象"，皆由"裳"字而来。"越""文""允""维""永""万"等字是相通的，其实皆出自"越裳"一词，只是音译前后稍有不同而已。由此可知，今日老挝首都"万象"一词，最初乃为族名，以后又逐渐演变成为国名、王名和都城名，其演变过程大致是：越裳—（越）掸—雍田—文单—维田—永珍（镛铿）—万象。

（7）根据当时中南半岛的情况看，位于缅甸地区的掸国国王雍由调，不可能管辖"自交州塞外"到"益州塞外"这一广大区域的掸人。虽然从民族上讲，各地的掸人都相通，但并不相属。秦钦峙指出，掸人"在两汉时期已散布在今日缅甸东北部、泰国东部、老挝北部的广阔地区。所谓'相通'，只是说明他们是同一语言系统的民族，但是，却不相属。因此，才有一个部落从'永昌徼外''贡献'，另一个部落则从'日南塞外''贡献'的情况出现"[1]。雍由调不但无权管辖"日南塞外"的掸国，而且对"永昌徼外"的掸国也无绝对的统治权。《后汉书》卷八十六载，公元97年，"掸国王雍由调遣，重译奉国珍宝，和帝赐金印紫绶，小君长皆加印绶、钱帛"[2]。"印绶"是官吏的印章，既然东汉王朝对"小君长皆加印绶"，就是承认了他们对各自地方的统治权。如果这个掸国是一个中央专制集权的统一国家，雍由调拥有绝对的统治权，地方首领对他俯首听命，东汉王朝是不会给"小君长皆加印绶"的，雍由调也不会允许他们这样做。因此，"永昌徼外"的掸国有可能是一个部落联盟，或是由一些小的邦国松弛地联结而成，雍由调不过是其首领而已。在对本地区掸人没有绝对统治权的情况下，雍由调的权力范围也就不可能达及老挝地区的掸国。

综上所述，"永昌徼外"的掸国在今缅甸，当时的国王是雍由调；"日南徼外"或"交州塞外"的掸国位于今老挝北部地区，当时的国王是雍田。这两个掸国皆由越裳国分出，都在原越裳国的地域之内。直到东汉时期，这一地区的泰老民族先民是掸人，也即原来的越裳人。老挝地区的掸国王，沿用了其祖先越裳之名，这就是史书中的雍田。越裳初为族名，后来又演变成为国名、王名和都城名。由此可见，越裳的中心就在老挝地区。

二、掸国同中国的交往

掸族各部分布于中、老、缅、泰等国的交界地带，其发展水平在中南半岛地

---

① 秦钦峙：《缅甸"孔明城"与华侨最早寓缅时间初探》，《东南亚资料》1982年第1期。
② 范晔：《后汉书》，中华书局，1965，第2851页。

区还是比较先进的。《后汉书·南蛮西南夷列传》载："永宁元年，掸国王雍由调复遣使者诣阙朝贺，献乐及幻人，能变化吐火，自支（肢）解，易牛马头。又善跳丸，数乃至千……明年元会，安帝作乐于庭，封雍由调为汉大都尉，赐印绶、金银、彩缯各有差也。"[①] 位于老挝地区的掸国也曾前来献"幻人"，后来在云南沧源发现的汉代崖画中，有人们表演'弄丸''叠立''顶杆'的形象，可与文献记载汉代掸人进献'幻人'的历史相印证"[②]。我到临沧地区考察时，看到了这些崖画，而且还了解到，该地区自古就有道路通往境外的掸族地区。崖画的分布，不少在古道沿线，这与古代云南和境外掸族的交往有密切的关系。

从当时的情况看，掸族地区的文明程度是较高的。出现这种局面的原因，除其本身发展的因素之外，主要有以下几点：

第一，中国是一个文明古国，居住在中国西南境外的掸人不可避免地要受到古代中国文明的影响。

第二，中国在汉代十分注重西南地区的发展。东汉永平十二年（69）设置永昌郡，促进了西南地区社会经济的进步，也为对外的交往创造了条件。因此，不久之后，境外的掸国便遣使中国，进行友好交往。

第三，中国与南方诸国尤其是通过陆路与印度等西域国家的贸易往来，深深地影响了掸人地区的发展。中国和印度的古代文明相当发达，中国西南地区对外经济、文化交流的第一站就是掸人地区，掸人地区在古代中国通往老挝、缅甸、印度及西域地区的"南方陆上丝绸之路"上占有极其重要的地位。当时中国和掸国、天竺（印度）等国的交往，加快了掸人地区文明的进程，来往不断的使者、商人把中、印两国的古代文明传入这一地区。

第四，据《华阳国志·南中志》载，永昌郡为古哀牢国，境内除哀牢人外，尚有鸠僚、身毒（印度）人居住。掸人和鸠僚等属同一个族源，在当时没有严格国界的情况下，他们毗邻而居，友好往来，关系十分密切。公元69年，东汉设立永昌郡后，鸠僚在该郡的管辖之内，掸人则成了"徼外"之民，但他们之间的交往并没有中断。与此同时，掸国也派出使者前往中国进行官方的友好访问。与中国官方和民间的诸多交往，对掸人地区社会经济的发展起了一定的作用。

---

① 范晔：《后汉书》，中华书局，1965，第2851页。
②《云南各族古代史略》编写组：《云南各族古代史略》附图版九及说明，云南人民出版社，1977。

第三节　堂明（道明）国

根据中国古代文献，1—2世纪，在老挝北部曾出现过一个叫作堂明的国家。

一、堂明（道明）国的方位

堂明国，首见于《三国志》卷六十《吕岱传》："（吕）岱既定交州，复进讨九真，斩获以万数。又遣从事南宣国化，暨徼外扶南、林邑、堂明诸王，各遣使奉贡。"[①]226年，交趾太守士燮死，分交趾为交、广两州，其子士徽拒不从命，则自立为交趾太守。吕岱奉命征讨士徽，平定交州，之后，堂明等国遣使来访。

范文澜在《中国通史》一书中指出："226年，大秦商人秦论来交趾，转到武昌见孙权，问对远西诸国情形。是年，吴大将吕岱遣朱应、康泰出使海南。朱应、康泰所经历及传闻凡百数十国，大抵林邑、扶南等国与'西南大海洲上'（南洋群岛）诸国是朱应、康泰所经历，大秦、天竺等国则得自传闻。243年，扶南王范旃遣使来吴，带来乐人及地方特产，林邑、堂明等国王也遣使来吴聘问，从此开始了中国和海南诸国的正式往来。"[②] 这段论述有两点不妥：

第一，中国文献中只有扶南243年来访而没有堂明也于同年遣使的记载。《三国志》卷四十七《吴主传》云："（赤乌）六年（243）十二月，扶南王范旃遣使献乐人及方物。"[③] 堂明国遣使中国只有227年一次，据顾祖禹《读史方舆纪要》卷一百一十二"堂明国"条："堂明国，在海岸大湾中。北距日南七千里，即道明国也。三国吴黄武六年来贡。"[④]黄武六年即227年，这与吕岱任交州刺史的时间（225—230）是一致的。如果堂明国遣使中国是243年，就与吕岱任交州刺史的时间不一致了。扶南是当时中南半岛地区的强国，除了在吕岱任交州刺史期间和林邑、堂明诸国前后遣使中国外，此后它还多次聘问中国，243年就是一例。因此，范文澜可能是将堂明遣使中国的时间和扶南243年来访的时间混在一起了。

① 陈寿：《三国志》，中华书局，1982，第1385页。
② 范文澜：《中国通史》第二册，人民出版社，1978，第279-280页。
③ 陈寿：《三国志》，中华书局，1982，第1145页。
④ 顾祖禹：《读史方舆纪要》，中华书局，2005，第5019页。

第二，朱应、康泰不是吕岱所派。法国汉学家伯希和原来也主张吕岱派遣朱、康二人出访南海诸国，后来，他修改了自己的观点："（扶南王）范旃最后在位之年，经余前此断在225—230年之间者，至少应延至243年。然不能延至252年。盖吴孙权时（222—252）康泰、朱应之出使，乃于范旃后王范寻在位之时，始达扶南也。设若史文不误，则余前此主张康泰、朱应为吕岱镇交州时（225—230）所派之说，已不能主张。应将此著名之奉使位置于245—250年之间。"[1] 根据中国史书，朱应、康泰应为吴主孙权所派，而非交州刺史吕岱所派，因为朱、康二人出使诸国的时间（245—250）与吕岱任交州刺史的时间（225—230）不相符合。再说，朱、康出使南海诸国并不见于《三国志·吕岱传》，说明不是吕岱所派，而《梁书》却记载有吴主孙权派遣朱、康之事："海南诸国，大抵在交州南及西南大海洲上，相去近者三五千里，远者二三万里，其西与西域诸国接……及吴孙权时，遣宣化从事朱应、中郎康泰通焉。其所经及传闻，则有百数十国，因立记传。"[2] 这就说明了朱、康二人为孙权所派。"而且，最值得我们注意的，朱应、康泰之出使海外，其所经及传闻既有百数十国，回后，又立了记载，说明这次出使的规模是很大的。只有中央政府，才有这样大的规模。吕岱所派遣的局部或私人的使者，主要是解决地方性的问题，不见得'其所经及传闻，则有百数十国'。"[3]

前引顾祖禹书说，堂明国即道明国，《资治通鉴》卷七十也载："堂明即道明国，在真腊北。"[4] 关于堂明（道明）国的方位，顾祖禹云其"在海岸大湾中，北距日南七千里"，这是不妥当的。据《梁书·扶南传》载："扶南国，在日南郡之南，海西大湾中，去日南可七千里，在林邑西南三千里。"[5]《晋书·扶南传》云："扶南西去林邑三千余里，在海大湾中。"[6] 又，《资治通鉴》卷七十也载："扶南在海大湾中，北距日南七千里。"[7] 顾祖禹以前的史书都记载扶南在海湾中，距日南七千里，可

① ［法］伯希和：《扶南考》，冯承钧译，《西域南海史地考证译丛》七编，中华书局，1957，第114-115页。
② 姚思廉：《梁书》卷五十四《诸夷》，中华书局，1973，第783页。
③ 陈序经：《扶南史初探》，第156页。
④ 司马光编著：《资治通鉴》，中华书局，1956，第2232页。
⑤ 姚思廉：《梁书》，中华书局，1973，第787页。
⑥ 房玄龄等撰：《晋书》，中华书局，1974，第2547页。
⑦ 司马光编著：《资治通鉴》，中华书局，1956，第2232页。

见《读史方舆纪要》关于堂明方位的记载是错误的，即把扶南的方位和到日南的距离当成堂明了。再说，堂明即道明是在今老挝中、上寮一带，根本不存在北距日南七千里的情况。

《新唐书·真腊传》云："真腊……北与道明接，东北抵驩州。"[1] 上引《资治通鉴》也有同样的记载。又据《新唐书·环王传》载："环王……西距真腊雾温山。"[2] 驩州在今越南义安、河静一带；"雾温山"又名"雾温岭"，在今越南河静省与老挝接界的骄诺山口附近，当时为驩州、环王和真腊三方的界山。既然环王已西接真腊雾温山，真腊又"东北抵驩州"，那么，真腊的北部疆域就已越过了今老挝中部的南通河，到达今万象的东部和甘蒙省的北部地区，而真腊北面的堂明即道明必在今川圹地区无疑。

我们再来看唐代诗人沈佺期对道明国的记述。在其《初达驩州》[3]一诗中，沈佺期写道：

> 自昔闻铜柱，行来向一年。
>
> 不知林邑地，犹隔道明天。
>
> ……[4]

这就告诉我们，道明应在林邑之北。但此时林邑的正北面是驩州，[5] 西面是真腊，道明就应在林邑的西北，这也正与真腊北接道明相符合。如前所述，林邑西北以雾温山与真腊相接，真腊东北接驩州也是以雾温山为界，道明在真腊之北，林邑又北抵驩州，这样，雾温山就成了林邑、真腊、驩州和道明四方的交界之山了。从上可知，道明南接真腊，东南为林邑，其东与驩州为邻。

沈佺期在《从崇山向越常》一诗序中记载："按九真图，崇山至越常四十里。杉谷起古崇山，竹溪从道明国来，于崇山北二十五里合。水欹缺，藤竹明昧，[6] 有三十峰，夹水直上千余仞，诸仙窟宅在焉。"其诗云：

> 朝发崇山下，暮坐越常阴。

① 欧阳修、宋祁：《新唐书》，中华书局，1975，第6301页。

② 同上书，第6297页。

③ 沈佺期以此题为名的诗共有两首，这是其中之一。

④《全唐诗》卷九十六。

⑤《旧唐书·林邑传》载："林邑……北与驩州接。"

⑥ 邝露《赤雅》卷中作"水欹钦，藤竹明媚"。

西从杉谷度，①北上竹溪深。

竹溪道明水，杉谷古崇岑。

差池将不合，缭绕复相寻。

……②

"越常"即越常县，唐时属驩州，位于今越南河静与德寿之间。"崇山"，《太平寰宇记》卷一百七十六载："流驩兜于崇山，今驩州也。"③很显然，崇山在驩州境内。再从崇山至越常 20 千米，早上出发，傍晚可到来看，崇山当为今长山山脉（老挝称富良山脉）的北端，即雾温山以北一段，恰在驩州境内。这一带山峦叠嶂，故沈佺期称其有三十峰。另外，沈佺期还在《答魑魅代书寄家人》一诗中写道："涨海缘真腊，崇山压古棠。"④ "涨海"指中国南海，"古棠"即"棠州"。据《太平寰宇记》卷一百七十一云："（驩州）西南至羁縻裳州三百里。"⑤同书校勘记云："按《新唐书·地理志》，'裳'作'棠'。"《新唐书·地理志七》载："自驩州西南三日行，度雾温岭，又二日行至棠州日落县，又经罗伦江及古朗洞之石蜜山，三日行至棠州文阳县。"⑥从驩州治所九德（今越南荣市）向西南走 150 千米，即今老挝甘蒙省的北部地区，日落县在今甘结附近，文阳县在今班梳一带，二者皆在今甘蒙省境内。⑦棠州名义上为唐羁縻州，实际上属真腊统辖，因为真腊已北接道明，东北抵驩州。棠州东邻长山山脉的北段，所以，沈佺期有"崇山压古棠"之说，这同样表明崇山是驩州境内的长山山脉。

"竹溪"当为今越南境内的蓝江，因为从道明国而来的竹溪，并流至崇山北约 12 千米处，非蓝江莫属。古今河道虽不完全一致，但水流方向是不会变更的。蓝江的上游在今老挝桑怒省境内，经川圹东北角流向越南，正与"竹溪从道明国来"相符合。竹溪既为蓝江，且又从道明国而来，道明国的东北部就到了今老挝桑怒与川圹两省的交界地区，还可能包括越南义安西部即蓝江中游一带。当时驩州北为演州，故道明国也应与其相接。今老挝桑怒省，在唐代为泰老族先民"生僚"的

① "西从杉谷度"，黎崱《安南志略》卷一引沈佺期诗作"西从沙谷度"，明人辑《沈佺期集》作"西从山谷度"。

② 沈佺期：《从崇山向越常》，载彭定求等编《全唐诗》卷九十七，中华书局，1960，第 1052–1053 页。

③ 乐史：《太平寰宇记》，中华书局，2007，第 3353 页。

④ 沈佺期：《答魑魅代书寄家人》，载彭定求等编《全唐诗》卷九十七，中华书局，1960，第 1051 页。

⑤ 乐史：《太平寰宇记》，中华书局，2007，第 3273 页。

⑥ 欧阳修、宋祁：《新唐书》，中华书局，1975，第 1152–1153 页。

⑦ 参阅《中国历史地图集》第五册，《唐岭南道西部图》。

居住区域，据《太平寰宇记》卷一百七十一载："（爱州）西至生僚界水路一百九十里。"① 爱州即今越南清化一带，往西的水路只有朱江一条，顺朱江向西走95千米即到今桑怒省境内。根据上述，道明国东北部疆域到今川圹与桑怒的交界地带，与生僚的居住区域接壤。

道明国北部与中国南诏为邻。樊绰《云南志》卷十载："水真腊国、陆真腊国，与蛮（南诏）镇南相接。"水真腊在南方，与南诏接界的只能是陆真腊即文单国。文单国与南诏相接是其兼并了道明以后的情况，在这之前，道明国自然是和南诏为邻。再说，文单国兼并了道明以后，与南诏接壤也是以今川圹、琅勃拉邦一线为界，因为当时"老挝的北部而尤其是最北的地方，是在南诏的势力范围"②。所以，道明北接南诏是没有问题的。

《新唐书》卷二百二十二下载，唐贞观十二年（638），僧高等国遣使中国，"僧高直水真腊西北……永徽（650—655）后为真腊所并"。据认为，僧高在今"万象或其北部一带"③。7世纪中叶，正是真腊杰出的国王阇耶跋摩一世统治的时期，他向北扩土到今老挝中、上寮一带。在他立的许多碑铭中，有一个碑铭称他为"诸王中光荣的狮子，胜利的阇耶跋摩"④。所以，真腊吞并万象北部一带的僧高完全是可能的事。如果上面的引文不误，道明的西部即应与僧高接界。因为道明国（今川圹地区）的西部，也正是万象的北部地区。在僧高被真腊吞并以后，道明的西部就和真腊为邻了。道明国的西北当和参半接境，《新唐书·真腊传》载："文单西北属国曰参半。"黄盛璋认为，参半即庸那迦（Yonaka）国，位于今中国、老挝和泰国三国的交界地区，其北部地接南诏。⑤ 参半在文单西北与南诏相接，道明在文单北也与南诏相接，那么，道明也应与参半为邻。⑥ 根据当时的情况来看，真腊国尚未分裂成水真腊和陆真腊即文单国，因而这里所引的"文单国"，实际上是指真腊国。

综上所述，堂明国即道明国的疆域四至大致如下：南接真腊，北邻南诏，西面是

① 乐史：《太平寰宇记》，中华书局，2007，第3268页。
② 陈序经：《猛族诸国初考》，《中山大学学报》1958年第2期；另参见《中国历史地图集》第五册，《南诏图》。
③ 黄盛璋：《文单国——老挝历史地理新探》，《历史研究》1962年第5期。
④ ［英］D. G. E. 霍尔：《东南亚史》，中山大学东南亚历史研究所译，商务印书馆，1982，第135页。
⑤ 黄盛璋：《文单国——老挝历史地理新探》，《历史研究》1962年第5期。
⑥ 我国书刊中有一种较为流行的说法，即认为749年在今琅勃拉邦曾建立过南掌（澜沧）国（还有一种认为是在857年，因离道明存在的时间甚远，故略），但无根据。这种说法系由南诏历史讹传而来，应早予纠正。这个问题，将在下面详细讨论。

僧高（后为真腊），东面与驩、演二州相接，东南为林邑，西北与参半接界，东北则与生僚居住地区毗邻。以上考订的是唐代时期道明国的地理方位，很显然，三国时期堂明国的疆域范围是不可能与此相同的，肯定存在着时大时小、常有变迁的情况。但是，这个国家的领土大体上是这一区域，况且它的统治中心一直在今川圹地区一带。

二、堂明是否为扶南属国的问题

有不少中国学者认为，在扶南势力强盛、向外扩张的时期，堂明也在被征服之列，因而堂明是扶南的属国。例如，陈序经指出："（扶南王）范蔓征伐其旁国，堂明可能是被他征服之一。在扶南时，堂明可能是扶南的附属国之一，到了真腊征服了扶南，不只占领扶南本土，而且承继其属国。我们推想真腊时代的道明，就是扶南时代的堂明，不只是因为声音上这两个国家有其接近之处，而且从扶南所征服的旁国而至真腊的属国中，这个国家还存在着。假使这种看法没有错误，那么范蔓时代的扶南在东北方面势力伸张到林邑，而在西北方面伸张到现在的老挝中部，以至现在暹罗的东北部。"[①] 黄盛璋也指出："225 年，孙权的广州刺史吕岱派遣朱应、康泰出使南方诸国，并在扶南停留很久。朱应、康泰走了以后，扶南及其属国堂明立即就派使臣来中国。"[②] 朱应、康泰非为吕岱所派，前面已有论述。道明即堂明，史书已有记载。但堂明为扶南属国的说法，似有可商榷之处。因为多数学者都持这种观点，所以，在这里要多说几句。

之所以认为堂明不是扶南的属国，理由是：

第一，据《三国志·吕岱传》："徼外扶南、林邑、堂明诸王，各遣使奉贡。"从这条材料中可以看出，扶南、林邑、堂明皆为独立的国家，互不相属。"诸王"说明三国各有自己的统治者，"各遣使奉贡"同样表明他们是各自来中国进行友好访问的。如前所述，堂明遣使中国是在 227 年，但这一年并没有扶南来使的记载，所以，堂明是一个自主的国家。不但如此，就是到了真腊时期的道明，也还是独立存在着的。前引《资治通鉴》云："道明国，在真腊北。"《新唐书·真腊传》也载："真腊北接道明。"很显然，道明并不是真腊的属国。《新唐书·真腊传》又载："文单西北属国曰参半……道明者，亦属国。"同是《新唐书·真腊传》，在记述分裂前

---

① 陈序经：《扶南史初探》，第 132 页。
② 黄盛璋：《中国与老挝的传统友谊》，《人民日报》1961 年 4 月 26 日。

的真腊时是"北与道明接"，而在记述分裂后的陆真腊即文单国时则是"道明者，亦属国"了，说明道明是被文单国吞并了。所以，从史书的记载来看，非但堂明不是扶南的属国，而且道明也不是真腊的属国，它仅仅是文单国的属国。

第二，扶南强盛时期，主要进攻目标是海上诸国，它的属国大多数是沿海国家。扶南位于中南半岛的东南部地区，是连接东南亚、南亚的海上桥梁。到了三国时期，扶南的造船技术已经相当发达。扶南不仅乘船远航到中国、印度等国，建立了一个以海路为主的对外贸易联络网，而且依靠它强大的海上舰队，向外进行军事扩张。

3世纪范蔓王统治时期，扶南势力大增。为了向外扩土，范蔓"乃治作大船，穷涨海，攻屈都昆（都昆）、九稚、典孙等十余国，开地五六千里。次当伐金邻国"①。"涨海"即中国南海，关于屈都昆（都昆）、九稚、典孙（典逊、顿逊）和金邻（金陈）等国的具体方位，中外学者的看法虽不一致，但大多认为在今马来半岛和缅甸、泰国南部的沿海地区。扶南凭借它的海上武力，占领南海诸国，形成了在当时东南亚地区首屈一指的扶南帝国。

从中国文献的记载来看，当时扶南主要是利用船舰，进攻其西及西南诸国，而在北方则没有大的军事行动，其主要原因在于：① 如上所述，扶南的地理位置决定了它造船业的发达，海上航行成为其主要的交通手段。而利用船舰进行侵略，矛头自然是指向南海诸国。② 扶南的陆地作战能力比其海上军事力量来说要逊色得多。另外，在扶南的北面是波罗芬高原，很不利于扶南的向北扩土。再说，扶南在征服南海诸国的同时，不可能水、陆并进，南北两线出击。③ 在扶南的东北部，是善战好斗的林邑人，面临这样一个对手，扶南并没有去轻易触动它。再北面是中国统辖下的日南、九真、交州地区，相比之下，南海诸小国显得更容易征服，把进攻的注意力集中在南海诸国，正是扶南对外军事战略的中心。

第三，扶南北部领土仅领有属国真腊，未曾达及今老挝中、上寮，因而也就不可能统辖堂明。扶南故地在今柬埔寨和越南的南部地区，真腊在其北面，位于今柬埔寨的最北端和老挝的下寮一带，"它最初的中心在蒙河河口下面的巴沙地区"②。史书中也未见有今老挝中、上寮为扶南所征服的记载。

---

① 姚思廉：《梁书·扶南传》，中华书局，1973，第788页。
② ［英］D. G. E 霍尔：《东南亚史》，中山大学东南亚历史研究所译，商务印书馆，1982，第135页。

当时，扶南对外交通路线主要是通向南及西南方向，共有三条。^①另外，扶南在其强盛时，有一条西北线通往今泰国境内。据认为，这条路线是扶南向西扩张时开通的，其行程是沿湄公河向北到今老挝巴色地区，然后沿着蒙河折而向西，再由陆路到达今泰国境内的巴塞河，抵古室利提婆城。英人威尔士认为，这个地方先是由于军事上的需要兴盛起来的，"以作中途驿站，供军队歇息"，并逐渐成为"东西商贾麇集交换生物之所"。扶南衰落以后，该地和通往这里的道路，皆被废弃。^②据此可知，扶南北部只扩张到今老挝下寮地区，就折而向西了，所以，位于上寮地区的堂明，不可能在扶南的势力范围之内。

第四，如上所述，扶南的北部疆域未曾越过老挝下寮地区，但扶南有着强大的海上武力，它是否可能通过林邑或沿海北上从林邑的北部向西占领堂明呢？回答是否定的，因为林邑国的存在阻止了这种可能性。林邑建国于 2 世纪末叶，到了 3 世纪，它虽不如扶南强大，但至少可以占据一方，不受扶南的统辖，有时甚至侵扰扶南。据《南齐书·林邑传》载："（林邑）国人凶悍，习山川，善斗。"^③林邑南接扶南，北面是日南、九真和交州地区，东面临海，扩土就受到了限制。然而，骁勇善斗的林邑人并不甘心自己的狭小范围，《南齐书·扶南传》载："扶南……常为林邑所侵击，不得与交州通，故其使罕至。"^④当然，强大的扶南并不害怕林邑的侵扰，但此时扶南正征伐海南，无暇北顾，便尽量少与林邑发生冲突，甚至偶尔还派出少许兵力支持林邑的扩土。

林邑势力不断增强，到国王范文时，"乃攻大歧界、小歧界、式仆、徐狼、屈都、乾鲁、扶单等诸国，并之，有众四五万人"^⑤。这说明林邑已成为一个小而强的国家。同时，林邑也不断北伐，攻占日南地区，正如史书所载："林邑先无田土，贪日南地肥沃，常欲略有之。"^⑥三国时期，林邑就揭开了北攻的战幕。吕岱任交州刺史期间（225—230），林邑曾遣使中国，但此后不久的 248 年，林邑就兴兵侵扰交州、九真，攻没城邑。^⑦所以，史书载其"自孙权以来，不朝中国"^⑧。此后，林邑连年不断地向北

① 周中坚：《扶南——古代东西方的海上桥梁》，《学术论坛》1982 年第 3 期。
② 姚楠、许钰编译：《古代南洋史地丛考》，商务印书馆，1958，第 99、141 页。
③ 萧子星：《南齐书》，中华书局，1972，第 1013 页。
④ 同上书，第 1017 页。
⑤ 房玄龄等撰：《晋书》，中华书局，1974，第 2546 页。
⑥ 姚思廉：《梁书·林邑传》，中华书局，1973，第 784 页。
⑦《三国志·韩胤传》。
⑧ 房玄龄等撰：《晋书》，中华书局，1974，第 2545 页。

扩土，"杀荡甚多，交州遂致虚弱"①。在这种情况下，扶南无论如何都不可能通过林邑北部将其势力伸展到堂明地区。林邑与北方诸郡连年不息的战事，也正符合扶南的扩张政策，因为这样一来，扶南的压力减轻了，可以顺利地向南海扩土。

三、堂明（道明）国的族属和文化

关于堂明的建国时间，史书未见记载，本书观点认为，堂明国应建于1—2世纪，即与扶南、林邑的建国时间大致相同。扶南、林邑和堂明三个国家皆一同首见于《三国志》，即吕岱任交州刺史时期。陈序经指出："吕岱之知道在交州徼外有扶南、林邑、堂明等国，必定是在他定交州或讨九真之前。而且，我们相信，在吕岱之前的步骘或是在步骘之前的我国人，虽然可能没有遣使到扶南，可是应当早已知道这些国家的名字。"②中国史学界一般认为，扶南建于1世纪，林邑为东汉末区达（又作"区连"或"区逵"）所建，时在2世纪末叶。根据堂明国的主体民族吉蔑人迁入的年代和堂明三国遣使中国的年代来推断，堂明国应建于1—2世纪。

堂明国是吉蔑人建立的国家。时至今日，在老挝北部诸省仍居住着众多的孟—高棉语族的民族，如克木人等。有的学者把老挝的孟—高棉语归纳为两个分支，即北方的孟—高棉分支和南方的孟—高棉分支；北方的分支主要是克木语支的民族，包括克木人、拉美特人、卡比等，居住在今老挝北部的川圹、琅勃拉邦诸省境内。③

然而，这些孟高棉语族各支并非当地的土著居民，而是由中国迁去的。春秋战国时期，在云南地区居住着"百濮"族群，"其中显然包括云南最早的土著居民孟高棉语族各族的祖先部落在内"。后来，"一部分濮人形成孟高棉语族各族"④。这说明，孟高棉语族各族的祖先部落是云南地区的土著居民。在形成孟—高棉语族各部落以后，为寻求更好的生活条件或受他族移动的影响，其中一部分向南迁徙进入老挝北部地区。陈序经指出："在公元前5、6世纪，自中华民族逐渐从北方而移到南方的时候，在中国南方一带的民族，也开始向南迁移，这样，又影响了原来住在越南半岛（即中南半岛——引者注）北部的民族，他们也逐渐南移。"吉蔑族也势必受

① 姚思廉：《梁书·林邑传》，中华书局，1973，第785页。

② 陈序经：《扶南史初探》，第10页。

③ ［越］吴盛德、张文生：《老挝各语族语言的地理分布概况》，李道勇译，《民族译丛》1981年第6期。

④《云南各族古代史略》编写组：《云南各族古代史略》，云南人民出版社，1977，第3—4页。

到这种迁移的推动，因为他们"最初所居住的地方应该是在中国的西南，而靠近中越与老挝的交界的地方"①。岑仲勉指出："若扶南之吉蔑，我则相信原自云南移去"，"从公元前1世纪起，陆续分路逃窜，主要的儁昆明（吉蔑）冲向东南，后来成立扶南王国"②。虽然对迁徙的年代的看法并不一致，但吉蔑族向南迁到中南半岛却是大家所公认的。古代的迁徙大多是沿着河谷进行的，根据今天中南半岛孟高棉语族各支的分布情况来看，吉蔑族应顺澜沧江、把边江和元江等河谷南下，其中一部分沿老挝境内的湄公河与南乌江迁到今川圹地区，并建立了堂明国。

　　之所以说堂明国的主体民族是吉蔑族，还可以从今天老挝查尔平原的巨石文化中找到印证。

　　在川圹地区的查尔平原和其西北不远的芒绥一带，有着数以百计的石缸。这些石缸形状不一，大小不同，重量1—7吨不等，多半是在山石上直接凿制而成的。这种情况表明，当时曾有许多人居住在该地相当长一个时期，这里是古代的一个文化中心。另外，这一地区铁矿的存在为当地居民制造铁器并凿制石缸提供了证据。

　　那么，是哪个民族凿制了石缸群？"从中南半岛的早期居民来看，擅长巨大石工，而且形成过较大集群的民族，有史可考的只有后来建立了吴哥奇迹的古吉蔑人。"③制作石柱、石塔等，是吉蔑族文化的典型特征之一，这种文化的雏形，在吉蔑族由中国迁往中南半岛之前就已经出现。④在迁到中南半岛以后，吉蔑族继承和发展了这一传统，创造了著名的查尔平原的巨石文化和后来的吴哥文化。中国学者也认为："古代堂明国的居民和吉蔑人的祖先都可能同查尔平原石缸群的凿制者们有着某种血缘关系，而继承凿石技术这一传统的，可能就是后来吴哥的建设者们。"⑤

　　据认为，石缸的凿制年代为1世纪前后，⑥这与吉蔑族迁往中南半岛的时间及堂明的建国时间皆相符合。今老挝川圹等地的孟高棉语族各族不是当地的土著居民，而是由中国西南的古吉蔑人迁去形成的。在公元前的一段时间内，吉蔑人的一部分

① 陈序经：《扶南史初探》，第65页。
② 岑仲勉：《据〈史记〉看出缅、吉蔑（柬埔寨）、昆仑（克仑）、罗暹等族由云南迁去》，《东南亚历史论丛》第二集，1979年。
③ 张良民、文庄：《老挝的查尔平原和石缸群之谜》，《亚非》1982年第1期。
④ 申旭、刘稚：《中国西南与东南亚的跨境民族》，云南民族出版社，1988，第11章。
⑤ 张良民、文庄：《老挝的查尔平原和石缸群之谜》，《亚非》1982年第1期。
⑥ ［法］埃德蒙·索兰、让皮埃尔·卡伯内尔：《印度支那半岛的史前文化》，任友谅译，载中国社会科学院考古研究所编《考古学参考资料》1979年第2期。

迁移并定居在今川圹地区，并且创造了著名的巨石文化。堂明国位于今川圹一带，建国于1—2世纪，因此，吉蔑人是堂明国的主体民族和石缸的凿制者。

《新唐书》卷二百二十二下载："道明者……无衣服，见衣服者共笑之。无盐铁，以竹弩射鸟兽自给。"[1] 这条材料来自唐张鷟《朝野佥载》，是书卷二云："真腊国在驩州南五百里……国人不着衣服，见衣服者共笑之。俗无盐铁，以竹弩射虫鸟。"[2] "在驩州南五百里"的真腊当指陆真腊即文单国，在迁都文单（万象）之前，陆真腊的都城在今老挝他曲，正与北距驩州五百里相符合。另外，张鷟生活在唐代武后、中宗、睿宗三朝和玄宗前期，水、陆真腊分裂正是在中宗神龙年（705—706）以后，这也说明此处的真腊是指刚分裂出来的陆真腊。但是，认为陆真腊国人不穿衣服似乎不妥。真腊分裂以后，陆真腊逐渐成为中南半岛上的一个强国，内部局势稳定，对外方面有军事上的扩张（兼并参半、道明等）和与外国的贸易往来，其国人无衣服穿是不可能的。不管其实际含意是什么，"国人不着衣服"当对道明而言。因为陆真腊向北扩土占领了道明，其东部便与驩州接界，道明成为陆真腊领土的一部分，所以，《朝野佥载》记述和驩州为邻的真腊国人不穿衣服，实际上是指道明，《新唐书》便改正过来。另外，周致中《异域志》也载"道明国人不着衣服"云云，可以为证。

据《异域志》卷上："道明国……俗无盐铁，以竹弩射虫鱼，俗称脱个桂板者此也。"[3] 成书年代早于《新唐书》的《朝野佥载》和晚于其后的《异域志》皆载道明国"俗无盐铁"，唯《新唐书》云其"无盐铁"，故应以"俗无盐铁"为是。"俗无盐铁"并不是没有盐铁，而是未曾普遍使用。古代吉蔑（克木）人的制盐技术相当发达，在现今中老边界地区还留有他们当年的盐井，周围其他民族都向他们买盐。[4] 另外，堂明时期的居民已经使用了铁器，在巨石文化中已发现有铁制工具。这不仅表明堂明国人已使用了铁器，而且这些铁制工具很可能是当时的吉蔑人凿制石缸遗留下来的。在铁器未能大量使用的情况下，道明国的居民便使用竹弩进行渔猎活动，这种渔猎方式成为习俗沿袭下来，保留至今。

① 欧阳修、宋祁：《新唐书》，中华书局，1975，第6302页。
② 张鷟：《朝野佥载》，中华书局，1979，第40页。
③ 周至中：《异域志》，中华书局，2000，第25页。
④ 申旭、刘稚：《中国西南与东南亚的跨境民族》，云南民族出版社，1988，第11章。

从以上诸书的记载来看，直到唐代时期的道明，似乎还处在原始社会阶段。实际上，堂明国应已进入阶级社会。理由如下：第一，在三国时期，堂明已经是一个独立的国家，而且曾遣使访问中国。到了唐代的道明，仍说其尚未进入阶级社会，无论如何也是讲不过去的。第二，堂明（道明）是老挝的一个古国，存在时间达数百年之久，它的社会生产水平有了一定的发展，并创造了在当时东南亚地区屈指可数的巨石文化。同时，铁制工具的使用也应是堂明进入阶级社会的标志。第三，堂明、林邑、扶南三国的建国时间基本一致，它们的社会形态也应大体相同。诚然，文献中记载的某些"国"很可能是处在阶级社会的初期阶段，但我们不能将其同中国有着高度中央集权的阶级社会相提并论。在老挝历史上很少出现过较为稳固的中央集权制国家，地方割据势力相当强大，这也正是老挝古代阶级社会的主要特征之一。

堂明国文化的主要体现，就是今老挝川圹查尔平原的石缸群，人们通常将其归入巨石文化。"查尔平原"之称是由法语 Plaine de Jarres 音译而来，而法语又是从老语对石缸平原的称呼"通亥很"（Thong Hai Hin）意译的。其由来就是在这一地区有着数量众多的石缸。石缸大多集中在一个叫班安的地方，数目约 250 个。石缸的大小不同，形状各异，一般高 1.5 米左右，小的不及 1 米，大的则高达 3 米左右。就其形状来看，石缸大致呈圆柱形，平底或底部稍有凸起，外沿加工粗糙，因而也有似呈方形或多边形的。石缸上面没有花纹或文字，其内沿加工比较精细，多为圆筒形，直径 0.7—0.8 米，能容 1 人，也有少数直径 1 米左右，能容 2—3 人的。石缸的排列并不规范，有立有卧，有数个集中在一起者，也有一个独处者；有的耸立山丘顶，有的半埋土中或镶于地面。大致说来，石缸是以一个小山洞为圆心呈扇形分布。由于是荒山丘陵地区，石缸群周围并无人居住，仅几千米之外有一个叫拉黄（Lat Huong）的小镇。另外，在班安西北三四十千米的芒绥地区，也发现有石缸 200 多个。从芒绥再往西，仍有和墓石在一起的巨石遗迹，说明当时这一地区曾有大量吉蔑人居住。

西方考古学家认为，这些石缸是用来盛殓尸体的，可称之为瓮棺葬，二次葬和火葬也用此器。在石缸的正中间有用于火葬的洞窟，火葬以后，牙齿及部分骨灰放在石缸中。据调查，石缸内的随葬品以陶器、铁制工具、青铜器物、玻璃珠和玛瑙珠最为常见。在石缸周围有许多随葬品，还有磨光石斧、磨光器、盘状器、指环、手镯、铜铃等。石缸上常有一个盘状的假盖，在瓮棺葬墓地，还发现有墓石、用天然的或加工过的石块堆成的石棚和石柱，有的则简单地垒些石头堆，石头周围或下面也有随葬品，同石缸内外的随葬品大同小异。瓮棺葬的年代为 1 世纪，被认为是"属于印度阿萨姆、马来西亚和印度尼西亚等地铁器时代高度发展的巨石文化"[1]。

前面已经谈到，查尔平原巨石文化的创造者是堂明国的主体民族吉蔑人，擅长石工是吉蔑文化的主要特征之一。在吉蔑人迁入中南半岛地区之前，他们已具备这种文化特征。那些留在云南地区的吉蔑人的后裔，同样擅长石工，并留有石墓、石幢、宫殿的石墩子等遗迹。[2] 那些迁到中南半岛的吉蔑人，继承和发扬了他们传统的文化，查尔平原巨石文化就是中国南方吉蔑人原始文化的延续和发展，而后来的吴哥文化则达到了古代吉蔑文化发展的顶点。

这一时期，老挝南部地区也在吉蔑人的势力范围之内。据老挝学者认为，吉蔑人曾建立了一个领土从万象的东部直到柬埔寨边界的国家，名叫科达布腊。这个国家最初的都城在色邦菲河即宾河河口，称科达布腊那；后移到塔帕农的西部，称马忽科拉那空。大约于佛历 318 年（前 225），又迁至今泰国黎逸，旧都便被废弃。后来，老族人占领了这一地区，在他曲一带重建马忽科拉那空。到 1614 年，又恢复其原名，称西科达布腊那。[3] 据说，上述看法是来自塔帕农的传说。至于这个国家的实际情况如何，由于目前所能见到的材料有限，尚有待于进一步的研究。

① ［法］埃德蒙·索兰、让皮埃尔·卡伯内尔：《印度支那半岛的史前文化》，任友谅译，载中国社会科学院考古研究所编《考古学参考资料》1979 年第 2 期。

② 高立士：《克木人的历史传说与习俗特点》，云南民族学院民族研究所，1980 年；《崩龙族社会历史调查》，云南民族出版社，1981；《低族社会历史调查》（一）（二），云南人民出版社，1983；《布朗族社会历史调查》（二），云南人民出版社，1982。

③ M. S. Viravong, "History of Laos", Vientiane, 1957, p. 2.

第三章

7—10 世纪老挝地区社会的发展

第一节　真腊的兴起

在扶南统治时期，中南半岛地区出现了真腊国。这个国家位于今老挝下寮和柬埔寨的北部地区，其中心在蒙河南面的巴沙地区。它的南面是扶南，东面和林邑接壤，西面可能包括今泰国部分领土在内。3世纪，扶南势力大增，兼并了真腊，因此，真腊也就成了扶南的属国。5世纪以后，真腊的力量逐渐强大起来，开始摆脱扶南的统治。其后，真腊不但不再受扶南的统辖，而且反过来开始兼并扶南的领土。据《隋书·真腊传》："真腊国，在林邑西南，本扶南之属国也……其王姓刹利氏，名质多斯那。自其祖渐至强盛，至质多斯那，遂兼扶南而有之。"[1]

514年，扶南王阇耶跋摩去世，由于争夺王位，国家出现了内乱，这给真腊摆脱扶南的统治提供了机会。真腊的拔婆跋摩和质多斯那兄弟二人开始起兵反抗扶南，他们的父亲叫毗罗跋摩，是扶南的藩属之一。据说他们的祖父叫萨婆宝摩，"有人认为这个称号是指扶南最后一位国王律陀罗跋摩"[2]。据《梁书·扶南传》载，阇耶跋摩死后，"庶子留陁跋摩杀其嫡弟自立"。[3]这样，拔婆跋摩和质多斯那反抗留陁跋摩的统治，就成为要求得到王位继承权的斗争。

无论如何，由于经济的衰落，并由此带来的政治、军事地位的下降，扶南的统治权被真腊取而代之。作为一个独立国家，留陁跋摩是扶南的最后一位国王。扶南的领土大多逐渐被真腊兼并，到唐初只剩下南部一小部分。《新唐书·扶南传》载其被真腊合并后，"益南徙那弗那城。武德、贞观时，再入朝"[4]。这样，在唐代以前，扶南大部已被真腊兼并，而不得不南迁国都。到质多斯那的儿子伊奢那跋摩当政时，扶南便从政治地图上消失了。

拔婆跋摩不知死于何年，据今发现他为纪念建立一处林伽而立的石碑是在598年，这是有关他所处年代的唯一碑铭。拔婆跋摩死后，其弟质多斯那当政，时在600年左右。根据中国文献，6世纪中叶质多斯那兼并扶南，其时他并不是国

① 魏徵等撰：《隋书》，中华书局，1973，第1835页。
② ［英］D. G. E. 霍尔：《东南亚史》，中山大学东南亚历史研究所译，商务印书馆，1982，第133页。
③ 姚思廉：《梁书》，中华书局，1973，第790页。
④ 欧阳修、宋祁：《新唐书》，中华书局，1975，第6301页。

王，而是军队的统帅。这一时期战事频繁，兄弟俩共同反抗扶南，长者理所当然是国王，弟弟则以军队辅佐王政。

质多斯那是一个军事上的征服者，在其兄拔婆跋摩当政时期，他统领军队南征北战，占领了扶南大部分领土。质多斯那继位后，王号摩诃因陀罗跋摩，即"受大因陀罗保护的人"。他又率军征服了蒙河下游地区，把领土范围扩张到了今泰国境内。在今柬埔寨的桔井和上丁沿湄公河河岸以及今泰国的武里南和素林等地都发现有他的碑文，并称他为英雄和征服者。① 质多斯那以及他的继承者皆将注意力放在西方。在质多斯那以前，真腊和林邑曾进行过多次战争，但成效甚微。因此，真腊决定与林邑修好，先进攻扶南。质多斯那继位后，扶南已成为真腊的属地，他便把军事矛头转向西面，与林邑保持友好关系同样是真腊解除后顾之忧不可缺少的条件。据吉蔑碑文，质多斯那在位时，曾派使者僧伽提婆到林邑进行友好访问，以保持两国的和平共处。②

质多斯那死后，其子伊奢那先继位，称伊奢那跋摩，也即伊奢那跋摩一世，时间大约在 7 世纪初叶。伊奢那跋摩继承了其父的对外政策，修好林邑，向西方扩土。他娶了林邑国的一位公主为妻，后来又把自己的女儿嫁给林邑的一位亲王。后来他的外孙于 653 年登上了林邑国的王位，号毗建陀跋摩，即毗建陀跋摩一世。③

伊奢那跋摩先征服了今柬埔寨森河流域的一个叫婆罗阿迭补罗或阿宁迭多补罗的国家，国王是婆罗阿迭多。之后，为了向西部扩张，伊奢那跋摩在森河岸上建立了一个新都，以自己的名字命其为伊奢那城。迁居新都以后，伊奢那跋摩继续向西推进，扩张到其新都西北的查克朗加补罗、阿牟迦补罗和毗摩补罗。在南方，他的领土达到今泰国的庄他武里即尖竹汶，同西部的堕罗钵底接界。④

伊奢那跋摩以后的真腊王改变了扩张的方向，将进攻的矛头指向北方，因为真腊的西部已和堕罗钵底国接壤，后者也是一个势力较为强大的国家，并领有昙陵和陀桓等属国。伊奢那跋摩的继承人是拔婆跋摩二世，他远不如阇耶跋摩一世

① ［英］D. G. E. 霍尔：《东南亚史》，中山大学东南亚历史研究所译，商务印书馆，1982，第 134 页。
② ［法］马司帛洛：《占婆史》，冯承钧译，中华书局，1956，第 40 页。
③ 同上书，第 42 页。
④ ［英］D. G. E 霍尔：《东南亚史》，中山大学东南亚历史研究所译，商务印书馆，1982，第 135 页。

出名，后者统治真腊达 40 年之久。在当政期间，阇耶跋摩一世不断向北扩土，势力达到今泰国东北部和万象一带。自真腊开始强盛以来，它征服了周围的许多土地，疆域不断扩大。然而，这种由军事征服组合起来的帝国内部是不会平静的，到了阇耶跋摩一世统治后期，真腊分裂成为水真腊和陆真腊两个国家。

就当时中南半岛地区来说，真腊国的势力最为强大，其政治、经济、文化都得到了一定的发展。7 世纪初叶，国王伊奢那跋摩将新建的伊奢那城作为真腊的新都，这个城市也迅速繁荣起来。在伊奢那跋摩统治时期，城中有居民两万余户，可以想见此城之广大。另外，真腊国还有大城 30 个，每城都有数千家居民。王宫设在首都的中心，有一大堂，为国王听政之所。当时真腊国王是三日一朝，听政时，国王坐在"五香七宝床"上，上面挂一"宝帐"。这种宝帐制作精细，华美异常，"以文木为竿，象牙、金钿为壁"，形状如同一间小屋，玲珑剔透，金光闪耀。国王与大臣的穿戴更是雍容华贵，"王着朝霞古贝，瞒络腰腹，下垂至胫，头戴金宝花冠，被真珠璎珞，足履革屣，耳悬金珰。常服白叠，以象牙为屐。若露发，则不加璎珞。臣人服制，大抵相类"[1]。王宫内戒备森严，"阶庭门阁，侍卫有千余人"，一般人是无法入内的。在真腊国的最高统治集团中，国王拥有至高无上的权力，此外还有五位大臣辅助朝政，他们的名称是：孤落支、高相凭、婆何多陵、舍摩陵和髯多娄。在他们下面还有许多执行权力的官吏，加上各地的统治首领，形成了一整套的统治机构。关于王位的继承，真腊国规定：不是国王正妻的儿子，不得继承王位。国王甚至在即位之日，要将其他兄弟处以各种酷刑，或去掉一手指，或把鼻子割掉，放逐到王宫以外的其他地方。他们的衣食供给得到保障，但不能从政充任官吏。[2] 这些仅仅是中国文献的记载，确切与否尚值得研究。

真腊拥有强大的军事力量，象队在其中占有一定的地位。真腊产象甚多，象被驯化后用于战争，据载，伊奢那跋摩时期有战象 5000 头。能战的大象用肉和米饭饲养，在与敌人交战时，象队冲在前面，后面是步兵。在象的背上置一木楼，可容纳 4 个士兵，每个士兵皆手持弓箭，射击敌人。[3]

---

① 魏徵等撰：《隋书·真腊传》，中华书局，1973，第 1835 页。

② 同上书，第 1836 页。

③ 刘昫等撰：《旧唐书·真腊传》，中华书局，1975，第 5271–5272 页。

在文化艺术方面，真腊国留下了大量的砖塔，有排列成群者，也有单独的。其塑像受到印度文化的影响，但已经被吸收、改造和发展，带有明显的真腊地方色彩。另外，还有富丽堂皇的装饰性雕刻，这种艺术在后来的吴哥时期得到了充分的发展。

宗教方面的情况比较复杂。当时，真腊国内有佛教、婆罗门教，甚至还信仰道教。《隋书·真腊传》云："每五六月中，毒气流行，即以白猪、白牛、白羊于城西门外祠之。不然者，五谷不登，六畜多死，人众疾疫。近都有陵伽钵婆山，上有神祠，每以兵五千人守卫之。城东有神名婆多利，祭用人肉。其王年别杀人，以夜祀祷，亦有守卫者千人。其敬鬼如此，多奉佛法，尤信道士，佛及道士并立像于馆。"[①]《旧唐书·真腊传》说，其国"尚佛道及天神，天神为大，佛道次之"。"陵伽钵婆"是梵文，义为"林伽之山"。中国文献载其位于真腊国都伊奢那城附近，很显然，真腊当时主要是信奉婆罗门教。在"林伽之山"上立有神祠，有 5000 名士兵守卫，在都城的东面还专门设有婆罗利神，供国王祭祀。国王本人也是婆罗门教的崇奉者，他白天率军出征，夜晚到此祈祷，求上苍饶恕，以得到灵魂的解脱。另外，真腊国居民吃饭、洗澡都要诵经念咒，祈祷一番，以示对婆罗门教诸神的敬仰。

第二节　陆真腊即文单国

一、真腊、文单和柬埔寨

在论述陆真腊即文单国之前，有必要先谈谈真腊与文单国以及后来柬埔寨之间的关系。

唐代中国与真腊国的交往始于唐武德六年（623），到 8 世纪初真腊分裂成水真腊和陆真腊以前，其遣使来中国有 10 次左右。710 年以后，水真腊和陆真腊分别多次遣使中国。9 世纪，二者合而为一，复以真腊称之。史学界一般认为，真腊

---

① 魏徵等撰：《隋书》，中华书局，1973，第 1837 页。

即今柬埔寨，中国与真腊国的交往是中柬关系史的一部分。不但如此，而且把陆真腊即文单国的遣使入唐也看成中柬关系史的内容，即把文单国看成在今柬埔寨境内。这是极为不妥当的，原因是陆真腊即文单国，在今老挝，文单即今万象之同名异译，该国的疆域大体上是在今老挝的领土范围之内，所以，就没有理由将文单国遣使通好中国列入中柬关系史的范畴。事实上，不但文单国遣使入唐是属于中老关系史的内容，而且12世纪以前真腊通好中国，也不能被仅仅作为中柬关系史的内容。问题的关键在于：真腊不仅仅在今柬埔寨地区，更不等于柬埔寨。

我们通常所说某某古国就是现在的哪一个国家，是从国家的发展、演变的角度来谈的，实际上应该说某某古国在今哪一个国家。当然，为了使某一个国家从古到今有一清晰的轮廓和系统的概念，这样讲也无可厚非。不过，真腊的情况有所不同，因为真腊本身并不仅在今柬埔寨地区，就其作为国家来说，除了8世纪以后的分裂时期以外，在14世纪以前，它的疆域大体包括今老挝和柬埔寨两国在内，是两国地域范围的共称，所以，就不能片面地认为真腊就是柬埔寨，把真腊来访简单地看成柬埔寨同中国的交往，而只能认为是真腊同中国的交往。

前面已经谈到，真腊在扶南的北面，其中心在今老挝的巴沙地区。很显然，真腊的相当部分疆域在今老挝地区。虽然它曾一度附属于扶南，但并不能说它等于扶南，更不能认为它就是现在的柬埔寨。6世纪真腊势力强盛以后，从北向南逐渐兼并扶南，占据了今柬埔寨地区。然而，这同样不能认为真腊就是柬埔寨，这不仅因为真腊的中心和大部领土在今老挝，而且真腊在南进的同时，也不断向西、北等方向扩土。正因为人们通常认为真腊和扶南就是柬埔寨，所以，便把真腊和扶南的先后互属看成在今柬埔寨境内发生的事情，和老挝则没有关系；而把真腊强盛以后向北扩张看成从柬埔寨地区向老挝地区扩土的进程，这就颠倒了主次关系，形成了一个极不恰当的概念。

8世纪初，真腊分裂成水真腊和陆真腊两个国家。水真腊大体相当于今柬埔寨的地域范围，陆真腊的领土范围与今老挝大体一致，两国的分界线在今老挝巴色地区。9世纪，水真腊和陆真腊复合为一体，仍称真腊。在这以后的一个时期内，老挝地区大多是在真腊的控制之下，但又与8世纪初真腊分裂以前的情况不完全一样。9世纪以后，老挝地区的泰老先民的势力兴起，建立了非吉蔑人的国家，开始摆脱吉蔑势力的影响。但是，直到1353年澜沧王国建立以前的大部分时间内, 老挝大部地区是在真腊的统辖之下。

从上述可以看出, 无论是附属于扶南时期的真腊, 还是 8 世纪分裂以前的真腊, 抑或 9 世纪水、陆真腊合并后的真腊, 都不仅仅是在今柬埔寨境内。在真腊时期的大多数时间内, 真腊是今老挝和柬埔寨两国这一地区的共称。因此, 我们只能将真腊这一时期看成老挝和柬埔寨历史上的特殊阶段, 既不能仅将其视为柬埔寨历史的范畴, 也不能简单地认为是属于老挝历史的范畴。在论及这一时期中国和真腊的交往时, 既不能仅作为中柬关系史的内容, 也不能仅作为中老关系史的范畴, 而是应该作为中国与真腊的关系, 既包括中柬关系史又包括中老关系史的内容, 换句话说, 即要指出中国和真腊之间的交往与中柬、中老关系史之间的特殊关系。真腊就是真腊, 它既不是老挝, 也不是柬埔寨, 但它既包括老挝, 又包括柬埔寨。

二、陆真腊即文单国

7 世纪末叶, 真腊国内部出现混乱, 到 8 世纪初, 终于发生了分裂。据《旧唐书·真腊传》载:"南方人谓真腊国为吉蔑国。自神龙以后, 真腊分为二: 半以南近海多陂泽处, 谓之水真腊; 半以北多山阜, 谓之陆真腊, 亦谓之文单国。"[1] "神龙"是唐中宗的年号, 时间为 705—706 年, 也就是说, 真腊分裂成两个国家是在 706 年以后。根据《册府元龟》, 710 年(景龙四年)真腊遣使时仍称真腊, 而到了 717 年(开元五年), 则分别称之为真腊国和文单国, 说明其时文单国已经出现。据目前所能见到的文献, 文单国最早见于记载的年代为 716 年。《广东通志·外志》云:"开元四年(716)……是时, 诸蕃多所更改, 林邑号环王, 而陆真腊亦号文单, 皆常犯边。"[2] 陆真腊迁都以后才称文单国。据此推断, 真腊的分裂应早于 716 年, 即在 711—716 年之间。

陆真腊之所以又称文单, 是因为其首都在文单, 也即今日之万象。但是, 陆真腊分裂之初的都城并不在文单, 只是在迁都以后才更改其名为文单国, 即《广东通志》所说的"陆真腊亦号文单"。陈序经认为:"陆真腊的都城, 是在老挝的他

---

① 刘昫等撰:《旧唐书》, 中华书局, 1975, 第 5272 页。
② 见《古今图书集成·边裔典》。

曲 Tha-kher 地方附近。"① 这种看法来自《新唐书·真腊传》:"陆真腊或曰文单,曰婆镂,地七百里,王号'笪屈'。"② "笪屈"即为"他曲"的不同音译,"王号笪屈"可能为"王居笪屈"之误。从中国文献的记载来看,"笪屈"也即他曲,是陆真腊分裂出来以后最初的都城。③ 根据上引史料分析,陆真腊在 710 年以后分裂出来,在他曲定都的时间不长,于 716 年之前将都城迁到文单即今万象。这次迁都的原因有两方面:一是他曲离水真腊太近,刚刚分裂出来的陆真腊尚不稳定,所以,离水真腊尽可能远一些,尽管这种行动并未能避免后来二者复合而为一。二是南面为水真腊,东面为唐安南都护府和林邑,西面是骠国和堕罗钵底,陆真腊要扩张自己的势力,只有把注意力集中在北面。为了站稳脚跟,扩充实力,陆真腊将国都迁到了文单。

真腊分裂以后,水真腊的领土基本上是扶南故地,陆真腊即文单国则在今老挝地区。对于文单的所在地,各国学者众说纷纭,黄盛璋经过考订认为,文单即在今万象。④ 本书同意这种看法,并在前一章作了详细论述。

文单国的疆域,其南部基本上是今天老挝的领土范围,而它的西部及西北部则包括了今泰国和缅甸部分领土。只是它的北部没有今天的领土范围那么大,当时是在南诏的控制之下。文单国南部与水真腊接界,其分界线在今巴色地区,大致同今天老挝与柬埔寨的分界线一致。文单国的东部领土南段与环王即林邑相接,北段与驩州相接,中间是雾温山。据《新唐书·环王传》:"环王,本林邑地……西距真腊雾温山。"⑤ 这种状况在真腊未分裂时就是如此,因此,文单国的东南部疆域没有什么变化。在东北部,文单国兼并了道明以后,便与驩州接界,所以,《新唐书》卷二百二十二下载,文单"东北抵驩州",又说,"驩(州)在安南,限重海,与文单、占婆(即环王)接"。由此看来,这时的雾温山是文单、环王和驩州三者之间的界山。文单国的西面是骠国,《旧唐书·骠国传》载其"东邻真腊国",这是真腊未分裂时的情况。在真腊分裂以后,骠国仅和文单国接壤,所以,《新唐书·骠国传》便云:"骠……东陆真腊。"文单国的西南是堕罗钵底国,其北部

① 陈序经:《扶南史初探》,第 244 页。
② 欧阳修、宋祁:《新唐书》,中华书局,1975,第 6301 页。
③ 蔡文欐:《澜沧王国是老挝唯一的古国吗?》,《世界史研究动态》1980 年第 11 期。
④ 黄盛璋:《文单国——老挝历史地理新探》,《历史研究》1962 年第 5 期。
⑤ 欧阳修、宋祁:《新唐书》,中华书局,1975,第 6301 页。

边界同南诏接壤。文单国在 8 世纪初分裂出来以后，不断向北扩土，先后兼并了道明、参半等国，在琅勃拉邦一带与南诏接界，再往北是南诏的势力范围。马司帛洛曾以为应求文单国与南诏的分界线"于普洱或思茅两地之中，则其地约当车里之北部"①。这种说法是没有根据的，史实也并非如此。唐樊绰《云南志》卷十载："水真腊国，陆真腊国，与蛮镇南相接。""蛮"即指南诏，"镇南"应指南诏设置的银生节度。银生节度管辖茫乃道及黑齿等十部落，"茫乃"即"勐泐"的古写，即今西双版纳的前身，黑齿等十部落则居住在今西双版纳南部和老挝北部地区，这些地区皆在南诏的统辖之下，并要为南诏提供兵源，因此，文单国的北界无论如何都不可能达及今西双版纳地区。

9 世纪，水真腊和陆真腊再度合并成为一个国家，复称真腊国。关于二者合并的时间，通常认为是在 802 年，但根据中国文献，双方合并的时间可能在 9 世纪中叶。

据《广东通志》载："林邑号环王，而陆真腊亦号文单，皆尝犯边。元和中（806—820），安南都护张舟击败之，乃复铜柱，以正疆场，于是贡琛溢于王府。"②黎崱《安南志略》卷九云："自（是）占城、真腊悉修贡职。舟殁，柳子厚作祭文。"柳子厚即柳宗元，他在为张舟所写的墓志铭中说："文单环王怙力背义，公于是陆联长毂，海合艨艟，再举而克殄其徒，廓地数圻，以归我理。"结果是："乌蛮屈服，文单剪灭。柔远开疆，会朝天阙。铜柱乃复，环山以哲。"③但查阅唐代文献及《旧唐书》和《新唐书》，皆无文单犯边的记载，只有环王寇边之事。《旧唐书·宪宗纪》载："（809）安南都护张舟奏破环王国三万余人，获战象、兵械，并王子五十九人。"④《新唐书·宪宗纪》载："（元和四年）八月丙申，环王寇安南，都护张舟败之。"⑤《广东通志》所说的"环王犯边"即寇犯安南，因为环王的北面为唐安南都护府管辖，所以，说"环王犯边"和"环王寇安南"是一致的。至于文单"犯边"之事，也是有可能存的。陆真腊迁都文单，主要是为了向北扩土，它先后兼并了正北面的道明和西北面的参半，在东北面和安南都护府发生冲突是可能的。否

① ［法］马司帛洛：《宋初越南半岛诸国考》，冯承钧译，《西域南海史地考证译丛》一编，第 129 页。
② 《古今图书集成·边裔典》。
③ 柳宗元：《柳河东集》，上海人民出版社，1974，第 150、152 页。
④ 刘昫等撰：《旧唐书》，中华书局，1975，第 428 页。
⑤ 欧阳修、宋祁：《新唐书》，中华书局，1975，第 211 页。

则,《广东通志》和柳宗元也不会记述文单国犯边之事。不过,张舟并不是像柳宗元所说的那样消灭了文单,而只是将其击败而已,否则,也就不可能有文单"贡琛溢于王府"的情况存在。再说,文单国并不是由张舟灭掉的,而是后来与水真腊合并在一起,再次组成真腊国。

据上所述,我们还看不出在元和四年(809)水真腊和陆真腊已经合并,元和八年(813),水真腊还派李摩那访问中国。① 直到838年,《册府元龟》卷九百九十五有水真腊攻环王国的记载,说明此时水、陆真腊尚未合并。据《安南志略》卷十六载:"唐会昌五年(845)……按唐式职方之掌,安南都护与峰等州,捉搦陆路,勿令真腊国人来。"② 也许此时水、陆真腊已经合并,为了接待和护送方便,唐王朝下令控制陆路,而让其从海路来中国访问。因此,838年水真腊攻环王,可能是其向北合并陆真腊即文单国的前奏。

三、真腊、文单同中国的交往

由于史料的缺乏,我们对文单国内各方面的情况了解不多,但在中国文献中,却保存了大量中国与真腊国及文单国交往的记载,对于研究老挝历史有着相当重要的价值。

618年,中国唐朝建立,后逐渐发展成为中国古代最兴盛的王朝之一。在唐朝时期,由于国内和平稳定,经济、文化等方面都得到了空前的发展,与外国的友好往来也进入了一个前所未有的阶段。这一时期的真腊国及后来的文单国也是中南半岛上比较强盛的国家,从而形成了与中国进行友好交往的高潮。

真腊第一次遣使是616年,据《北史·真腊传》:"隋大业十二年(616),(真腊)遣使贡献,帝礼之甚厚,于后亦绝。"③ 虽然隋朝给予了真腊来使隆重的接待,但由于此时隋王朝已临近灭亡,国内战乱不止,所以,隋朝时真腊国只有此一次遣使。

唐王朝建立以后,同外国的交往日趋频繁,真腊的使者又接连不断地前来中国进行友好访问和文化等方面的交流。

---

① 刘昫等撰:《旧唐书·真腊传》,中华书局,1975,第5272页。
② 黎崱:《安南志略》,中华书局,2000,第374页。
③ 李延寿:《北史》,中华书局,1974,第3164页。

据《旧唐书·真腊传》：“真腊国……武德六年（623）遣使贡方物。”① 两年之后，真腊国再次通好中国，它的属国参半也同时遣使中国：“文单西北属国曰参半，武德八年使者来。”② 武德八年是 625 年，此时真腊尚未分裂，还不存在文单国，因此，参半在当时并不是文单的属国。

唐贞观年间（627—649），真腊国有两次遣使中国：“贞观二年（628），又与林邑国俱来朝献。太宗嘉其陆海疲劳，赐赍甚厚。”③ 另一次是贞观九年（635）四月，真腊国遣使贡方物。④ 除此之外，在 7 世纪真腊还有 3 次遣使中国，时间分别是高宗永徽二年（651）、高宗永淳元年（682）、武后圣历元年（698）。8 世纪真腊分裂前夕，曾于 707 年、710 年两次通好中国。⑤

到 716 年时，水、陆真腊已完全分开，陆真腊也将都城迁到了文单，由此开始了陆真腊即文单国同中国的单独交往。

《册府元龟》卷九百七十一载，开元五年（717）五月，“真腊、文单、新罗、靺鞨、中天竺国并遣使来朝，并献方物”。⑥ 真腊在此应指水真腊，两国的使团同年前来中国，表明其各自已是一个独立的国家。两国的使者在中国住了一个月，受到了隆重的接待；在两国使者返回时，唐玄宗分别给两国颁发了玺书，并各送帛 500 匹，请使者带给本国国王。⑦

关于文单国遣使中国的道路，《新唐书》卷四十三下载：“自驩州西南三日行，度雾温岭，又二日行至棠州日落县，又经罗伦江及古朗洞之石蜜山，三日行至棠州文阳县。又经麋黎潫，四日行至文单国之算台县，又三日行至文单外城，又一日行至内城，一曰陆真腊，其南水真腊。”文单国是一个内陆国家，没有出海口，前往中国大多走驩州这条道路。驩州在今越南义安省南部和河静省一带，治所九德（今越南荣市），当时为唐安南都护府所辖。雾温岭位于驩州与甘结之间，中有骄诺隘为道路所经。日落县在今甘结附近，文阳县在今班梳一带，二者皆在今甘

---

① 刘昫等撰：《旧唐书》，中华书局，1975，第 5272 页。

② 欧阳修、宋祁：《新唐书》卷二百二十二下，中华书局，1975，第 6302 页。

③ 刘昫等撰：《旧唐书·真腊传》，中华书局，1975，第 5272 页。

④ 王钦若等编撰：《册府元龟》卷九百七十，凤凰出版社，2006，第 11227 页。

⑤ 同上书，第 11232–11235 页。

⑥ 同上书，第 11237 页

⑦ 同上书，第 11277 页。

蒙省境内。石蜜山当为今越南河静之白石峰，漖漖洞应为湄公河。从骦州到文单国内城，共需要 16 日的时间。

从文单到达骦州以后，有两条道路通往中国：一条是乘船从海路到广州，然后再由陆路到长安；另一条是经交州从陆路到云南，再转去他地。由于文单国没有出海口，海运工具不发达，带来中国的又多为大象，所以，遣使中国大多走陆路。另外，唐代云南地区存在着南诏地方政权，文单国同南诏之间也有贸易往来。与此同时，位于今云南西双版纳地区的茫乃即勐泐和文单国的关系也十分密切。①

在文单国前来中国进行的友好交往中，有两次大规模的使团来访，一次是天宝十二载（753）九月，"文单国王子率其属二十六人来朝"②。唐王朝"授其属果毅都尉，赐紫金鱼袋，随何履光于云南征讨，事讫听还蕃"③。何履光的军队是进军云南的三路军中的一路，由步头路向前推进。据方国瑜考订，步头为今之元江，有道路通往文单。"此文单国王子随何履光于云南征讨，从文单出发与何履光相会之处，以地理审之，路程自南而北，以在今之元江为适宜。是时从步头有路通文单以达于真腊。唐世友《帝王世纪图讲》载唐僧一行《山河分割图》注记地名，在云南滇池之南为真腊，即因滇池与陆真腊之间交通为枢纽，此可得而说者。"④ 步头是否位于元江，可以再作研究，但有一点是清楚的，即文单国王子率 26 人是来访问中国后随何履光的军队从云南回国，而不是从文单国出发由南向北与何履光在步头汇合后攻打南诏。至于《册府元龟》所载"随何履光于云南征讨"，只能是文单使团结束了在中国的访问以后，随何履光的军队一起到云南，在战事结束、路途平静以后，文单使团从云南回国。这样，由何履光的军队代为护送，唐王朝就无须再派护送人员。如果说文单国的使者是和何履光的军队一起进攻云南，那么，一共只有 27 个人的文单国使团是起不了什么作用的，再说这也是不可能的事情。

文单国另一次大规模的遣使中国是 771 年。文单国副王婆弥携妻子和 25 位大臣前来中国，唐王朝于三殿设宴招待来使，给予隆重的欢迎。大臣们

① 云南省少数民族古籍整理出版规划办公室：《勐泐王族世系》，刀国栋等译，云南民族出版社，1987。
② 王钦若等编撰：《册府元龟》卷九百七十一，凤凰出版社，2006，第 11245 页。
③ 同上书，第 11290 页。
④ 方国瑜：《步头之方位》，载《滇史论丛》第一辑，上海人民出版社，1982，第 197 页。

还上奏唐王，给文单国来使加封爵位，唐王批准了此奏。据《册府元龟》卷九百九十九载："代宗大历六年十一月，文单国王来朝，并献驯象一十有一。宰臣等上言曰：'臣闻《春秋》二百四十年不纪祥瑞，而载异国之朝。其在《周书》，亦美西旅之献。盖重其德化及远，天下大同也。伏惟宝应、元圣、文武皇帝陛下，以至敬事天地，以至孝奉宗祀，武功以定大难，文德以怀远人。故旧史未载之邦，前王不宾之长，声教所隔，言语莫通，悠扬南溟，几千万里，瞻望中国，知有圣人，逾海而来，历年方至。绵邈重阻，奔波载驰。黄金饰冠，白珰充耳，服柔群象，牵致阙前，低回驯扰，稽颡屈膝。随万国而来庭，与百兽而率舞，如知礼乐之节，益盛羽仪之容。有以彰仁化玄通，醇源溥畅，至和大顺，以兆昌期。事轶于轩皇，迹超于汉代矣。臣等谬尘枢近，获睹洪休，伏请宣付史官，光昭简册。'手诏答曰：'文单远国，自古未宾，能瞻八律之风，来申重译之贡。君臣入觐，嫔御偕朝。越海逾山，输琛献象。顾惭薄德，有迈前王。此皆宗社效灵，上玄幽赞。卿等寅亮台鼎，燮和神人，翼致感通，无远不届，永言辅弼，庆贺良深。所请付史官者，依。'"关于所封官阶，诏曰："文单国副王婆弥，慕我中朝之化，方通南极之风。义在扶柔，礼当加等。可开府仪同三司，试殿中监。"[①]

关于婆弥，有的文献载其为"国王"，有的则记为"副王"，本书认为婆弥是副王，而不可能是国王，无论真腊国还是文单国来中国进行友好访问，没有一次是国王亲自前来的，王子或副王已是最高的级别。据《册府元龟》卷九百六十五载："（大历）六年十一月，文单国王来朝。诏曰：周有越裳重译，汉有樊木献诗，远方来仪，从古所记。文单国副王婆弥，慕我中朝之化……"[②]在同一条材料中，就有"文单国王"和"文单国副王"两种不同的记载。本书认为，前面的"文单国王"是一个统称，不但指国王，而且也包括副王在内；后面的"文单国副王"才具体指出这次来中国的是国王还是副王。再者，唐王在下诏之前，大臣们肯定已向他奏报来访的是副王而不是国王，所以，在唐王所下的诏书中用的是"文单国副王"的词句。

文单国最后一次遣使中国是在 798 年，据《册府元龟》卷九百七十六载："（贞元）十四年（798）正月壬辰，以文单国朝贡使李头及为中郎将，放还蕃。"[③]

---

① 王钦若等编撰：《册府元龟》，凤凰出版社，2006，第 11555–11556、11180 页。
② 同上书，第 11180 页。
③ 同上书，第 11295 页。

文单国使者来访不仅在文献中有记载，而且其形象在唐代莫高窟中也有所表现。在敦煌莫高窟中有各族王子图，其中有些壁画、塑像"面貌紫黑，拳发，裸体，跣脚，披巾，短裤，项饰珠宝璎珞，手脚均佩环钏，均有侍者服侍左右，一望而知为南海地方人物"①。我国文献对真腊王的描述是"王着朝霞古贝，瞒络腰腹，下垂至胫，头戴金宝花冠，被真珠璎珞，足履革屣，耳悬金珰"②。而真腊人又"丑黑拳发，裸身跣行"，所以，莫高窟中这些壁画和塑像，就是真腊国和文单王子等到中国进行友好访问和文化交流的真实反映。

中国与真腊国和文单国的交往，既是政治上的友好访问，又是经济、文化方面的交流。双方保持友好关系，互相赠送、交换礼品，这本身也是一种文化交流。真腊和文单使者到中国以后，唐王朝除了盛情款待、赠送礼物之外，还让他们参观学习中国的文化。例如，唐玄宗开元二年（714）："敕：夫国学者，立教之本，故观文字可以知道，可以成化。庠序爰作，皆粉泽于神灵；车书是同，乃范围于天下。自戎夷纳款，日夕归朝，慕我华风，敦先儒礼。由是执于干羽，常不讨而来宾；事于俎豆，庶既知而往学。彼蓬麻之自直，在桑椹之怀音，则仁岂远哉？习相近也。自今已后，蕃客入朝，并引向国子监，令观礼教。"③通过到国子监参观学习，真腊、文单及其他国家的使者看到了当时中国的律学、太学、书学、算学等方面的情况，这对于中国文化的向外传播和中外文化的交流有着极为重要的意义。

唐代中国和文单国的交往，从文单国方面来说，有经济和文化方面的交流，也有政治和外交方面的用意。真腊原为一个统一的国家，8世纪初叶分裂成为水真腊和陆真腊（即文单国）两个国家。关于真腊分裂的真正原因，目前尚不清楚，但是，既然真腊分裂，说明其内部必然存在严重的问题，这种局面对文单国来说尤其不利。文单国分裂出来以后，从经济和贸易上讲，原来真腊南部的富庶地区和出海口已属水真腊，文单国便成为一个内陆国家。由于水真腊的存在，文单国同南海诸国的海路贸易已不大可能，因而其北部的中国便成为它对外贸易的主要对象。从政治和外交上讲，文单国的南部是水真腊，北部是唐王朝和南诏地方政权，东面是中国的安南都护府和林邑，西面是堕罗钵底和骠国，在南方和其他方

---

① 陈玉龙：《中柬关系史上的三次友好高潮》，载《中国与亚非国家关系史论丛》，江西人民出版社，1984。

② 魏徵等撰：《隋书·真腊传》，中华书局，1973，第1835页。

③ 宋敏求：《唐大诏令集》卷一百二十八，中华书局，2008，第689页。

面的形势微妙的情况下，和北方的唐王朝保持友好关系就显得很有必要。文单国要保持同其他国家的和睦关系，唐王朝的支持也很重要。另外，文单国要通过海路发展对外交往，必须经过唐王朝统治下的驩州。鉴于上述经济和政治的原因，文单国分裂出来以后，连续派出规模大、级别高的使团访问中国。这一方面说明，它继承了真腊时期和唐朝的友好关系，积极发展同中国的交往；另一方面，也表明了文单国同唐王朝建立睦邻友好关系的迫切愿望，所带的礼品大大超过真腊时期。出于对外开放和睦邻友好的需要，唐王朝的回赠物品又大大超过文单国带来的礼品。因而可以说，文单国和唐王朝经济、文化方面的交往，密切了两国睦邻友好的关系，而文单国和唐王朝政治和外交上的需要以及两国的友好关系，促进了双方经济、文化的交流。

从唐王朝方面来说，在政治方面，唐王朝一直采取睦邻友好的对外政策。在处理国与国之间的关系问题上，从不轻易诉诸武力，即使有时对方无理寻衅，唐王朝也大多息事宁人。这种处理国家之间关系的态度，与中国封建王朝"溥天之下，莫非王土；率土之滨，莫非王臣"的传统统治思想是分不开的。这种传统的宗法思想反映在外交上，中国作为"宗主国"，对"臣属"就应当"厚往薄来""义在柔抚""礼当加等"，中国封建统治者也正是这样做的。在心理方面，历代封建统治者为了满足自己是天下之主和天朝无所不有的虚荣心，异常喜欢外国前来"朝贡"，向自己表示"臣属"。在这种封建君臣心理的支配下，凡是外国前来通好，便"回赐"给大量的中国土特产品和日用品，其价值往往超过对方带来的物品价值的数十倍甚至数百倍，以示天朝的富有。在唐王朝与文单国的交往中，文单国带给中国的多为大象，只是作为观赏之用，无多大实用价值，而且从南方运到长安，历尽艰难，还要专人饲养，精心照料。所以，唐德宗（780—805）即位后，"诏文单国所献舞象三十二，令放荆山之阳"，全部放回了山林。而唐王朝的回赠除金钱外，多是丝绸、布帛、瓷器之类，皆为生活用品。当然，这种"朝贡贸易"促进了两国经济、文化等方面的交流，但也应该看到其中的政治因素。因此，我们在研究古代中老关系时，不但要注意到彼此之间的经济、文化交流，而且要看到双方的政治关系，中国在维持东南亚地区安全与和平中的作用，以及政治关系对经济、文化交往的影响。就此而言，二者是相互联系、相互作用和相互影响的。

第三节　参半

　　参半，首见于《隋书·真腊传》："真腊国，在林邑西南，本扶南之属国也，……其国与参半、朱江二国和亲，数与林邑、陀桓二国战争。"[1] 说明参半这个国家在隋代已经存在，并且真腊为了与其他国家的战争而与隋朝保持比较友好的关系。

　　据《新唐书·真腊传》："文单西北属国曰参半，武德八年使者来。"[2] 武德八年为625年，其时真腊尚未分裂成为水真腊和陆真腊，更无文单国可言，因此，参半不可能是文单国的属国。根据中南半岛的情况来看，当时的参半甚至可能还没有成为真腊的属国，原因是事隔3年之后，到了628年，参半还同真腊、林邑等国一起遣使中国，[3] 丝毫看不出参半为真腊属国的迹象。625年前后是真腊伊奢那跋摩一世统治，他虽然是一个有显著成就的国王，但当时真腊扩张的方向主要是西面。如前所述，他吞并了森河流域的一些小国，并建立了新都伊奢那城。随后，真腊的军队继续向西推进，占领了查克朗加补罗等三个小邦，直抵堕罗钵底国疆界。

　　伊奢那跋摩一世死后，由拔婆跋摩二世继位。这个国王没有多大成就，在所发现的碑铭中，很少有关于他的事迹的记载。他的继承者阇耶跋摩执政后，真腊的北部领土范围大为扩充。阇耶跋摩的主要进攻矛头是北部及西北地区，因此，参半可能是在这一时期沦为真腊的属国，时间约为7世纪中叶。真腊在8世纪初分裂成为水真腊和陆真腊两个国家以后，参半便成为陆真腊即文单国的属国。

　　关于参半的地理位置，《新唐书·扶南传》云："白头者，直扶南西，人皆素首，肤理如脂，居山穴，四面峭绝，人莫得至，与参半国接。"[4]《太平寰宇记》卷一百七十六载："白头国……在扶南之西，又当参半之西南。"[5] 法国学者艾莫涅认为："此扶南在别一方面则西与白头国接壤，白头在参半之西南与相邻接，然则此

① 魏徵等撰：《隋书》，中华书局，1973，第1835页。

② 欧阳修、宋祁：《新唐书》，中华书局，1975，第6302页。

③ 王钦若等编撰：《册府元龟》，凤凰出版社，2006，第11228页。

④ 欧阳修、宋祁：《新唐书》，中华书局，1975，第6301页。

⑤ 乐史：《太平寰宇记》，中华书局，2007，第3361页。

参半国在扶南之西北矣。夫当 8 世纪真腊分裂时期,陆真腊或北方真腊亦名文单,其壤地西北亦与参半相毗连。"[①] 参半国在文单国的西北,它的西面当为掸人居住地区,南面为堕罗钵底国,西南为骠国和白头国,东面是真腊,后来为陆真腊,北面当与中国南诏接界。参半国的区域主要在今老挝西北部和泰国北部地区,还可能包括今缅甸掸邦部分地区在内。

有学者指出,参半国即庸那迦国,认为:"此国既在真腊西北,又与骠国为邻,所以其西北必与南诏及骠国相接。参半应即古代中、老、泰三国边境出现之大国庸那迦(Yonaka),其国原在景迈之北,七世纪已著名,八世纪更为强盛,753 年在景迈建立庸那迦国,统领附近各国。"[②] 根据《庸那迦纪年》:"庸那迦国分为两部,北部为车里(即今西双版纳),其北境与大理之胡国(中国)接界,南部为庸那迦(金城或景线),当其隶属于吉蔑帝国时,其南境与八百(景迈)接界。""庸那迦国北至 Krase 大湖(洱海),Mithilarastra 大国(南诏)以此为界。"[③] 根据中国文献,当时南诏的势力非常强大,现在中南半岛北部的一些地区都在其统辖之下,所以,庸那迦的北部不可能到达今云南洱海地区。庸那迦与南诏接界,但相接的地区应当在今西双版纳之外,原因是西双版纳(当时称茫乃,即勐泐)也在南诏的势力范围之内。

参半国很可能是庸那迦,但它是否包括今西双版纳(部分)地区在内还值得怀疑。江应樑认为,庸那迦国实际上是一个强大的部落联盟,它建于 10 世纪前后,是为了抵御吉蔑人的统治。[④] 庸那迦的出现与中南半岛北部地区泰老族先民势力兴起有极为密切的关系,这一点是毫无疑问的。由于目前还不完全了解《庸那迦纪年》及有关文献的具体情况,所以,关于参半即庸那迦国的观点,还有待进一步的研究。

① [法]艾莫涅:《扶南考》,载陆翔译《国闻译证》第 1 册,开明书店,第 45 页。
② 黄盛璋:《文单国——老挝历史地理新探》,《历史研究》1962 年第 5 期。
③ [法]马司帛洛:《宋初越南半岛诸国考》,冯承钧译,《西域南海史地考证译丛》一编。
④ 江应樑:《傣族史》,四川民族出版社,1983,第 173 页。

第四节　僧高

这一时期,老挝地区曾出现过一个叫僧高的国家,《新唐书·环王传》说:"(贞观)十二年,僧高、武令、迦乍、鸠密四国使者朝贡。僧高直水真腊西北,与环王同俗。其后鸠密王尸利鸠摩又与富那王尸利提婆跋摩等遣使来贡。僧高等国,永徽后为真腊所并。"[①]《册府元龟》卷九百七十也载:"(贞观)十二年正月,僧高、武令、迦乍、鸠密等四国遣使朝贡,并南荒之小国也,朝中国自是始通,衣服言音与林邑同俗。"[②]"永徽"年号为650—655年,当时真腊正向北扩土,吞并其西北的僧高等国是可能的。

关于僧高的位置,艾莫涅认为,它是赤土国即朱江国的都城,这个国家"因都城僧祗而得名"[③]。换句话说,这个国家在今泰国境内。但他的看法又自相矛盾,即认为僧祗是赤土、朱江、僧高三个国家的都城,这和中国文献的有关记载是不符合的。L. P. 布里格斯认为,僧高在老挝甘蒙附近。[④]中国有学者认为其可能在万象或其北部一带。[⑤]650—655年时,真腊尚未分裂,因而僧高只可能是在真腊的西北部,它的方位应该是在今老挝境内。由于材料缺乏,姑且存疑待考。

第五节　女王国

关于女王国的记载,首见于唐樊绰《云南志》卷十:"女王国去蛮界镇南节度三十余日程。其国去骠州一十日程,往往与骠州百姓交易。蛮贼曾将二万人伐其国,被女王药箭射之,十不存一。蛮贼乃回。"关于女王国的地理位置,中国学者

① 欧阳修、宋祁:《新唐书》,中华书局,1975,第6299页。

② 王钦若等编撰:《册府元龟》,凤凰出版社,2006,第11229页。

③ [法]艾莫涅:《扶南考》,载陆翔译《国闻译证》第1册,开明书店,第45页。

④ L. P. Briggs, "The Ancient Khmer Empire", American Philosophical Society, Philadephia, 1951, p.54.

⑤ 黄盛璋:《文单国——老挝历史地理新探》,《历史研究》1962年第5期。

有两种不同的看法。

向达在《蛮书校注》一书中指出："镇南节度，应即本书卷六南诏七节度中之开南，今景东是也……骠州一般认为即当今义安、河静两省境内。女王国既距景东三十余日程，距义安、河静十日程。颇疑后来之八百媳妇即古女王国地。"[1] 陈序经认为，女王国即 7 世纪下半叶猛族在泰国南奔地区建立的哈利班超国，也就是《元史》中记载的女人国，1292 年被兰那所灭。[2]

另一种观点认为，女王国在今老挝地区。方国瑜指出，女王国在今"寮国川圹地区"[3]。黄盛璋认为："女王国既和南诏及骠州相接，所以也应和文单国接境。但此女王国去骠州只十日程，故可和骠州百姓交易，八百媳妇或哈利班超所在的景迈去骠州绝远，至少在一月程以上，与骠州百姓交易就不大可能，所以向、陈两先生说法还有可商。女王国在南诏之南，骠州之西，但它较文单去骠州，还要近五六日程，所以应在文单国的北而偏东，而不能在文单国的西北方向如景迈等地方。它可能是在老挝与越南北部交境一些地方，但具体位置不能确定。"[4]

根据文献记载和当时中南半岛地区的情况来看，女王国不是哈利班超，也不可能在今泰国境内，而应位于今老挝北部偏东地区。如果说女王国在今泰国南奔或清迈地区，与文献的记载是矛盾的，况且，从那里到骠州，十日的时间是无论如何也走不到的。向达所说女王国即八百媳妇，距景东三十余日程，距义安、河静十日程是不妥当的。实际上，从南奔或清迈一带到河静的距离比到景东的距离还要远，并且要跨越湄公河和长山山脉。另外，从女王国常与骠州百姓交易来看，它的位置必然与骠州邻接，而南奔或清迈是不靠近骠州的。据《新唐书·南诏传》："南诏……东距爨，东南属交趾，西摩伽陀，西北与吐蕃接，南女王，西南骠，北抵益州，东北际黔、巫。"[5] 另据《云南志》（又称《蛮书》）卷十载，陆真腊即文单国的北部也地接南诏，而在南诏的西南有骠国和参半即庸那迦国，那么，女王国就应位于文单国的东北部地区，也就是说，它位于南诏的南部偏东并与其相接，再往东即为交趾。唐代崔致远《桂苑笔耕集》云：安南"水之西南则通阇婆、大食之

① 樊绰撰，向达校注：《蛮书校注》，中华书局，2018，第 244–245 页。
② 陈序经：《猛族诸国考》，《东南亚历史论丛》第一集，1979 年。
③ 方国瑜：《滇史论丛》第一辑，上海人民出版社，1982，第 25 页。
④ 黄盛璋：《文单国——老挝历史地理新探》，《历史研究》1962 年第 5 期。
⑤ 欧阳修、宋祁：《新唐书》，中华书局，1975，第 6267 页。

国，陆之西北，则接女国、乌蛮之路"①。这里的"女国"即是女王国，"乌蛮"则是指南诏。据此判断，女王国当在今老挝东北部靠近越南边界的地方。不知道这个国家与道明国是否有关系，有待作进一步的研究。

---

① 崔致远撰，党银平校注:《桂苑笔耕集校注》，中华书局，2007，第554页。

第四章

11—13 世纪诸国

第一节　　孟骚与所谓澜沧国问题

一、澜沧国诸说

关于澜沧国建立的年代，主要有 749 年、757 年和 857 年几种说法。

第一种，749 年说。

琼赛在其《老挝史》一书中指出："最著名的南诏王，中国人称为皮罗阁，老挝人称为坤博隆，他从 729 年统治到 749 年。""他留下了 7 个儿子，都被派去统治帝国的若干地区。众所周知，坤洛被派去统治南掌即琅勃拉邦，成为那个王朝的始祖，这个王朝一直统治到现在；其他兄弟被派去统治云南、安南、兰那、大城、甘蒙（现称他曲）和川圹。"[1] 杨木、李炯指出："老挝是个古老的国家，建立于 749 年，当时名为'澜沧王国'。"[2]1959 年《世界知识年鉴》载："老挝，建国于 749 年，当时号'南掌'。"《世界知识》1961 年第 4、5 期《老挝王国简况》一文也认为老挝于 749 年建国。

国内文章和论著所说的澜沧国建于 749 年的看法，都没有提供任何证据。可以看出，749 年说是来自国外的一些有关著作。当时，许多西方著作在谈及泰族问题时都要涉及南诏，认为南诏是泰族建立的国家，南诏国王曾分封诸王子去统治位于东南亚的各个属地。琼赛可以说是这种观点的集大成者，在他的《老挝史》一书中，1353 年法昂建立澜沧王国以前的老挝历史，可以说是一部南诏兴衰史。抛开其他因素不谈，单从学术角度来看，这种论点是站不住脚的。多少了解一点中国西南和东南亚历史的人都知道，所谓的皮罗阁即坤博隆的庞大帝国是不存在的。按照琼赛的说法，南诏帝国的版图包括今越南、泰国、老挝等国的相当部分地区在内，这无疑是在编造历史，而不是在研究历史。

即使按照琼赛的说法，有这么一个帝国存在，但他本人的论述也是前后矛盾，错漏百出。仅举两例如下：

例一：琼赛指出，皮罗阁即坤博隆死于 749 年，留下的 7 个儿子，都被派出去

---

① [泰] 姆·耳·马尼奇·琼赛：《老挝史》，厦门大学外文系翻译小组译，福建人民出版社，1974，第 17—18 页。
② 杨木、李炯：《老挝》，商务印书馆，1973，第 1 页。

统治帝国的若干地区。坤洛被派去统治南掌，这也就是南掌国或澜沧国建于749年的根据。这说明7个儿子是在749年坤博隆死后派出去的，并且琼赛指出，"派去川圹的兄弟叫切壮亲王"[①]，而他在同一书中又指出，切壮亲王建立芒普安即川圹的时间是在698年，[②] 前后矛盾之处不言自明。

例二：琼赛前面指出坤博隆是749年去世，坤洛被派去统治南掌，而后面又说"坤博隆于748年去世，坤洛被召回做南诏国王"[③]。

书中有关这方面的论述谈不上什么学术性，不必再逐一列举。不过，澜沧国建于749年说在西方还是有一定的影响，其主要原因是，老挝并没有关于其国家古代历史的可靠史料，研究老挝古代史主要是靠中国文献。加之研究老挝古代历史又涉及泰老族的起源问题，由于这个问题尚未得到解决，西方不少学者一直认为南诏是泰族建立的，而南诏在其势力强大时，控制区域曾达及今老挝北部地区，所以，西方学者就将这些问题联系起来，得出了749年南诏泰族王子建立澜沧国的结论。中国学者过去未加分析就直接加以引用。随着对南诏问题研究的不断深入，南诏史上的许多问题逐步得到解决，诸如南诏王室的族属、南诏统治者和其境内壮傣先民的情况等。但是，这些成果和观点尚未引起国际学术界的充分重视，加之泰人起源问题尚未解决，所以，南诏泰族王子建立澜沧国的观点还有一定的影响。随着对老挝古代历史和泰老族起源问题研究的不断深入，这种影响也将逐步消失。

第二种，757年说。

老挝学者马哈西拉·维拉冯在其《老挝史》一书中指出，6、7世纪，吉蔑人势力强大，不断向外扩张，其首领昆征率军打败安南人，占领了勐巴干（今川圹），在那里凿制石缸酿酒庆功达7个月之久。后安南将领混莽反攻勐巴干，昆征回兵再战，混莽不敌，逃至景昽国（今西双版纳）属地勐屯旺。昆征追至，该地首领请求坤洛援助。坤洛击败昆征，追至勐骚，首创澜沧国，时为佛历1300年（757）。[④] 另外，老挝爱国战线1964年出版的小学五年级《历史》教科书也有同样的描述，

① ［泰］姆·耳·马尼奇·琼赛：《老挝史》，厦门大学外文系翻译小组译，福建人民出版社，1974，第18-19页。

② 同上书，第66页。

③ 同上书，第62页。

④ M. S. Viravong, "History of Laos", Vientiane, 1957, p. 25.

并说 757 年首立勐骚为南掌王国的都城。

757 年澜沧国建立说也并不可信。第一,前面已经谈到,位于川圹查尔平原地区的石缸群的凿制年代为 1 世纪,其目的是用于丧葬,也即人们通常所说的瓮棺葬,并且在石缸内和其附近发现有随葬品。这种实地发掘考察和马哈西拉·维拉冯的描述相差甚远,在没有任何史料可以佐证的情况下,这种描述是不能令人信服的。第二,景昽国建于 12 世纪末叶,在 8 世纪也不可能有什么景昽国的首领去建立澜沧国或南掌国的事情。史实恰恰相反,据西双版纳的傣文史籍记载,在景昽国建立之前,西双版纳地区曾出现过茫乃地方政权,其首领曾因内讧逃到今老挝北部地区。茫乃派人将其请回继续担任首领。[①] 另外,在西双版纳傣族中,还流传着叭阿拉武从老挝追金鹿来到今景洪地区建寨繁衍生息的传说,[②] 但从没有见过任何景昽国的傣族首领到老挝去建立国家的记载或传说。所以,关于 757 年建立澜沧国的说法并不可靠,至少在提供进一步的论据之前是如此。

第三种,857 年说。

主张此说的有:《世界知识手册 1957》《辞海·历史分册》(1978 年版),以及吕谷、陈炎、胡之瀯、黄盛璋、罗晃潮等人的文章。[③] 但这些文章或著作都没有提出 857 年说的任何证据。在国外的一些有关著作中,也大多未谈及 857 年建立澜沧国的史料来源。在没有史料依据的情况下,857 年建立澜沧国的说法同样不能令人信服。

8 世纪中叶或 9 世纪中叶建立澜沧国、南掌国或澜沧(南掌)王国的说法是不成立的。这是因为:

第一,无论是 749 年说、757 年说还是 857 年说,其论点的提出都没有史料作为根据,所提出的论据也是站不住脚的。有些年代的提出,纯粹是将南诏史上的一些年代生搬硬套到老挝历史上,这种年代的提出从学术上来看毫无价值,对我们研究老挝古代历史也无用处,只会造成混乱。其他年代的提出,似乎和泰老

① 云南省少数民族古籍整理出版规划办公室:《勐泐王族世系》,刀国栋等译,云南民族出版社,1987。

②《叭阿拉武的传说》,载《傣族社会历史调查》(西双版纳之三),云南人民出版社,1983。

③ 参见:吕谷:《中国和老挝两国人民友好的历史关系》,载《工人日报》1956 年 8 月 19 日;陈炎:《中国和老挝两国人民的传统友谊》,载《光明日报》1956 年 8 月 20 日;胡之瀯:《中国和老挝人民的友好关系》,载《大公报》1956 年 8 月 21 日;黄盛璋:《中国和老挝的传统友谊》,载《人民日报》1961 年 4 月 26 日;罗晃潮:《印度支那半岛三国古汉籍述要》,载《广西民族学院学报》1979 年第 3 期。

族先民兴起有着或多或少的联系,我们不知道其中人为的成分有多少,但至少在目前尚未见到与此有关的文献和史料。

第二,如果当时在老挝北部靠近云南地区有一个澜沧国或澜沧王国存在的话,中国史籍肯定会有载录。翻检中国史籍就可知道,几乎所有东南亚地区的古国都可以在中国文献中找到,其中相当多的古国也只有在中国文献中才有记载,老挝自然也不例外。但是,在中国文献中,尚没有发现任何关于8世纪或9世纪澜沧国或澜沧王国的记载。根据本书前面的论述,南诏的南部与交趾、女王国、文单国、参半国、骠国等接壤,唯独没有澜沧国。

第三,从当时中南半岛的情况看,也不可能存在一个澜沧国或澜沧王国。从6世纪开始,吉蔑人势力逐渐强大,到了8、9世纪,正是吉蔑人势力强盛的时期,这种状况直到12世纪才逐渐有所改变。在此之前,今柬、老、泰、缅等国的相当部分是在吉蔑人控制之下,老挝更是如此,因而在8世纪或9世纪还不可能出现一个泰老族先民建立的国家或王国。从老挝本身的情况看,在吉蔑人势力兴起以前,老挝北部曾存在过越裳即后来的掸国,但只是昙花一现,这一地区很快就被吉蔑人势力所占据,并建立了堂明(道明)、女王等国。5、6世纪以后,老挝南部的吉蔑人势力兴起,由其建立的真腊国摆脱了扶南的统治,反而向南吞并了扶南,并不断向北扩张,直达南诏边界。这就是说,整个老挝地区当时皆属于真腊,是真腊国的一部分,在吉蔑人的控制之下。8世纪初,真腊分裂成为水真腊和陆真腊两个国家。9世纪,水、陆真腊又合成一个国家,仍称真腊。但不管怎样,老挝地区一直由吉蔑人统辖,因此,在8世纪或9世纪,无论泰老族先民的力量是否开始兴起,所谓的泰老族先民建立的澜沧国或澜沧王国是不存在的,这两个名称在当时还不可能出现。

二、勐骚国的建立年代

在老挝老龙族中普遍流行着关于库姆伦的传说,其大意是说,老龙族的祖先库姆伦在孟天(今越南奠边府地区)立国后,曾分派他的7个儿子去统辖7个地方。其中长子昆罗辖孟骚(今琅勃拉邦),其他各子:伊帕澜辖和帝(今西双版纳)、桑朱米辖孟巴干(今老挝桑怒省)、赛蓬辖孟约诺(今清迈)、鄂因辖孟揽片(今阿瑜陀那)、洛贡辖孟蒙洪少(今缅甸)、昆征辖孟芬(今老挝川圹)。在昆罗抵达孟骚之前，当地还属于吉蔑族统治，昆罗战胜了其领主昭干朗，于佛历1292年（749）在孟骚即位，并改其名为川铜。[1] 从这个传说中可以看出，老挝的主体民族老族认为其祖先来自孟天，也就是说孟天是老族的发源地。不但如此，整个东南亚地区的泰掸各族和中国西双版纳的傣族都来自孟天。就目前所能见到的与泰老等民族起源有关的史料和中外学者对该问题的研究情况来看，无论泰老等民族是否起源于孟天，这种传说都是没有多少价值的，因此也未能引起学术界的重视。此其一。其二，该传说中的人名和统治地区虽和前面引述的南诏王分封的7个儿子及统辖区域有所不同，但人们似乎仍可从中看出其和南诏的某种联系。库姆伦就是坤博隆，也就是琼赛所谓的南诏王皮罗阁，建国年代同样也是749年。即使泰人起源于孟天的说法可信，昆罗建立孟骚仍和南诏问题混在了一起，所以，所谓库姆伦在孟天立国并派其长子昆罗建立孟骚的传说并不真实，况且，在中国等有关国家的文献中，还没有发现关于此事的确切记载。

关于孟骚，中国文献并无记载。据江应樑《傣族史》载，9世纪时，居住在中南半岛北部和云南南部边沿一带的泰掸族各部，为了反抗吉蔑人的侵扰，曾组织了强大的部落联盟，这就是传说中的庸那迦国。江应樑认为，庸那迦包括今泰国北部的孟枋、清迈地区的兰那，老挝琅勃拉邦的孟骚，缅甸的崆岢，越南北部的勐交，中国西双版纳的勐泐，等等。"实际上，这个联合王国，只能说是一个势力强大的部落联盟。"[2] 庸那迦可能是一个部落联盟，但它的范围远没有江应樑所说的那么大。当时越南北部地区在中国的统治之下，西双版纳地区的茫乃（以后称勐泐）为南诏所控制，虽然《庸那迦纪年》说庸那迦国分为两部分，北部为车里（今西双版纳），其北境与大理之胡国接界。这里所载的是宋代的情况，而不是唐代。唐代的庸那迦也与南诏接界，但分界线当在今西双版纳以外地区。另据《新唐书》记载，在文单国的属国中有一个叫参半的国家，位于文单国的西北部地区，这个国家就是庸那迦国。方国瑜认为，参半国就是在西双版纳等地流行的《天王松帕敏奇遇》中所说的臧巴国，国王松帕敏后来到茜腊即真腊，当了真腊的国王。方国瑜认为，松帕敏是真腊王族，被派到参半镇守，后被逐出，适真腊王储年幼而被拥立为王。因此，这部长诗描述的是真腊统治参半国时期的故事。臧巴国也就是

① 蔡文樌：《澜沧国是老挝唯一的古国吗？》，《世界史研究动态》1980年第11期。
② 江应樑：《傣族史》，四川民族出版社，1983，第173页。

后来于佛历 1300 年（757）在景迈建立的益努国，益努即庸那，也即庸那迦国。[①]
由于没有更多的史料佐证，故方国瑜所谈的看法还值得进一步研究。另外一点值
得注意的，关于澜沧国 757 年建立的说法与该年在景迈建立益努国可能有关，换
句话说，前者有可能从后者而来。即使如此，在 757 年时也没有所谓澜沧国存在，
只有参半即益努或庸那迦国，而且庸那迦是一个大的部落联盟，附属于真腊。

　　孟骚是什么时候出现的，史书没有记载。根据上面的论述来看，即使它在 8
世纪或 9 世纪已经出现，也只不过是庸那迦这个（部落）联盟中的一部分，而不是
一个独立的国家。其主要原因是：第一，当时的老挝北部地区是在吉蔑人统治之
下，不管中国文献，还是《庸那迦纪年》，都已说得很清楚，参半或庸那迦是隶属
于吉蔑帝国的。况且，如果整个庸那迦只是一个大的部落联盟，孟骚又如何能称
得上是一个独立的国家？第二，到目前为止，在中国文献和老挝或泰国的史料中，
还没有发现有关孟骚国当时建立的确切记载。第三，当时中南半岛北部各地的泰
人势力虽然已逐渐兴起，但尚未强大到脱离吉蔑人统治建立独立国家的程度。因
而可以肯定，在 8 世纪或 9 世纪的孟骚地区还没有出现泰老族先民建立的国家，
它充其量不过是老挝泰老族先民的一个聚居地区和一个该族先民部落的中心，它
和其他地区的泰人部落组成联盟，但它本身并不是一个国家。所以，8 世纪或 9
世纪建立孟骚国的说法实难置信。

　　除了 8 世纪和 9 世纪之说以外，关于孟骚国的建立年代，还有 11 世纪说
和 12 世纪说等。菲利普·德维耶说："根据种种迹象判断，大部分泰老人是从云南
经由红河上游河谷、奠边府和南翁河谷，大约在 11 世纪到达湄公河的。他们同吉
蔑帝国和素可泰王国建立了联系。他们在湄公河左岸南甘河口建立了芒斯瓦（即
孟骚——引者注）公国，定都香东（后来的琅勃拉邦）。"[②] 陈水逢指出："迄 12 世纪
前为止，寮国同泰国一样隶属于吉蔑帝国的版图，到 12 世纪寮族始在现在之琅勃
拉邦建立了 Muong Swa 侯国，永珍以南仍在吉蔑帝国支配之下。"[③] 这些说法是否
可信，由于史料有限，不能对其详加考订。但有一点可以肯定，在 12 世纪以后云
南和中南半岛地区的泰人势力迅速扩大并陆续建立国家以前，孟骚还不可能是一

① 方国瑜：《元代云南行省傣族史料编年》，云南人民出版社，1958，第 12—15 页。
② ［法］菲利普·德维耶：《老挝》，张丽译，《世界历史译丛》1979 年第 5 期。
③ 陈水逢：《东南亚各国略史与现势》，（台湾）商务印书馆，1969，第 145 页。

个独立的国家，那一地区尚未摆脱吉蔑人的统辖。另外，菲利普·德维耶所说泰老人于11世纪到了湄公河以后同素可泰王国建立了联系似乎不大可能，原因是素可泰王国在13世纪中叶才建立，这也许表明孟骚国的建立要晚于11世纪。进入12世纪，云南和中南半岛的泰人势力迅速崛起，开始和吉蔑人的势力抗衡。孟骚如果成为一个国家，也可能是在11世纪以后才建立的。

12—13世纪是云南和中南半岛北部各支泰人势力迅速强大的时期，并出现了一系列泰人建立的国家，如1180年的景昽金殿国（在今西双版纳）、1228年的阿萨姆（在今印度）、1268年的清莱（在今泰国）、1296年的兰那泰王国（在今泰国），以及13世纪中叶出现的素可泰王国，等等。老挝孟骚国的建立与泰人势力兴起的关系极为密切，但由于靠近中国西双版纳地区，且又位于几个大国势力相对薄弱的中间地区，受吉蔑人的控制也稍弱一些，因此，其建立年代可能比其他泰人国家要早一些。这个国家就是中国云南地方文献中的猛老。

三、澜沧国称谓的由来

通过上面的讨论可以看出，中外学者过去有关8世纪或9世纪建立澜沧王国的说法是毫无根据的。无论在8、9世纪孟骚国是否已经出现，都不能称之为澜沧国，更不能称之为澜沧王国。主要理由是：第一，在中国或其他东南亚国家的史料中，都没有发现8、9世纪存在澜沧（王）国的记载，只有孟骚这个名称。第二，根据对老挝历史的研究，当时孟骚可能还不是一个国家，而只是泰老族先民的一个部落中心，因而也就没有这些国名的出现。第三，澜沧、郎向或南掌是对1353年法昂所建王国的称呼，也就是说，1353年以后，澜沧国或澜沧王国的名称才出现。中国古代文献也可以印证这一点。到了明代（始于1368年），中国文献中始有"南掌"的记载，说明其出现的年代甚晚，至少在明代以前见不到"南掌"的名称。18世纪初，澜沧王国分裂成为三个国家，中国文献中的"南掌国"则是指和中国云南接界的琅勃拉邦王国。

那么澜沧国或澜沧王国的称谓从何而来？是来源于1353年法昂建立的澜沧王国。这个国家曾强盛一时，它的都城建在孟骚，也即后来的琅勃拉邦。加之在老挝老族的传说中，孟骚是由库姆伦派其长子昆罗建立的，而澜沧王国的始祖法昂又是昆罗的后代，所以，老挝人一直将库姆伦和昆罗推崇为老挝的开国始祖，而将孟骚视为老挝老族的正统古国。正因为如此，人们才将澜沧王国的名称前移，冠于孟骚国之首，称其为澜沧国或澜沧王国，这是不妥当的，理由已如上述。老挝老族先民最初建立的国家是孟骚，不是澜沧国，更不是澜沧王国。作为一个国家，它的建立年代当在 11 世纪以后。

第二节　老告和老丫

　　关于老告，据《元史·顺帝纪》，至元四年（1338）八月"甲申，云南老告土官八那遣偘那赛赍象马来朝，为立老告军民总管府"[1]。中国学者认为，老告就是老挝古国名或其最早的译音。[2]陈碧笙对这个问题论述得较为详细，他从四个方面推断老告就是老挝：第一，根据《辞源》，老挝之"挝"读音为"戈"，与"告"音相近。第二，"八"当为泰佬语"Phra"的对音，是贵族的爵号；"那"则为泰老语"nai"的对音，系对一般人的尊称，因此，老告属于泰佬民族。第三，只有泰佬族地区产象。第四，既然能立为总管府，当有下属万户以上，老挝则属于此列。[3]老告属于泰老民族，这一点是可以肯定的，但它的具体方位、与本书前面所谈的孟骚有无关系等，都是一无所知。

　　关于老丫，仅见于《元史》卷四十一的记载：至正七年（1347）正月，"云南老丫等蛮来降，立老丫耿冻路军民总管府"。陈碧笙认为老丫也为老挝，并引《元史》卷四十一《考证》说："老丫，《寰宇记》作老挝。"但是，翻检宋《太平寰宇记》各种版本，都不见有此条史料，因而有可能《寰宇记》是另一本书，而不是乐史的《太平寰宇记》。另一种可能是，这条史料存在于《太平寰宇记》的缺本之中，因为现存《太平寰宇记》各本都不完整。但无论如何，中国有文献记载"老丫"为"老

---

① 宋濂：《元史》，中华书局，1976，第 845 页。

② 杨木、李炯：《老挝》，商务印书馆，1973，第 24 页；黄盛璋：《中国和老挝的传统友谊》，《人民日报》1961 年
　　4 月 26 日。

③ 陈碧笙：《老挝异名考》，《印度支那研究》1980 年增刊。

挝"。另外，"老丫"一词实际上等于"老挝"之"老"，而且中国文献将"老丫"和"耿冻"放在一处，"耿冻"即今缅甸之景栋，"老丫"则很可能是指与其毗邻的老挝地区。①

"老告"和"老丫"这两个名称，虽然中国学者认为它们为老挝古国，但目前各自只有一条中文史料，而没有其他文献加以佐证，可谓孤证。因此，关于这两个国家的具体情况，也还有待进一步的研究。

第三节　牛吼

关于牛吼，中国文献中没有记载。但从越南史书中，可以看出它为老挝地区的一个部落国家。《越南历代疆域》一书说："在李朝时期，我们只大概知道，我国（指越南——引者注）的沱江路包括沱江流域，而这个地区自李朝、陈朝以来为临西州和登州，到陈朝末年（光顺年间）为天兴镇，属明改为嘉兴州和归化州。李朝时，这两个州的西北部（即沱江的西北部地区）是牛吼国，它原来是一个独立的部落。李太宗时，龙章天嗣二年（1067），牛吼酋长和哀牢人曾遣使献金、银、沉香等物。这是牛吼人第一次来我国朝贡。李英宗大定十二年（1151），牛吼、哀牢寇犯临西州界。二十年，命苏宪诚讨伐，获人、牛、马、象以归。"②《越史通鉴纲目》也记载说："牛吼，蛮名。黄仲政《兴化风土记》：牛吼，言语、文字与哀牢同。今入版图，兴化安州是其地也。"③

从上引越南史书所说牛吼向越南进贡和"今入版图"来看，牛吼最初显然不是越南的领土范围，而是属于老挝的领土。从牛吼的语言文字与哀牢相同和产象等情况也可以看出，牛吼在老挝而非越南，越南史书说得也很明确，牛吼原属于哀牢即老挝。越南之所以征伐牛吼，是"上皇因牛吼常依靠哀牢而不肯臣服"，并

---

① 陈碧笙：《老挝异名考》，《印度支那研究》1980 年增刊。

② ［越］陶维英：《越南历代疆域》，钟民岩译，商务印书馆，1973，第 320 页。

③《越史通鉴纲目》正编，卷三注。

常常和哀牢国一起"入犯沱江方面的我国（指越南——引者注）边界"①。

　　根据越南史书，越南当时的西北部疆域仅到沱江（今黑水河）一带，其西部则属于老挝的领土范围。当时，这一地区存在着牛吼、盆蛮、哀牢等国，后来，牛吼被越南吞并。据《越南历代疆域》云："（开拓）二年（1330）后，兴孝王受命讨牛吼于沱江地区，入郑旗寨，斩其酋车焚。自此以后，牛吼之地（即沱江西北地区）便被纳入我国版图，成为忙礼州。"②据记载，越南完全占有牛吼是在开祐九年，即1337年。

第四节　哀牢国

　　对于"哀牢"一词的含义、老挝的哀牢及来源等问题，本书第一章中已作过论述。"哀牢国"有两个，一个在中国，一个在老挝，老挝的哀牢国是由中国迁去的哀牢人建立的。只是中国的哀牢国消失得较早，而老挝的哀牢国一直存在到14世纪澜沧王国建立之前。

　　关于老挝地区的哀牢国，历史文献记载甚多。如《皇明象胥录》卷三云："（嘉靖）九年（1530），（莫）登庸立子方瀛为国大王，而僭称太上皇，率兵攻谏清化，谏败走义安及葵州。复穷追，走入哀牢国，哀牢即老挝也。"再如徐延旭说："越南有大横山……山西北接隅为万象国，古之哀牢国也。"③越南史书《越南历代疆域》也说，1334年，越南"上皇打算由义安道进兵，直攻哀牢国（其时，哀牢有两个国家：万象即永珍和老挝即琅勃拉邦）"④。

　　对于这些史书所记载的"哀牢国"，中国学者一般认为是在老挝，但也有人提出不同的看法。陈碧笙据《后汉书·哀牢夷传》《华阳国志》和《新唐书·南蛮传》

① ［越］陶维英：《越南历代疆域》，钟民岩译，商务印书馆，1973，第320-321页。

② 同上书，第322页。

③ 徐延旭：《越南山川略》，《小方壶斋舆地丛钞》本。

④ ［越］陶维英：《越南历代疆域》，钟民岩译，商务印书馆，1973，第321页。

诸书中有关哀牢的记载,认为:"我国古代的哀牢夷种属颇繁,主要分布于澜沧江和怒江的上游流域一带,与老挝相距数千里,山川阻隔,历史上从无接触交通,自不容混为一谈。"作者接着指出,中国诸史书中,如《明史》《皇明象胥录》等有关"哀牢"的记载,"是沿袭越南史籍之误而来"。他的结论是:"越南之'牢',与我国古代之'僚',近代之'佬'和今日之'寮',本来都是老挝族名'Laos'的对音,先被越南史籍误书为'哀牢',《皇明象胥录》和《明史》未加识别,因袭沿用,也称老挝为哀牢。"[①] 如果据上所述,则中国境内的"哀牢"和老挝的"哀牢"没有什么联系,只是由于记载的错误才导致了它们的"混为一谈",这恐为不妥。不但老挝的哀牢人是从中国迁去的,而且他们迁去之后建立的国家仍沿用其在中国时的名称即哀牢国。越南史书说得也相当明白,老挝地区有哀牢国,包括万象和琅勃拉邦两部分在内。

另据《越史通鉴纲目》引黎阮荐《舆地志注》曰:"哀牢部落甚繁,在在有之,皆号曰牢。今考诸书,则哀牢今属云南,唯族类甚繁,散居山谷,故我国沿边老挝、万象以至镇宁、镇蛮、乐边诸蛮,俗皆以为牢。"这里所说的"哀牢"是指民族,占据云南南部和万象及其以北的老挝地区,因而不可能说他们彼此之间没有联系,更不可能说是因为误载才将他们混为一谈。《越史略》卷一说得更清楚:"国史梁简文帝大宝元年(550),李天宝与族李佛子起兵抗梁,为陈伯先所败,入九真,走哀牢,筑城自居,号桃郎王。按,九真今为清(化)义(安)静(河静),桃郎所居地,盖即邻清义之哀牢,而非隶云南之哀牢也,明甚。"靠近清化、义安等地的哀牢,必然在今老挝地区,他们建立的国家,也即称为哀牢国。

关于老挝地区的哀牢国,不但越南史书有诸多记载,中国文献中也有很多史料。无论中国文献的记载是否来自于越南史书,有一点是可以肯定的,即老挝地区确实存在过哀牢国,它是由中国云南迁去的哀牢人建立的,建立的年代虽无法确定,但汉代以后,哀牢人就陆续迁到了老挝地区,到6世纪已在今老挝东北部地区形成了强大的部落。老挝地区的哀牢国,后被统一在澜沧王国之中。

前面已经谈到,在中南半岛各古国历史上,族名、地名、国名和王名往往是同一个,"哀牢"也是如此,而且和中国云南地区有着极为密切的关系。根据各方面的

---

① 陈碧笙:《老挝异名考》,《印度支那研究》1980 年增刊。

史料来看，在 14 世纪法昂统一老挝之前，在北部地区确实存在过哀牢国。哀牢国主要是越南史书中的称谓，而在中国文献中，除了该名之外，还有孟骚、猛老、老抓（潦查）等诸多名称。这些名称虽然不同，但都是 11 世纪以后在老挝北部地区出现的泰老族先民建立的国家。哀牢国出现的年代也许要早一些，它和牛吼、盆蛮主要位于今老挝北部偏东地区，而孟骚等则主要在今老挝北部偏西地区。《越南历代疆域》等书所说"哀牢包括两个国家"，是指地区，也即整个中、上寮地区都属于哀牢人的居住范围。换句话说，哀牢人即泰老族先民在 11 世纪以后已在这一区域占据优势，并建立了一些国家，这为后来法昂统一老挝创造了良好的前提条件。

第五节　老抓、挝国、猛老

"老抓"，也称"潦查"，据元周致中《异域志》卷下载："潦查，俗呼老抓，其地产犀、象、金、银，人性至狠，下窝弓毒药杀人。其可笑者，凡水浆之物不从口入，以管于鼻中吸之，大概与象类同。"[1]"潦查"或"老抓"，明王圻《三才图会》作"老挝国"，由此可以确定"潦查"或"老抓"为老挝的古名，也即澜沧王国的前身。另外，从其地产犀、象，可知其在云南境外地区，从其鼻饮习俗也可以看出其属于壮侗语族的民族。

关于老抓的方位，《异域志》卷下"红夷"条载："红夷，去交州不远，在其境西北，与老抓、占城皆交州唇齿之国。其人不制衣，皆以布绢缠其身首，类回鹘，不产盐。"[2]《三才图会》载，红夷在安南的西北地区，那么，红夷则应指云南南部的某个民族，宋海林认为其是今云南文山地区的红苗。[3]根据中国文献可以看出，红夷、老抓和占城都是交州的"唇齿之国"，占城在交州的南面，红夷在交州的西北，而老抓则应在交州的西面，也就是今天老挝的中、北部地区。

---

① 周致中：《异域志》，中华书局，2000，第 54 页。

② 同上。

③ 宋海林：《"老抓"补考》，《学术论坛》1982 年第 5 期。

"老抓"之"老","潦查"之"潦"是相同的，也即后来的老挝之"老"或寮国之"寮"。至于"抓""查"，也就是老挝之"挝"。"挝"字现在音读为 Wo，而古代读若 Zhua，根本不存在 Wo 这个音。因此，关于"老抓"，也有文献称其为"挝（音抓）国"。

　　据张道宗《记古滇说》："自唐进封之后，永昌诸郡、缅、暹罗、大秦，此皆西通之国；交趾、八百、真腊、占城、挝国，此皆南通之国。俱以奇珍金宝、盐、锦、毡布、珲璪、巴贝岁进于王不缺，于是国渐有昌也。"这里所叙述的是唐代南诏的事迹，而其中提到的"八百""挝国""暹罗"等国名当时尚未出现，因此，这是以成书时这些古国的国名来记叙以前的史实。再如康熙《石屏州志》卷一载："南诏益强，其西缅甸、暹罗、大秦，其南交趾、八百、真腊、老挝，皆岁进奇珍，云南迤东之地尽入版图。"此条史料和《记古滇说》的记载大体相同，但不是用"挝国"，而是直接称"老挝"，说明"挝国"就是老挝。在叙述老抓即老挝（"挝"音 Zhua）如何演变成老挝（"挝"音 Wo）之前，先谈谈老抓的前身孟骚。

　　孟骚之"孟"为泰老语，同云南傣族使用的"勐"或"茫"等字的含义基本相同。根据老挝学者马哈西拉·维拉冯的看法，在引用巴利语以前，"孟"意为国家；在引用巴利文"巴特"意即国家之后，便将"孟"与"巴特"区别开来，如同今日之称谓。[①] 在现代老语中，"孟"作"地区""城镇"解。

　　孟骚之"骚"，老语作 Swa，读音为 Shua，由于老挝古文字用双辅音的原因，所以，Swa 的读音便成了 Shawa。[②] 中国的汉语翻译也多种多样，极不统一，有上面所说的"骚"，还有"兆""沙瓦""查瓦"等，甚至有译为"爪哇"者。[③] 巴利语是随着南传佛教的传布而在老挝开始使用的，那么，这种文字传入老挝的时间当在 13 世纪前后。单就使用巴利语而言，老挝与西双版纳的情况大体相同。[④] 因此，"孟"一词用作"国家"之意是在 13 世纪以前，"孟骚"便意为"骚国"。

---

① ［老］马哈西拉·维拉冯：《老挝古城万象、琅勃拉邦、占巴塞》，蔡文檖译，《中国东南亚研究会通讯》1986 年第 1、2 期。

② 蔡文檖：《"老挝"考辨》，载北京大学东方语言文学系编《东方研究论文集》，北京大学出版社，1986，第 409 页。

③ ［老］A. B. 格里斯沃德，巴色·那·塞拉·拉卡诺：《素可泰城兰摩甘亨王碑文（公元 1292 年）——碑文和历史研究第 9 号》，何国良译，载中山大学东南亚历史研究所编《东南亚历史译丛》1982 年第 2 期。

④ 关于西双版纳引用巴利语，参见刀世勋：《巴利语对傣语的影响》，载《民族语文》1982 年第 6 期。

既然"孟"意为"国家",那么,"骚"又是什么意思呢? 据认为,Swa 在古代老语中应读若 Chua,与 Zhua(挝)音十分相近,所以,"骚"(Swa)也即"挝"(Zhua)。"挝"只不过是一个译音借字,为 Swa 的古音 Zhua 的音译名,所以,"挝"有时也被写作"树"。[①] 本书认为,"老抓"之"抓"更应该是"骚"的同音异写,"老抓"就是"老挝"或"老树",后两个名称皆从前一个而来,这几个名称的读音都是 Lao Zhua。汉语译音"骚"的原词一般写作 Swa 或 Shawa,但在兰摩甘亨碑文中被写作 Jaua,[②] 其读音本身就可译为"抓",所以有些学者将其译为"爪哇"。就此而言,"孟骚"应该被"孟抓"所代替。

中国文献中没有孟骚的记载,只有老抓、挝国、老挝(树)等名称。元代的文献写作"老抓""挝国",明代及其以后,则载为"老挝""老树"。"老"同"牢""僚""骆"等,意为老族人。那么,来源于 Swa、Shawa 或 Chua 的"挝"是什么含义呢? 它的本义又是什么? 中国许多文献都记载,"挝"来源于老挝人佩戴雕爪为饰的习惯。例如,顾炎武《天下郡国利病书》卷一百一十三云:"老挝军民宣慰使司,其夷佩雕爪为饰,俗呼挝家,即古越裳氏。"如果老挝之"挝"(音"抓")是来自 Swa 或 Chua 的话,似乎其名称和人们佩戴雕爪为饰关系不大,但也可能是因为其民族有这一习俗,中国文献在汉译其名时才用"抓"或"挝"等字,这样既和 Swa或 Chua 的音接近,又和其风俗习惯相联系。无论如何,"挝家"一词当来自"老抓""老挝",而后者应该是老挝人自己的称呼,中国文献才会有这样的音译载记。

关于 Swa,老挝学者马哈西拉·维拉冯认为,先于泰老人进入老挝等国的民族来自印度,他们有许多名称和支系,如克木、孟、沙瓦(Swa)等。换句话说,Swa是民族的名称。Swa 意为"光明"或"繁荣",与克木、拉美等词的含义是一样的。也就是说,Swa 应属于南亚语系孟高棉语族的民族。"由于 Swa 们首先入主(琅勃拉邦)这块土地,老挝人(Lao)是在佛历 1300 年(757)左右的昆罗时代才抵达这里,从 Swa 们手中夺得这块土地。因为这一缘故,才按 Swa 族的名字称这里为 Muong Swa。"[③]

---

① 蔡文欈:《"老挝"考辨》,载北京大学东方语言文学系编《东方研究论文集》,北京大学出版社,1986。

② [法] P. L. 巴德里:《泰族侵入印度支那》,卢汇译,载云南省民族研究所编《民族研究译丛》(3),1983 年。

③ [老] 马哈西拉·维拉冯:《老挝古城万象、琅勃拉邦、占巴塞》,蔡文欈译,《中国东南亚研究会通讯》1986 年第 1、2 期。

第四章 11—13 世纪诸国　　97

按照马哈西拉·维拉冯的观点，Swa 当为吉蔑人的一支，他们来自印度。也就是说，孟骚之"骚"也即老抓之"抓"、老挝之"挝"，皆来自于吉蔑人，后来的老族人不过是沿用吉蔑人的旧有称呼而已。这种说法恐不可信。理由如下：第一，老挝的吉蔑人并非来自印度，而是来自中国云南，本书已有论述。第二，即使吉蔑人是来自印度，Swa 一词与克木、拉美等词的含义也并不相同。老挝的克木人（Khamu）、拉美（Lama，Lamet）皆属孟高棉语族克木语支，"克木"一词意为人，而没有"光明"或"繁荣"之意，二者是不同的。另外，我们在老挝南亚语系孟高棉语族各民族中，也还没有发现 Swa、Shawa 或 Chua 这一分支。第三，马哈西拉·维拉冯所说的昆罗于 757 年抵达琅勃拉邦，率领老人从 Swa 人手中夺取了这块土地，这种可能性不大。757 年时老挝北部仍在吉蔑人的控制之下，当时孟骚国还没有建立。再说，老族人的先民也不是 757 年时才迁到琅勃拉邦地区的。老族人何时夺取了琅勃拉邦，尚需再作探讨。第四，马哈西拉·维拉冯认为，757 年老族人占领了琅勃拉邦以后，便称此地为"孟沙瓦"。实际上，在 13 世纪末叶的兰摩甘亨碑文中，仍称此地为沙瓦城或查瓦城。[①] 毫无疑问，"孟"为泰老语，意为"国家"或"城镇"，但是否为老族人的国家，并不以冠以"孟"字为标志。老抓、挝国、南掌等皆无"孟"字，但同样是指老族人建立的国家。

虽然关于 Swa 的来源有待进一步的研究，但孟骚（Muong Swa）从开始建立的时候起就是一个以老族人先民为主体民族的国家，而不是所谓吉蔑人建立的国家。原因是孟骚出现的年代，正是云南和中南半岛北部地区吉蔑人势力急剧衰落、泰老各支势力迅速崛起的时期。这一时期建立了一系列以泰老各支先民为主体民族的国家，孟骚就是其中之一。当然，在孟骚国建立之前，这里是否为叫作 Swa 的民族占据，Swa 族是属于孟高棉语族还是当地土著民族的后裔，确实值得深入研究。虽然我们目前尚不能找到关于孟骚更详细的材料，但到 12 世纪云南西双版纳的景昽国建立后，就与老挝的泰老人先民国家有了来往。在西双版纳地方文献中，这个国家被称为猛老。

据《泐史》记载，1180 年，叭真入主勐泐，建立了景昽金殿国。"叭真战胜此方各地之后，兰那、猛交、猛老，皆受统治。""叭真生四子：长名匋伻冷，食采于

① ［老］A. B. 格里斯沃德，巴色·那·塞拉·拉卡诺：《素可泰城兰摩甘亨王碑文（公元 1292 年）——碑文和历史研究第 9 号》，何国良译，载中山大学东南亚历史研究所编《东南亚历史译丛》1982 年第 2 期。

兰那;次子名匋埃坪,食采于猛交;三子名匋伊钪冷,食采于猛老;四子名匋钪冷,后继父为景昽金殿国至尊佛主。"[1]其他关于西双版纳召片领世系的傣文文献与《泐史》大同小异,这些文献大多是《泐史》的不同版本。不过,它们对猛老的描述有所不同。《西双版纳召片领世系》记载说,叭真的"三子食采邑允坚",在该书《补记》中又说:"三子禹罕楞,食采邑猛老。"[2]就此而言,允坚(即万象)应该是猛老的都城。《西双版纳召片领四十四世始末》则云:"三子名伊罕楞,食采邑兰掌允坚。"[3]叭真建立景昽金殿国是在12世纪末叶,当时还不可能有"兰掌"这一称呼,因而这是以成书时的国名来称呼当时的猛老。李拂一在《车里宣慰世系考订》一书中说:"南掌即猛老,亦即老挝,其首府曰维田Vien Tiane,歹(傣)勒语作郢占Ving Chan,乃第三子之食邑。"[4]诸多文献都记载叭真的第三个儿子食采邑于允坚也即万象,那么可以认为,允坚是当时猛老的都城。

从作为国家的意义上讲,猛老要比孟骚的范围大,原因是"猛老"的含义为"老族人的国家",这样,越南文献中所说的哀牢也在它的范围之内。另外,在《澜沧纪年》中,孟骚和澜沧(郎向)常常合在一起,称孟骚澜沧,并且明确指出,这个国家也被称为猛老。[5]也就是说,猛老包括了孟骚在内。实际上,"猛老"一词中固然有"国家"的意思,但它更多的是作为"老族人的地方"解。正像谈及老挝的哀牢时(除了其作为族称以外),人们可以称其为"哀牢国",但它同时也具有"哀牢人的地方"之意,所以,越南史书在谈及哀牢时,便指出14世纪时哀牢有两个国家,万象即永珍和老挝即琅勃拉邦。"猛老"和"哀牢"都有国家和地区两层意思,越南史书所称的"哀牢",在12世纪前后一个时期指的就是"猛老",而在14世纪以后则是指澜沧王国,因为到了16世纪以后,越南史书仍称老挝为"哀牢"。关于猛老,卡代·敦萨索里特指出,在澜沧王国分裂以后,虽然整个老挝地区仍可称为猛老,但具体到某个国家如万象、琅勃拉邦等,只能用其都城名来称呼。换句话说,当孟琅勃拉邦、孟万象和孟占巴塞各自单独存在的时候,猛老就不再成

① 李拂一编译:《泐史》,国立云南大学西南文化研究室印行,1947,第1—2页。
② 高立士:《〈西双版纳召片领世系〉译注》,《民族学报》1982年第2期。
③ 高立士译:《西双版纳召片领四十四世始末》,载云南省民族研究所编《民族调查研究》1984年第1期。
④ 李拂一:《车里宣慰世系考订》,文建书局,1947,第1—2页。
⑤ "Annals of Lan Xang", Rene de Berval, "Kingdom of Laos: the Land of the Million Elephants and of the White Parasol", Franee-Asie, Saigon, 1959, p.393.

为猛老。[1] 其原因在于，有些地区并不主要是老族人居住。在这里，"猛老"意为"老族人的地方"。在巴利语随南传佛教传入老挝而被老语接受以后，"猛老"作为"老族人的地方"之意更加明显和固定。

通过上面的论述可以认为，西双版纳地方文献中的"猛老"就是孟骚。之所以称其为"猛老"，是因为孟骚是一个以老族人为主体民族的国家。在当时，也许"猛老"一词也已有"老族人的地方"的意思，而这个老族人建立的国家的名字是"孟骚"，或像本书前面谈到的是"孟抓"，也就是后来的"老抓"和"老挝"。这里所说的相同，仅指其名称沿承，而不是说它们彼此的疆域范围等一样。毫无疑问，"猛老"也应包括越南文献中所记载的"哀牢"在内。

老挝的"挝"原读音为 Zhua，后来变成 Wo，是近几十年的事情。在《康熙字典》中，"挝"有两个读音，一为 Zua，一为 Ge，根据前面的论述，老挝之"挝"的读音应为前一个。在 1953 年出版的《新华字典》中，"挝"仍读作 Zua，而在 1954 年版的《新华字典》中，"挝"的读音则变成了 Guo，将"老挝"读作 Lao Guo。这一称谓可能与华侨称老挝为"寮国"有关。在 1962 年的《新华字典》中，"挝"的读音被最后定型为 Wo，这可能是从"寮"（Lao）一词的慢读而来，也可能受中国南方某些地方读 Guo 为 Wo 的影响所致。至于现在英、法文中 Laos 一词中的 s，则是葡萄牙人来到东方时，按拉丁语国名的惯例加进去的。

---

[1] Katay Don Sasorith, "Historical Aspects of Laos", Rene de Berval, "Kingdom of Laos, the Land of the Million Elephants and of the White Parasol", Franee-Asie, Saigon, 1959, p. 29.

第五章

澜沧王国的兴衰

（1353—1697）

第一节　澜沧王国的建立

一、法昂统一老挝

12 世纪以前，整个老挝地区基本上是属于吉蔑人的势力范围。虽然泰老族先民早在史前时代已经迁入老挝北部，并在以后的历史时期建立过一些以老族先民为主体民族的国家，但始终未能完全从吉蔑人的统治之下摆脱出来。到 12 世纪末叶，吉蔑帝国开始走下坡路，吉蔑人的势力在中南半岛地区急剧衰落。受到内部和外部因素多方面的影响，这一地区北部的泰老人势力迅速崛起，并在此后的一段时期内建立了一系列国家。其中包括位于老挝北部地区的孟骚，后称为猛老、老抓等。明代中国文献中记载的"老挝"，是指法昂于 1353 年建立的澜沧王国。

关于这位澜沧王国的开国始祖的降生，人们赋予他神秘和不同凡人的色彩。根据《澜沧纪年》载，法昂生下来就有 33 颗牙齿，被认为是不祥之兆，这是他被放到筏子上顺湄公河漂流而下的原因。[①] 法昂原是老挝北部地区老族人国王坤披法的儿子，这个国家可能是本书前面谈到的"猛老"或"老抓"。跟随法昂顺河漂流的，有他的父亲、乳母、佣人等，据说筏子漂了整整一年才停靠在吉蔑帝国的一个地方。[②] 可以看出，直到这一时期，老挝的历史仍有许多传说的成分在内。上述关于法昂王子与他父亲被放逐的原因，只是一个美丽的传说，真正的原因很可能是由于王位的争夺，所以，他们遭到失败后不得已才逃到吉蔑帝国。当时吉蔑帝国的势力已大为衰落，而法昂父子又是其北部邻国的正统国王和王位继承人。在东西两面形势不太有利的情况下，保持与北部邻邦的友好关系就显得十分重要。加之老挝地区长期属于吉蔑人的势力范围，过去的关系也相当密切，所以，收留法昂父子对吉蔑帝国来说也是自然的事情。

当法昂长到 16 岁时，吉蔑国王将其女儿娘巧肯雅公主嫁给他做妻子，并开始帮助他组织一支军队，为重返老挝作准备。1343 年前后，法昂的父亲去世，王

① "Annals of Lan Xang", Rene de Berval, "Kingdom of Laos, the Land of the Million Elephants and of the White Parasol", Franee-Asie, Saigon, 1959, p. 391.
② M. S. Viravong, "History of Laos", Vientiane, 1957, p. 26.

位不是由法昂而是由其叔父继承，这样，便开始了法昂统一老挝和建立澜沧王国的斗争。

1349 年，法昂与妻子告别了吉蔑宫廷，率领军队北征。他首先征服了孟北科、孟卡奔等位于老挝南部地区的城镇，然后一直北上直逼孟潘即川圹，川圹首领投降。法昂转而率军东进，于 1351 年夺取了越南的提拉特、昂新和界南三个城镇。越南人害怕这种情况继续下去，急忙携带贵重礼品求见法昂，并提出了两国划分疆界的三个条件，即：

（1）凡是有高脚屋的地方皆为老挝的领土。

（2）老挝领土包括从欣桑骚（Hin-San-Sao）到陶桑科河一线的土地。

（3）以山脉为老、越两国分水岭，凡雨水流向老挝一方所覆盖的土地皆为老挝领土，反之亦然。[①]

在北方，越南统治者同意以黑水河为两国的边界，芒滕（在今奠边府）则划归老挝。[②] 所以，法昂接着便占领了芒滕、芒莱（今莱州）等一系列当时属于老挝的城镇以及现今丰沙里的一些地方。此后，法昂率军进逼川铜（今琅勃拉邦），其叔父三次率兵抵抗，但都被法昂打败，最后服毒自杀。1353 年，法昂在川铜登上王位，澜沧王国由此开始。在老挝语中，"澜"（兰、郎、揽）意为"百万"，"沧"（向、掌、章）意为"象"，澜沧王国即为"百万大象之国"之意。

在东部和北部的疆域基本确定以后，法昂于登基的翌年西进攻打景线。据说，在此之前，法昂曾派使者到位于今西双版纳的景昽国，问其国王是要战争还是投降，景昽国王以双方为同一个祖先为由主张和平，把邦太、本怒等城镇割让给法昂，送了法昂许多贵重礼品，并答应说等女儿长大后便嫁给他，从而避免了两者之间的战争。[③] 但在目前所能见到的西双版纳地方文献中，尚没有发现这方面的记载。无论如何，法昂的北部疆域一直是比较平静的，边界的变化不大，景昽国和法昂的关系是友好的。这样，在东、北两个方面的领土大体获得确定以后，法昂才开始了其西进的历程。

---

① M. S. Viravong, "History of Laos", Vientiane, 1957, p. 29.

②《巴维纪行》，转引自［泰］姆·耳·马尼奇·琼赛：《老挝史》，厦门大学外文系翻译小组译，福建人民出版社，1974，第 77 页。

③［泰］姆·耳·马尼奇·琼赛：《老挝史》，厦门大学外文系翻译小组译，福建人民出版社，1974，第 77-78 页。

法昂在西进途中征服了许多城镇，并建立了“水上四城”和“陆上四城”。面对法昂的凌厉攻势，兰那王先是派兵迎击，在失败后不得不改变主张，放弃抵抗，并献上许多礼物，同法昂讲和。两位国王商定划界，将帕代（Pha-Dai）以南的地区划归澜沧王国。此后，法昂将南塔等地的10万吉蔑人迁到了泐人居住的地区，并警告留在当地的极少数吉蔑人，要服从老族人的统治，否则将受到惩罚。

在四周的问题基本解决之后，法昂于1356年进攻万象。当地首领进行了顽强的抵抗，但并不能阻挡法昂军队的强大攻势。在当地首领被杀以后，其子率残部撤退到万坎，法昂占领了万象。然后法昂率军渡过湄公河，占领了属于今泰国碧差汶府的那空泰地区。在安排了西部地区的统治以后，法昂回师东进，施计夺取了万坎。

此时，澜沧王国的疆域大体确定：南部与吉蔑王国接界，其分界线基本上沿唐代陆真腊（即文单国）和水真腊的分界线，但今天柬埔寨北部的一些地区被划归在当时澜沧王国的版图之内。马哈西拉·维拉冯说，在法昂攻占了万象、万坎以后，澜沧王国的南部疆界达及占人、吉蔑人和越南人所在的地区。[①] 澜沧王国北接中国，分界线在本怒、本再一带。它的东面是越南，以长山山脉为界；西面是兰那和大城，以呵叻高原为分界线。《明史·老挝传》载，老挝“其地东至水尾，南至交阯，西至八百，北至车里”[②]。水尾大致相当于今越南老街地区。可以看出，澜沧王国的疆域和现今老挝的领土范围大体相同，只是北部没有现在那么大。

1357年返回川铜以前，法昂在万象举行了隆重的加冕典礼。根据《澜沧纪年》，这次典礼在帕萨寺即王家寺院举行，共延续了7个昼夜，杀了10头大象、1000头黄牛和2000头水牛。在万象，法昂任命了5位军队的统帅，即闷銮（Moeun-Luong）、闷纳（Moeun-Na）、闷盆（Moeun-Pen）、闷努阿（Moeun-Nheua）和闷泰（Moeun-Thai）。王宫的官员为乃銮努阿（Nai Luong-Nheua）和召坤努阿（Chaos Khun-Nheua）、乃銮泰（Nai Luong-Thai）。最高级的省级官吏称为闷沧（Moeun Chang），即万象的统治者；以下有召允（万）坎（Chao Vieng-Kang）、召允（万）科（Chao Vieng-Ke）、闷帕南洪（Moeun Pha-Nam Hung）、召北会郎（Chao Pak Hue-Luong）和召孟清萨（Chao Muong Xiang-Sa）等主要地区的统治者。法昂还为澜沧本身任命了4位高级官吏：召孟肯陶（Chao Muong Ken-Tao）、召孟农巴

① M. S. Viravong, “History of Laos”, Vientiane, 1957, p. 33.

② 张廷玉等撰：《明史》，中华书局，1974，第8160页。

（Chao Muong Nong-Bua）、召孟赛考（Chao Muong Sai-Kao）和召孟丹山阂（Chao Muong Dun-Sam-Moeun）。所有的官吏、统帅、军队和人民，都要在加冕典礼上举手对法昂表示感谢和尊敬，因为他战胜了其他国家，并希望他再次登上王国的王位。在加冕典礼上，法昂还宣布了王国的内外政策和一些准则，如要坚持正义、定期汇报各省的政务和到川铜交税、废除死刑、崇拜守护神、等级制度、防御外来侵略等。之后，法昂率军返回川铜。[①]

二、佛教被定为国教

澜沧王国的建立有赖于当时中南半岛的政治环境、吉蔑人势力的衰落、泰老人势力的兴起以及法昂的智谋和军事才能，而这个国家初期的安定和繁荣则与南传佛教的传入有着极为密切的关系，同时这也是老挝社会历史上的一件大事。

关于佛教传入老挝的时间，各国学者的看法不一，有认为是 8 世纪者，也有认为是 12 世纪者，但南传佛教大规模传入老挝并见诸文字记载，是在法昂建立澜沧王国之后。[②] 14 世纪以前，老挝地区可能有汉传佛教传入，而南传佛教的影响几乎不存在。

老挝的南传佛教主要是从柬埔寨传入的。据说，这是由于法昂的王后娘巧肯雅看不惯非佛教徒的行为，便要求回到吉蔑宫廷。为了满足王后的愿望，法昂派使者到其岳父那里，请求派高僧到澜沧王国传播佛教。吉蔑国王答应了这一请求，派遣当年法昂的抚养者马哈帕萨曼及其他高僧和三位精通三藏的佛学家、佛徒二十余人带着著名的勃拉邦佛前往。与这些高僧前往澜沧王国的，还有铸造佛像的工匠、铁匠、炼铜匠、金匠等。法昂将南传佛教定为国教，从此，南传佛教在澜沧王国得到迅速、广泛的传播。

南传佛教被定为国教，这在老挝的历史上占有极其重要的地位。它不仅在建国初期对促进国内的稳定和发展经济方面起着不可忽视的作用，是传播传统文化的主要教育场所，而且在政治方面扮演着举足轻重的角色。南传佛教在澜沧王国时代和以后的社会发展中都具有深远的意义和影响。

[①] "Annals of Lan Xang", Rene de Berval, "Kingdom of Laos, the Land of the Million Elephants and of the White Parasol", Franee-Asie, Saigon, 1959, pp. 397-399.

[②] 参见：［越］阮丽诗：《老挝历史发展中的佛教》，邵力译，《东南亚》1987 年第 2 期；净海法师：《南传佛教史》，慧日讲堂，佛历 2519 年（1976），第 363 页；Thao Nhouy Abgay, "Buddism in Laos", Rene de Berval, "Kingdom of Laos, the Land of the Million Elephants and of the White Parasol", Franee-Asie, Saigon, 1959, pp. 237-240.

第二节 繁荣和衰落

澜沧王国是老挝历史上第一个中央集权制的国家，它在中南半岛曾强盛一时。这种强盛的基础是它拥有一支强大的军队，而在精神方面则是以南传佛教为思想基础。

法昂在统一老挝各地的过程中，对于那些表示归附、愿意接受他的统治的地方首领，法昂答应继续保留他们对当地的统辖权，但要交纳各种贡物；对于那些不愿归顺者，则处死，并另委派官员进行统治。为了巩固国家的统一，法昂及其后继者同坚持割据者进行了坚决的斗争。但具有讽刺意味的是，在完成了国家的统一之后，法昂即对其亲信、宗室和功臣进行了分封，这种制度也被其后历代君主所继承。法昂将全国的城镇划分为垦孟（Khean Muong）、顷孟（Koeng Muong）和孟（Muong）三个等级，各级的统辖者皆可称为"昭孟"，意即"一地之统治者"。几乎所有大城镇的"昭孟"都由国王指定。由于国王拥有强大的军队，所以，各地的官吏在建国初期对他十分敬畏。分封固然有利于王国初期的统治，但从某种意义上讲，也为后来的割据提供了条件。

王后娘巧肯雅于 1368 年去世以后，法昂变得消沉颓废，不愿过问政务，其幕僚在 1371 年将他废黜后流放。1373 年法昂死后，他的长子陶温孟登基为王，又称桑森泰。桑森泰王朝（1374—1417）和兰坎登王朝（1417—1428）是澜沧王国的繁荣和发展时期。在陶温孟即位 3 年之后，他对国家行政和军队进行重新整治，并进行了一次成年人口普查，结果老族人共有 30 万。所以，陶温孟又被称为"桑森泰"，意即"30 万泰（老）人"。对于这 30 万老族壮丁，桑森泰将其分成 5 个战斗单位，每个战斗单位 5 万人，其中士兵 3 万，非战斗人员 2 万，剩余的 5 万人用于守卫首都。桑森泰拥有强大的军队，但他并不滥用武力，在位期间只是派兵征服了企图脱离王国统治的景线。

桑森泰继承法昂的等级观念，将国民分为三个等级，即贵族、平民和奴仆。分封制度在桑森泰执政时期也得到巩固和发展，除长子兰坎登留在川铜准备继承王位外，他派其余四个儿子分别统治孟清萨、万象、北会郎、科特腊本。桑森泰父子当政时期，佛教得到进一步的传播，修建了帕巧寺等诸多佛寺，僧侣们被授予职务和爵位，并得到国王的重用。从这里也可以看出，自从南传佛教被定为国教以后，它的作用便日益显露出来，并且逐渐和政治结合起来，成为澜沧王国统治集团中的组成部分。

兰坎登王死后，澜沧王国经历了一个短暂的内让时期。虽然按照传统，澜沧王国实行的是长子继承制，公主不在王位继承者之列，但事实并不总是如此，娘巧品帕公主的残暴统治就是一个突出的例子。据说，在她掌握生杀大权的年代，有7个国王遭到她的毒手。所以，后来人们带着残忍的快乐感情欣赏这位公主遭受惩罚。她被放入河中，头靠在岸石上，直到死神降临，尸体则抛给了乌鸦和兀鹰。[①]

娘巧品帕公主1438年前后被处死，此后澜沧王国经历了3年的王位空缺时期，这给高级僧侣提供了一个实际参政的机会。国家最高军事统帅和一切政务的处理皆由两位高僧和四位居士的儿子们来承担。这次僧侣参政的意义不在于其时间的长短，而在于它是一次具体的实践，并且为以后僧侣每每在政务中发挥重要作用开创了先例。娘巧品帕事件似乎表明，澜沧王国的统治并不稳固，这次事件的阴影笼罩在王国初期的伟大业绩之上。它预示着在像澜沧王国这样的历史背景和社会基础的国家内，发生内讧和分裂似乎是不可避免的，只是时间迟早而已。

在接下来的一个时期内，澜沧王国亦未能恢复其建国初期的繁荣与强盛。大约在15世纪40年代，旺布里国王即位。他是桑森泰和大城公主的儿子，又称猜也查卡帕-范福王。旺布里登基后即前往川铜，将万象留给他的儿子穆伊亲王统辖，但后者不久就在他人的煽动下宣布万象独立，致使国王不得不忍痛将其杀掉。在越南人的侵犯被击退以后，旺布里将王位让给了另一个儿子坦通亲王（1478—1485）。坦通和后来的两个国王拉森泰·普瓦纳（1485—1495）及松普王（1497—1500）都没有太大的作为，澜沧王国度过了一个平缓发展的时期。虽然从范福王开始执政以后的半个多世纪的时间内，澜沧王国内部已经屡次出现分裂和闹独立的萌芽和事件，但分封世袭制仍在有条不紊地进行。这一时期佛教的发展和王国的政治形势一样，显得并不是很景气。

到了维苏腊王（1500—1520）和其子波提萨拉腊王（1520—1550）统治时期，澜沧王国的社会经济得到一定的发展，随之而来的是佛教的再度兴盛。维苏腊十

① Katay Don Sasorith, "Historical Aspects of Laos", Rene de Berval, "Kingdom of Laos, the Land of the Million Elephants and of the White Parasol", Franee-Asie, Saigon, 1959, p. 29.

分提倡宗教和文学，在他执政时期，出现了一大批通晓三藏的博学僧侣。他们把梵文的佛经《五卷书》译成老挝文。在文学方面，开创了无韵诗的体裁，诗歌从此开始繁荣。在文献与传说方面，出版了第一部关于坤博隆的传说。维苏腊还将勃拉邦佛运到川铜，放在维顺寺中，琅勃拉邦由此得名。波提萨拉腊王更是一个虔诚的佛教徒，他曾在维顺寺当过和尚，接受宗教教育。1527年，波提萨拉腊王下令禁止人民信奉鬼神，强行拆毁供奉鬼神的祭坛和其他有关建筑，并以佛寺取而代之。1540年，国王还亲自朝拜著名的塔帕农神龛，并下令在那里修建寺院。[①] 尽管这一时期澜沧王国的内忧外患并未消除，但社会经济和文化仍有一定程度的发展。

1550年，波提萨拉腊在向国内外使臣表演驯象时摔伤致死，王位空缺，一些王公大臣去请当时任清迈国王的塞塔提腊回国继承王位，他是老国王和清迈公主的儿子。这时国内的另外一些王公大臣则试图拥立其异母兄弟澜沧亲王为国王。塞塔提腊对清迈的政务作了匆匆安排后，便急急忙忙赶回琅勃拉邦，镇压了反对派，登上了澜沧王国的王位。但是，塞塔提腊首尾难顾，在他当上澜沧王国的国王以后，便决定不再返回清迈，而将那里的政务交由契腊帕公主管理。但是，清迈的一些高级官吏则另立召孟莱的直系后裔梅库提为王，塞塔提腊又不得不前往清迈予以平定。梅库提派军队在帕代地方迎击塞塔提腊，但被击败。塞塔提腊占领了景线，准备进军清迈。但此时被击败的梅库提的将领森内逃到了勃固，说服缅甸的国王莽应龙派军队抢先占领了清迈，塞塔提腊只好从景线撤回到琅勃拉邦。

塞塔提腊当政时期，缅甸人的势力正处在相当强盛的阶段。有鉴于此，加上清迈已被莽应龙夺去，琅勃拉邦容易受到攻击，1560年，塞塔提腊将首都从琅勃拉邦迁到万象。他把勃拉邦佛留在旧都，把著名的碧玉佛和赛坎佛带到了万象。在新都，塞塔提腊大兴土木，修建王宫和城墙，并且修建了一系列的佛寺和佛教建筑，其中有闻名于世的塔銮、塔丰寺，并铸造了大批的佛像。虽然在塞塔提腊当政时期曾两次遭受缅甸人的入侵，但这一时期是澜沧王国中期一个短暂的繁荣阶段。

1572年，塞塔提腊神秘地死去，其子诺蒙亲王年纪尚幼，由老国王的两位将领暂时管理国家，其中之一是诺蒙亲王的外祖父森苏林。这位平民出身的将

---

① M. S. Viravong, "History of Laos", Vientiane, 1957, p. 51.

领不顾其他人的反对，自立为国王。这不但遭到诸多城镇的反对，而且在此后不久的 1574 年，缅甸人趁澜沧王国内乱第三次发动了对它的进攻。这次已没有塞塔提腊那样的人来保卫王国的领土，结果首都万象被攻破，森苏林和诺蒙亲王皆被带往缅甸。1575 年，缅甸人把伏腊旺塞副王推上国王的宝座，但澜沧王国的人民似乎并不欢迎他。于是便出现了一个自称是塞塔提腊的人，组织军队并攻入万象。缅甸国王莽应龙不得已，让森苏林于 1580 年再次登上王位，后者于两年后去世，王位由其儿子继承。由于老百姓讨厌森苏林父子的篡权和不正统，便把年轻的国王抓住送往勃固，同时要求缅甸人释放诺蒙亲王回国执政。

1591 年，诺蒙亲王回到自己的祖国，同年登基为王，时年 20 岁。虽然在诺蒙当政时期澜沧王国有了自己拥戴的国王，诺蒙王宣布废除缅甸对其国家的宗主权，但澜沧王国尚未真正摆脱缅甸人的影响。1598 年，诺蒙王去世，老挝推举伏腊旺萨为王，但缅甸人嫌其年纪太小，便让其父亲伏腊披塔作为临时统治者。后来趁缅甸与暹罗交战自顾不暇之际，那些过去被掳掠到缅甸的老挝人终于有机会回到了自己的国家。而伏腊旺萨也接替了父亲的王位，澜沧王国再度走上和平与发展之路。

关于伏腊旺萨及其以后数年的历史线索并不十分明确，人们甚至不知道伏腊旺萨的出生和即位的年代，只知道在 1621 年时他与王子之间发生了冲突，双方交战，大臣们倒向王子一边，他和全家皆被杀掉。但是，年轻的王子并未由此得到好运，在执政 9 个月之后便去世了。在此之后的 10 年中，就澜沧王国的内部统治而言，显得不是那么牢固，王位更迭频繁，纷争割据的势头有增无减。虽然随着苏里亚旺萨的登基，澜沧王国经历了一个短暂的发展时期，但分裂的趋势已经更加明显。

1633 年，苏里亚旺萨登上王位，他是前任国王的幼子，被大臣们扶上了王国的最高宝座，但也为其兄长们争夺王位提供了借口。无论如何，老挝的社会经济在苏里亚旺萨当政期间还是得到了一定的发展。在宗教事务方面，这位国王鼓励佛教的传播，使其发展达到了最大限度。老挝历史上的许多文学名著，如《辛赛》《普松兰》《兰松普》等，皆出自这一时期。苏里亚旺萨还宣布了一系列法律法令，并加以严格执行，对他唯一的儿子也不例外。后者因为和国王随从的妻子通奸而被处死，这一事件直接导致了后来澜沧王国的分裂。

在苏里亚旺萨当政时期，西方人第一次来到这个神秘的东方佛教国家。1641年，以荷兰人范维斯特霍夫为首的荷兰使团前往万象，任务是调查与老挝进行贸易的可能性。在经过了重重艰难险阻之后，荷兰使团在公历11月的塔銮节期间到达万象。苏里亚旺萨在塔銮接见了荷兰使团，对这一事件和当时塔銮节的盛况以及老挝的佛教信仰，范维斯特霍夫在他的日记里有详细的描述。[①] 同年，杰·雷利亚神父也来到这个国家。1642年，另一位西方人，意大利的乔瓦尼·马利尼神父也来到老挝，并且在这里住了5年之久，对澜沧王国进行了详细描述，[②] 对于我们今天研究当时的老挝社会具有重要价值。

1690年，苏里亚旺萨去世，王位的争夺由此开始，并最终导致了澜沧王国的分裂。由于苏里亚旺萨身后没有留下王子，按照传统，王位继承者应当是他的两个孙子中的一个。这两个孙子是景基萨腊和英塔松，据说他们是被处死的太子和西双版纳景昽国公主所生。[③] 根据云南地方文献，这位公主叫娘窝罕裴，她嫁给了兰（南）掌的叭宰牙松，云南的勐温勒、蚌细闷两地被陪嫁过去，从这时起，蚌西利（丰沙里）、勐温勒、勐岳等地才属于勐老即老挝，是作为嫁妆陪嫁过去的，时为傣历823年，即1461年。[④] 这个年代和苏里亚旺萨当政的年代相差甚远，不知是文献的年代有误，还是另外又有一位景昽国公主嫁给澜沧国王，但目前尚未发现有关的史料，这个问题尚有待研究。

苏里亚旺萨去世时，他的两个孙子年纪尚幼，大臣蒙占宣布自立为王，并企图娶前国王的女儿为妻，但遭到了后者的拒绝。由于害怕受到谋害，苏里亚旺萨的女儿只好带着儿子翁洛亲王逃往他乡，并生下了诺卡萨亲王。后来，翁洛率军攻杀了蒙占，自立为王。在1694年的王位争夺中，翁洛又被南塔腊杀死。

1695年，南塔腊即位，1698年被赛·翁·顺化所杀。赛·翁·顺化在越南长大，他正是依靠越南人的军队攻占了万象，于1698年自立为万象国王，号称塞塔提腊二世。然后，他任命其兄弟陶龙作为总督统治琅勃拉邦王国。[⑤]

---

① Paul Levy, "The Travels of Gerrit Van Wusthoff", Rene de Berval, "Kingdom of Laos, the Land of the Million Elephants and of the White Parasol", Franee-Asie, Saigon, 1959, pp. 50–59.

② Giovanni F. de Marini, "New and Curious Story of the Kingdom of Tunquing and Laos", Rene de Berval, "Kingdom of Laos, the Land of the Million Elephants and of the White Parasol", Franee-Asie, Saigon, 1959, pp. 59–67.

③［泰］姆·耳·马尼奇·琼赛：《老挝史》，厦门大学外文系翻译小组译，福建人民出版社，1974，第128页。

④ 高士士译：《西双版纳召片领四十四世始末》，载云南省民族研究所编《民族调查研究》1984年第1期。

⑤ M. S. Viravong, "History of Laos", Vientiane, 1957, p. 84.

在塞塔提腊二世统治期间，景基萨腊和英塔松一行逃到了云南西双版纳的勐腊和勐捧，后来率军攻打琅勃拉邦，陶龙撤退到万象。在万象危在旦夕之际，塞塔提腊二世向大城国王求救，原因是他曾把自己的一个女儿嫁给大城国王。1707年，大城军队到达万象进行调停，澜沧王国正式分裂成为两个国家，即琅勃拉邦王国和万象王国，双方以南滕河为界。另外，诺卡萨亲王由高僧陪伴外逃，最后定居在占巴塞地区，并建立了以诺卡萨为国王的占巴塞王国，时间是1713年。这样，澜沧王国在经历了多次分封、割据和纷争之后，终于四分五裂，这也是澜沧王国分封等级制度带来的不可避免的后果。澜沧王国分裂以后，在老挝地区除了上述三个王国外，还存在着一些小的侯国。他们分别占有一小块土地，在那里行使着封建领主的特权，如川圹、孟新、乌怒等。

第三节　澜沧王国的对外关系

一、同中国的关系

在澜沧王国的对外关系中，其与中国的交往一直密切友好。澜沧王国存在的年代大体和中国明王朝相当，所以，它与中国的关系主要是与中国明王朝的交往。另外，澜沧王国与中国云南地区也有着极为密切的关系。

关于澜沧王国，中国文献多称为"老挝"，嘉靖（1522—1566）以后始称"南掌"。载录老挝最早的年代是1383年，据雍正《顺宁府志》卷二载，洪武十六年（1383），"麓川、缅甸、车里、老挝、八百皆内附，准为宣慰司"。从此开始了明代两国之间的正式交往。澜沧王国第一次遣使中国是1400年，[1] 到"（明）成祖即位（1403），老挝土官刀线歹贡方物，始置老挝军民宣慰使司。永乐二年（1404）以刀线歹为宣慰使，给之印"[2]。

---

① ［明］严从简：《殊域周咨录》卷九。
② 张廷玉等撰：《明史·老挝传》，中华书局，1974，第8158页。

明代时老挝共有 34 次遣使中国，其年代分别是：建文二年（1400）、建文四年（1402）、永乐二年（1404）、永乐三年（1405）、永乐五年（1407）、永乐六年（1408）、永乐七年（1409）、永乐八年（1410）、永乐九年（1411）、永乐十年（1412）、永乐十四年（1416）、永乐十六年（1418）、永乐十九年（1421）、永乐二十二年（1424）[①]、宣德三年（1428）、宣德九年（1434）[②]、正统十二年（1447）、景泰元年（1450）、景泰二年（1451）、景泰六年（1455）、天顺五年（1461）（2 次）[③]、成化二年（1466）、成化七年（1471）、成化十六年（1480）、成化十八年（1482）[④]、弘治十二年（1499）（2 次）[⑤]、嘉靖九年（1530）、嘉靖四十年（1561）、嘉靖四十四年（1565）[⑥]、万历二十六年（1598）、万历四十年（1612）、万历四十一年（1613）[⑦]。同样，明王朝也多次遣使老挝，如永乐元年（1403）、永乐二年（1404）、永乐五年（1407）、永乐九年（1411）、洪熙元年（1425）、宣德元年（1426）、宣德三年（1428）、宣德六年（1431）、成化十八年（1482）等[⑧]。可以看出，老挝在建国初期遣使中国的次数较为频繁，尤其是在桑森泰王（1374—1417）和兰坎登王（1417—1428）执政时期，达 15 次之多。另外，在范福王当政时期，老挝同中国的交往也比较密切。明成化（1465—1487）以后，老挝和周边国家的冲突不断，因而同中国的交往次数大为减少。按明王朝给老挝的定例是三年一贡，但由于具体情况种种，实际上并非如此。为了便于双方交往，明王朝专门制有信符及金字红牌发给老挝，并置有经历、都事各一员，命令选择那些"能书而练于字事者往任之"[⑨]。

总的看来，老挝遣使中国带来的物品种类主要是象、象牙、犀、犀角、马、龙涎香、金银器等土特产品。给予老挝的回赠物品，明政府规定："车里，给赐宣慰使，锦二段，纻、丝、纱、罗各四匹；妻，纻、丝、罗各三匹；差来头目，每人纻、丝、纱、罗各四匹，折纱绢二匹、布一匹；通事，每人彩缎一表里，折纱绢一匹，俱

---

① 参见《明太宗实录》。

② 参见《明宣宗实录》。

③ 参见《明英宗实录》。

④ 参见《明宪宗实录》。

⑤ 参见《明孝宗实录》。

⑥ 参见《明世宗实录》。

⑦ 参见《明神宗实录》。

⑧ 参见《明实录》《明史·老挝传》。

⑨《明太宗实录》卷三十一。

与罗衣一套；象奴、从人，每人折纱绵布一匹，绢衣一套，俱与靴袜各一双……老挝并八百，赐例俱与车里同，但通事罗衣改纻丝衣。"[1]

另外，由于老挝北部与云南接界，所以，交境地区的来往也相当密切。明代及其以后，华侨迁居老挝的人数逐渐增多，促进了云南与老挝的交往。[2] 当时，双方交易的货币是海贝，据明谢肇淛《滇略》卷四云："海内贸易，皆用银钱，而滇中多用贝。贝又用小者，产于闽、广，近则老挝等海中，不远数千里而捆致之，俗名曰肥。其用一枚为一妆，四妆为一首，四首为一缗，亦谓之苗；五缗为一卉，卉即索也。一索仅值银六厘耳。而市小物，可得数十种。故与民便之。"前引张道宗《记古滇说》也说，老挝等国在带给云南的礼物中就有海贝，又称"巴贝"。这说明不但云南地区用贝作货币，而且老挝地区也用，到清代依然如故，至少在老挝北部地区是如此。据《大南正编列传》卷三十三《南掌传》载，其地"市肆交易以银，无银以螺钱代。螺一百为一陌，一千为一贯。"

在中国文献中，老挝遣使大多以前来"朝贡"而被载入史册。从经济上说，它是一种平等的"朝贡贸易"，实际上，中国的回赠远远超过老挝带来的物品。从政治上说，中国从未与老挝发生过战争，中国承认老挝为其"宣慰使司"，但老挝从未丧失其独立性。中国有时封老挝某人为国王，通常只是象征性的，而且加封往往是在国王即位若干年之后。总之，无论从政治角度，还是从经济角度来讲，明代的中老关系都是平等的、互利互惠的，中老两国一直和睦相处，两国边境地区人民之间的交往也非常密切友好。

二、越南人的入侵

从1353年澜沧王国建立直到15世纪初叶，老越两国一直相处平安无事。两国的不和始于15世纪20年代，据说老挝的兰坎登王曾表示要帮助越南人抗击中国人，事实上这位澜沧国国王是派了一支军队帮助中国人，越南人对此耿耿于怀，但双方当时并未发生直接争端。

到了15世纪末叶，越南人终于找到了报复的机会，理由是其索要的老挝白象

---

①《明会典》卷一百一十三。

②［明］朱孟震《西南夷风土记》云："缅甸、八百、车里、老挝、摆古虽无瘴而热尤甚，华人初至亦多病，久而与之相习。"这是目前所见到的有关老挝华人的最早记载。

毛未能得到，而被代之以大象的粪便。关于越南此次出兵老挝的原因，诸家所说不同，但白象毛之事似乎只是一个借口。越南学者指出，越黎圣宗远征哀牢（即老挝）的原因是："1478 年，盆蛮（位于老挝川圹地区——引者注）酋长琴公又不来朝贡，并勾结哀牢，寇犯边陲。圣宗兴大军征盆蛮和哀牢。"[1] 当时，黎朝的势力比较强盛，而且又刚刚打败了占城，便回过头来征伐其西部的老挝。据《明史·安南传》载，成化十五年（1479）冬，"灏（即黎圣宗——引者注）既破占城，志意益广，亲督兵九万，开山为三道，攻破哀牢，侵老挝，复大破之，杀宣慰刀板雅、兰、掌父子三人，其季子怕雅赛走八百乃免。灏复积粮练兵，颁伪敕于车里，征其兵合攻八百。将士暴死者数千，咸言为雷霆所击，八百乃遏其归路，袭杀万余人，灏始引还。帝下廷议，请令广西布政司檄灏敛兵，云南、两广守臣戒边备而已。既而灏言未侵老挝，且不知八百疆宇何在，语甚诳诞"。[2]

对于中南半岛诸国之间的战事，中国封建王朝历来是从中斡旋、调停，努力使之得以平息，恢复彼此之间的和平。对这次老越冲突也不例外。在黎灏称其未侵略老挝且不知八百在何处之后，明宪宗（1465—1487）于成化十七年（1481）给黎灏去了一封信，曰："王兴兵攻杀老挝，又欲进征八百。朕谓王之所以顺天者，诗书礼仪同于中国，岂应有此？……差头目追捕边酋琴公等，必无攻杀老挝之举……八百之地所在且不知，况欲往征之？……夫交民，天民也；老挝民，亦天民也。若果如前所云，无故而戕天之民，是逆天矣！自古焉有逆天而保其无凶祸者哉？继今王宜安静守常，钦畏天道，恪守藩臣之礼，允迪睦邻之谊。非特老挝在所当睦，凡与王国接壤者，皆在所当睦也。若以兵强国富，越境而侵之，天之视听自我民，其应有不旋踵者？王其深省之。"[3]

这次出兵老挝，黎圣宗兵分五路，并攻入盆蛮（川圹）和老挝首都琅勃拉邦，直抵缅甸边界。由于受到老挝军队的英勇还击，越南人大败而回。但越南人并未就此罢休，1479 年 12 月，黎圣宗再次出兵盆蛮并攻占之，以其地置镇宁府。在澜沧王国分裂以后，川圹处于半独立状态，表面上它属于万象王国统治。在越南人于其地置镇宁府之后，川圹则同时向万象和越南进贡。据说，后来川圹又拒不承

① ［越］陶维英：《越南历代疆域》，钟民岩译，商务印书馆，1973，第 328 页。
② 张廷玉：《明史》，中华书局，1974，第 8328—8329 页。
③《明宪宗实录》卷二百一十六。

认万象的宗主权，也是由越南人出面从中调停。[①]这种状况为以后越南人要求拥有对川圹的宗主权提供了条件。

三、缅甸人的入侵

13世纪以后，在中南半岛上兴起了一系列泰老人建立的国家，掸族的阿瓦王朝即是其中之一。但其东部的澜沧王国在14世纪中期建立以后，迅速成为中南半岛的强国，所以，这一时期的老缅关系还相对友好。到了16世纪，缅甸进入了东吁王朝时代（1531—1752），情形就有所不同了。澜沧王国经历了内讧和越南人的入侵，国力已远不如建国初期。加之16世纪中期，后来即位的澜沧国王塞塔提腊正忙于对本国王位和清迈王位的争夺，自顾不暇，而这一时期缅甸人的势力正处在强盛阶段。莽应龙继承王位（1555）以后，便开始了其对外的扩张。他首先征服了北方的掸族各部，将全国各地统一在其领导之下，然后正像前面所谈到的那样，1556年，他派兵抢在塞塔提腊之前占领了清迈。1563年，莽应龙出兵暹罗，并攻下了彭世洛等地，接着挥师东进，征伐老挝。1565年，万象陷落，但塞塔提腊采取坚壁清野、开展游击战的策略，迫使缅甸人不得不撤回自己的本土。但缅甸人向外扩张的步伐并未因此而停顿下来。莽应龙不断展开对大城王国的进攻，虽然塞塔提腊曾几次派兵援救大城，但该城终于在1569年被莽应龙攻占。

灾难又一次降临在老挝人头上。1569年，莽应龙再次进攻万象，塞塔提腊采取和第一次一样的战略，撤退到森林中去，给缅甸人留下一座空城，并不断骚扰袭击缅军，又一次迫使缅甸人撤回自己的本土。前两次的缅甸人入侵，由于塞塔提腊的才识和胆略而保住了澜沧王国的独立，而在这位英雄的澜沧国王去世之后，形势已发生了变化。1574年，缅甸人第三次攻入万象，而且让他们扶植的副王当上了国王，致使澜沧王国在以后的一个时期内成为缅甸的附属国。18世纪下半叶，缅甸人连续东征，不过目标不是万象，而是它北面的琅勃拉邦王国。当然，后来缅甸人的几次入侵老挝，与老挝人自己的内部纷争有极为密切的关系。

---

① ［泰］姆·耳·马尼奇·琼赛：《老挝史》，厦门大学外文系翻译小组译，福建人民出版社，1974，第136页。

四、同大城的关系

澜沧王国建立以后相当长的时期内，和暹罗境内诸国的关系都比较好。它们通过联姻等方式来密切彼此的关系，例如，桑森泰在位时（1374—1417），曾同时娶兰那国王的女儿娘诺翁苏公主和大城国王的女儿娘科约法公主为妻。在桑森泰的儿子（大城公主所生）的加冕礼上，大城国王赠送了大批珍贵礼品表示祝贺。

澜沧王国与大城之间的不和始于16世纪30年代。据说起因是由于大城的一位亲王与国王不和而逃到老挝，并请求当时的老挝国王波提萨拉腊出兵进攻大城。老挝军队前进到文潘甘时得知大城拒绝应战，便收兵回府。不久，大城军队反过来进攻万象，后败归。[1]

后来，两国的友好关系又得到恢复。塞塔提腊时（1550—1572）曾多次派出军队援救大城，袭击缅甸人。1670年，苏里亚旺萨当政时（1633—1690），他向大城国王表示良好的愿望，即希望两国友好相处，并准备在兰洒建立一座"帕哈西颂哈"塔，作为两国友好分界线的标志。在奠基仪式上，双方派出了许多达官贵人及高僧，并签订了一项官方公报："我们，老挝国王和大城国王，向两国人民宣布，举行这一象征友谊的仪式，表明我们如同一个民族一样。我们两个王室亲如一家，以共同的感情负有共同的命运。在我们之间不应有争端，不应有侵略，不应企图从对方得到好处，除非太阳从宇宙中消失或者落在我们的土地上。"[2]这项工程于1673年完成。

从当时中南半岛的情况来看，老挝位于越南、缅甸和暹罗等国之间，非常容易受周围局势和政治环境的影响。在相当长的历史时期内，这个国家仅出现过短暂的兴盛和繁荣，而在大多数时间里是遭受邻国的攻击和侵扰。进入近代以后，它又沦为西方国家的殖民地。

---

① M. S. Viravong, "History of Laos", Vientiane, 1957, p. 51.

② Ibid., p. 76.

第四节　澜沧王国的经济发展

一、土地制度

（一）领主分封制的形成

这里所讨论的土地制度的空间范围，是以老挝地区占主导地位和主体形态的土地制度为限，原因是老挝各地的社会发展水平差距很大，河谷、平原地区早已进入封建社会，某些山区还处在原始社会阶段。老挝的封建社会并不始于1353年法昂建立的澜沧王国，由于老挝未经过典型的奴隶制社会，所以，至少在陆真腊即文单国时期，它的封建制已经开始。但是，当时的老挝并未有一个稳固的中央集权制国家，还谈不上封建领主制的完全形成。到了1353年统一的澜沧王国建立以后，老挝地区才正式进入了封建领主制阶段。

老挝封建社会实行的是土地国有制。

土地国有即王有，因为老挝国王是全国一切财产、资源的所有者。1353年，澜沧王国建立，法昂为第一代国王，王号"帕耶华腊陀拉尼西萨达纳卡纳惠"，意为"百万大象土地之主"。以后的历代国王或称"昭片领""帕昭片领"（意为"广大土地之主"），或称"帕马哈嘎萨"（意为"国土之最高统治者"），或称"帕昭马哈西维""昭西维"（意为"广大生灵之主"），等等。总之，全国的一切都属于国王所有。从1642年起在老挝住了5年的意大利神父乔瓦尼·马利尼写道：国王具有绝对的权力，不受任何人控制。国王认为，不论是有关世俗事务，还是在宗教事务方面的权力，都没有人能够超过他。所有的土地皆作为国王的私有财产而隶属于他本人。除国王外，王国内的任何人都无权声称他是任何一寸土地的主人。[1] 在这里，"土地所有者"的概念和"国王"的概念等同起来，土地所有权和王权完全融合在一起。既然国王是全国唯一的土地所有者，领土内的各种自然资源就都属于他一人所有。全体老挝人，无论贵族或平民，都是国王的臣民。

---

[1] Giovanni F. de Marini, "New and Curious Story of the Kingdom of Tunquing and Laos", Rene de Berval, "Kingdom of Laos, the Land of the Million Elephants and of the White Parasol", Franee-Asie, Saigon, 1959, pp. 59–67.

拥有全国土地最高所有权的国王，以恩赐等方式将土地分封给宗室、亲信和功臣。这种分封在老挝被称为"景孟"，"景"意为"吃"，"孟"意为"地方"，"景孟"也即食邑。分封的形式主要有以下几种：

第一种情况是在建立统一国家的过程中，法昂在杀掉了那些不愿归顺的地方首领后，任命他们的兄弟、儿子等嫡亲接替。1349年，法昂离开柬埔寨王宫，率军北征，首先攻下了孟北科，杀死其首领披耶普马塔，任命他的侄子接任。同时，他还任命了披耶冬登、披耶索克、披耶占霍、披耶孔通和披耶艾等一批地方官吏。接着，法昂继续北进，攻打孟卡奔（在今他曲），在当地镇守逃跑被捉杀掉以后，法昂任命其弟为镇守。以后每占领一个地方，都伴随着一系列的分封任命。[①] 当时分封任命的目的主要是安抚地方，以得到战争所需的人力和物力。在澜沧王国建立以后，任命即被固定下来，除非遇到特殊情况，否则不再更动。

第二种情况是在建立统一国家的过程中，一些地方首领相机行事，或表示愿意为法昂效力，或声称和法昂是同一宗族，因而得到了法昂的宽宥，任命他们继续担任地方首领。例如，法昂率军攻打孟潘（在今川圹地区），当地镇守十分惊慌，赶紧向法昂表示归顺说："我是坤博隆和坤罗的嫡系后裔。如果以后您想征服任何一个地方，我的部下和我本人将竭尽全力时刻准备支援您……"法昂答复说："你的盛情委实值得庆贺。任何属于我们兄弟的领地，都将继续保留，仍由他们统辖。""我所征服的各个地方同样要对我的兄弟表示尊敬。"[②] 再如，景线首领在即将遭到进攻时，声称自己属于法昂的家族，不但得以继续统治原地，而且被视为法昂的同盟者。

第三种情况是分封战将、功臣和宗室统辖某一地区。例如，法昂攻打兰洒时，手下的将领巴博捉杀了该地太守陶凯，法昂即任命他为兰洒太守。同样，法昂任命战将巴昆为万象太守，分封巴先管辖南隆、清萨到占族领土为止的所有南方城镇。16世纪中叶为塞塔提腊亲王争夺王位立过战功的披耶西萨坦马太洛克，曾被亲王任命为万象太守。[③]

澜沧王国建立以后，对于功臣和宗室的分封步入正轨。除了任命"森孟"（职位相当于后来的副王）外，1357年，法昂在国内设置了6个"垦孟"，即允占（今

---

① M.S. Viravong, "History of Laos", Vientiane, 1957, p. 28.

② Ibid., pp. 28-29.

③ ［泰］姆·耳·马尼奇·琼赛：《老挝史》，厦门大学外文系翻译小组译，福建人民出版社，1974，第49—63页。

万象）、允坎、允科、允帕南洪、允北会郎和允清萨。这 6 个"垦孟"的最高首领分别被封为闷沧、昭允坎、昭允科、闷帕南洪、昭北会郎和昭孟清萨。[1] "垦孟"下设"顷孟"（相当于省）和"孟"（相当于县）。分封于各地的首领皆可称为"昭孟"，由法昂任命其王族或功臣往任，可以世袭。

以上 6 个"垦孟"，大多在澜沧王国的中部地区。为了统管全国，法昂在即位之初还任命了"昭奔诺""昭奔岱""披耶卡萨"[2]，分别管辖王国的南北两部的卡族居住地区。在澜沧都城内，法昂任命了 4 位高级官员，即昭孟肯陶、昭孟农巴、昭孟赛考和昭孟丹山闷。

澜沧王国的开国始祖法昂王的领主分封，为以后历代国王开创了先例，他们大多分封自己的嫡系或亲信统领某一地区。这样做的目的，一是为了避免国政大权旁落（结果并非完全如此），二是借此机会将宗室兄弟派到远离中央政府的地方，以免他们在王宫进行反叛和争夺王位的活动。不过，亲王兄弟的人数毕竟有限，所有的"昭孟"不可能皆由亲王担任。所以，后来的省级"昭孟"，一般是从该省的名人或最有影响的家族的代表成员中挑选，这些家族往往和王族有亲戚关系，或者或多或少有血缘关系，或者是通过和王族联姻。一夫多妻的亚洲君主总是乐意缔结婚约，哪怕对方是自己的封臣，只要他们的女儿长得漂亮。[3] 实际上，国王则是通过联姻来巩固自己的统治，因为婚姻往往是和政治密切相关的。从澜沧王国的第二代王桑森泰起，正式实行"景孟"制度。桑森泰有 5 个儿子，除长子兰坎登被封为副王外，其余 4 子被分封食邑于孟清萨、孟万象、孟北会郎、孟卡奔等地。

被分封到各地的大领主，再将其辖区的土地分封给自己的属官，直到村社头人。但是，虽然各级领主持有土地的领有权和占有权，但无所有权。土地的最高所有权属于国王，对于领主，国王有权分封、任命，也有权调离或撤换。马利尼神父指出，国王独揽一切，公共事务的处理，公职官员的使用，荣誉的授予以及财富的分配，一切都由国王统管。博得国王欢心的臣僚被赐予高官厚禄，投其所好的

---

① "Annals of Lan Xang", Rene de Berval, "Kingdom of Laos, the Land of the Million Elephants and of the White Parasol", Franee-Asie, Saigon, 1959, p. 397.

② "昭奔诺"意为"北部之主"，"昭奔岱"意为"南部之主"，"披耶卡萨"意为"卡族统治者"。

③ Katay Don Sasorith, "Historical Aspects of Laos", Rene de Berval, "Kingdom of Laos, the Land of the Million Elephants and of the White Parasol", Franee-Asie, Saigon, 1959, p. 29.

第五章　澜沧王国的兴衰（1353—1697）　　　119

则封金受奖。然而，这主要是国王对其下属的一种报酬和独特的致谢方式，又随时可能被国王剥夺、收回。①在国家即国王是土地的最高和唯一所有者的情况下，土地是不能买卖或典当的，因而也就不存在土地私有权。正如马克思所指出的那样："在这里，国家就是最高的地主。在这里，主权就是全国范围内集中的土地所有权。但因此那时也就没有私有土地的所有权，虽然存在着对土地的私人和共同的占有权和使用权。"②

　　领主大小不同，占地的多少也就不同，领主的大小与封地的多少成正比。至于各自得到封地的多少，则全凭国王的旨意。同泰国一样，老挝也实行"萨迪纳"制，即辖领不同数量田地的等级制。澜沧王国时期，老挝的爵位分为6级：昭披耶、披耶、帕、先（献）、闷、坤，这6级爵位在中国文献中均有记载。每级贵族都被授予一定数量的土地，也即上面提到的"景孟"制。直到法国统治时期，许多地方仍在沿用这种制度，每年按各级官吏的职务大小来重新分配数量不等的田地。澜沧王国初期，高级"昭孟"可以世袭。到了17世纪，据乔瓦尼·马利尼神父看到的情况，已经有所变化。他写道，贵族的领地随时可能被收回，他们的封爵不能世袭。对于贵族的遗孤，国王宽容厚待，恩准他们得到动产，但房产、继承权、领地、金银和武器则全部收归王室，以便国王从中得到好处。③

　　澜沧王国建立以后，最初在中部地区设立6个"垦孟"，下辖"顷孟"和"孟"；南北两部为两个大行政区。另外，还在关卡处设置了"孟拦"和在卡族地区设置了统治机构。随着发展，逐渐形成了一套行政区划体系，大致可以分为省、区、乡、村。省长称"昭孔"，区长称"乃公"，乡长即分区长称"达幸"（又译"泰参"），村长称"乃班"。另外，还有管辖4个村子和8个村子的"管四"和"管八"。由于历史等方面的原因，老挝不同民族居住区域各异，但相对固定。如老龙族系各族居住在河谷、平原地区，老听族系各族居住在山坡、丘陵地区，老松族系各族则居住在高山上，等等。各民族历来都有自己的首领，虽然高级"昭孟"对其下属进行分封，但大多是由原地区的民族头人继续统治，只不过对他们重新承认或任命而已。否则，当地民族是不会

<hr>

① Giovanni F. de Marini, "New and Curious Story of the Kingdom of Tunquing and Laos", Rene de Berval, "Kingdom of Laos, the Land of the Million Elephants and of the White Parasol", Franee-Asie, Saigon, 1959, pp. 59-67.

② [德]卡尔·马克思：《资本论》第三卷，人民出版社，1975，第891页。

③ Giovanni F. de Marini, "New and Curious Story of the Kingdom of Tunquing and Laos", Rene de Berval, "Kingdom of Laos, the Land of the Million Elephants and of the White Parasol", Franee-Asie, Saigon, 1959, pp. 59-67.

服从新派来的首领统辖的。这种情况也给老挝社会带来了严重的后果。

中、下级官吏的职务可以世袭。老挝最基层的单位是村（"班"），村社内的成员多为父子、兄弟、姊妹等，血缘关系密切，受家族、宗族或民族的首领统治。一般说来，村长死后，由其嫡系亲属接任。乡长"达幸"、"管四"和"管八"也同样是封建世袭的。当然，对这些中、下级官吏，国王和高级"昭孟"有权罢免和撤换，但为了便于统治和剥削，高级"昭孟"并不轻易触动他们，因为不管怎样他们都是地方的实际统治者。在上下级"昭孟"之间、"昭孟"与中央政府之间，政治观念掩盖下的封建义务是主要的联系纽带。虽然名义上全部老挝人都是国王的臣民，实际上基层和中央的联系十分松弛。地方"昭孟"的命令，有时甚至比国王的御旨更有效力。

"乃公""达幸"和"乃班"在各自的领地内占有一定数量的田地。由于居住区域不同，加之有些民族经常迁徙，所以，各地领主占地的多少也不一样。威·贝却敌指出："土地所有制的原则各地不同，但是遇到村子迁移的时候，一向是当地的暴吏先挑选他们的土地，并且要别人先替他锄草。他占的土地往往比普通老百姓的多三倍。"[1] 在卡族居住的地区，卡族"头人自己使用一块地，和普通老百姓的一样大小，但是由老百姓替他锄草耕耘"。"管四"和"管八"也占有一定量的土地，不过他们"和其他人一样在田里劳动"[2]。虽然由于各民族惯例不同，占田数量不一，地点也不甚固定，但有两点可以肯定：第一，各地的领主都占有一定量的土地，这种占有权可以世袭。在18世纪老挝附属邻国封建主统治以后，世袭占有权依然存在。第二，按领主大小和职位高低来确定占地的多少，官职越高者，占田数量也就越多，而且各级领主所占的地都是上等好田。

（二）土地占有形式

澜沧王国的土地基本上分为领主土地、农奴份地和寺院土地三种占有形式。除了王室和各级领主所占土地外，全国绝大部分土地交由村社集体占有，分给村社成员耕种。村社成员使用的土地可以分为三类：

第一类是村社成员集体占有共同耕种的"公田"。这种共耕"公田"到19世纪末叶还存在，当时一个调查琅勃拉邦的法国考察团指出，在哈潘地区的泰人那

---

① ［澳］威·贝却敌：《沿湄公河而上——柬埔寨和老挝纪行》，石英译，世界知识出版社，1958，第187页。

② 同上书，第186、190页。

里,稻田分成许多小块,它们叫作哈西普,每一哈西普是几十家居民耕种的一块地。[1] 由于生产力水平低下,加之村社成员大部分时间是为封建领主服各种劳役,因此,为了维持生活,一部分农业生产就不得不依靠集体来进行,其收获量或劳动成果的多少,就取决于这种集体劳动的紧张和协作程度。此外,老挝还继续保存着村社制度和农民在农业劳作的各个时期实行互助的习惯。

第二类是村社成员占有使用的份地。村社头人挑占土地以后,村社"剩余的土地平均分配"。由于地区和民族的不同,分配的原则也不一样,"有时以户为单位,有时根据成人的多少或者甚至根据某一民族的特殊习惯,按照每户吃口粮的人数计算"[2]。村社成员耕种的份地,是以村社为单位集体占有的,即领主将某一区域的土地分给村社(大多是该村社一直占有的土地),村社再平均分给其成员耕种。对直接生产者来说,占有权和使用权是一致的。领主之所以要以村社为单位分配土地,完全是为了其剥削方便。就土地和封建负担的分配而论,村社是一个独立的基层单位。村社成员的份地,是由村社头人负责管辖和调整分配的。

第三类是村社成员砍林烧山开出来的"线"地。其开垦和种植方式极为简单,即"砍倒一'线'或一长条丛林树木,焚烧以后用棍子在地上钻出一个个小窟窿,再把一种山上特产的稻的种子撒进去。这种稻无须灌溉就能生长"[3]。杜展潮指出:"山林荒地也是公田,已开垦三年以上者可以变成私田;但荒芜三年不耕者,他人可以占领。"[4] 这是法国侵占老挝后的情况。在澜沧王国时期,这种"线"地虽然归村社占有,但它既不是"公田",也不在份地之列。由于山地瘠薄,"线"地用期甚短,村社迁移时即被废弃,有些少数民族就以此为生。"每条'线'只能用一次。等到某一地方的地都这样使用过以后,整个村子就迁移到另一个地方。因此在这里就不存在什么地产和继承权的问题,所谓财产仅限于几样在全村移动时能够携带的东西。"因而"至于'线',则每家能耕多少就可以取多少地。有时他们把水流引导到'线'的比较低洼的地方,清出一部分地用来种

---

① J. Rispaud, "Les Noms a Elements Numeraux des Principantes Tai", Journal of the Siam Society, vol. 29, 1936-1937.

② [澳]威·贝却敌:《沿湄公河而上——柬埔寨和老挝纪行》,石英译,世界知识出版社,1958,第187页。

③ 同上书,第184页。

④ 蔡文穰整理:《杜展潮同志遗存资料三篇》,《中国东南亚研究会通讯》1984年第2、3期。

稻。可是即使如此，这块地顶多也只能连耕三年。他们从不施肥，庄稼全靠太阳、雨水和泥土。"[1]

在生产水平落后、耕作技术简陋、广种薄收、完全依靠自然条件本身的情况下，村民们也不得不开出一片荒地，以种植旱稻、瓜果、蔬菜，维持日常生活。老挝的农作物以水稻为主，但由于山林居多，平原甚少，很多少数民族一直居住在高山地区，靠种植旱稻、玉米等农作物为生，因而当时老挝非常流行伐林火种耕作制，也就是人们通常所说的"刀耕火种"。开出来的"线"地不算份地，不必参加定期的土地调整，但是有两点是和份地相同的：第一，尽管"线"地从表面上看来具有一定的私有性质，但也同"份地""公田"一样，村民们仅具占有和使用的权利，而无所有权。第二，使用"线"地和耕种"份地"一样，要承担封建义务。农民自己开荒，要向村里的头人或本民族的首领交纳钱或谷物。因此，从法理上讲，土地国有即王有，任何人耕种任何一块土地，都要以承担封建义务为前提条件。

从上述可以看出，老挝全国的土地基本上分为领主占有和农奴即村社成员占有，这是农奴制社会经济的基础。列宁指出："考察现代的地主经济制度，必须以农奴制时代占统治地位的地主经济结构作为起点。当时的经济制度的实质，就在于某一个农业单位即某一块世袭领地的全部土地，分为地主土地和农民土地；后者作为份地分给农民，农民（除份地外，还得到其他生产资料，如森林或者牲畜等等）用自己的劳动、农具和牲畜耕种这块土地，从而养活自己。"[2] 不论领主占有的土地，还是村社占有的土地，都是由村社成员进行耕种。村民份地的占有和使用，为承担封建义务奠定了维系封建领主制社会及其存在的基础。

除领主和农奴的占有地以外，老挝还存在着寺院土地占有制。1353年澜沧王国建立以后，南传佛教大规模传入老挝，并被定为国教。随着时间的推移，佛教在人们心目中有着愈来愈重要的作用，社会地位不断提高。不但一般男子必须经过剃度才能取得成年人的地位，连国王也必须是佛教徒。澜沧王国的国王大多在佛寺中当过和尚，国王的加冕礼要在佛寺里举行，就职时要到佛寺里进行宣誓。王位争执不下时，僧侣出面调停；王位空缺时，则由高僧主持国家事务。与封建

---

① [澳]威·贝却敌：《沿湄公河而上——柬埔寨和老挝纪行》，石英译，世界知识出版社，1958，第184页。

② [俄]列宁：《列宁全集》第3卷，人民出版社，1984，第160页。

制度相适应,佛界也有一整套管理机构,上有僧王、僧王会议,下有省僧长、县僧长,直到村中的住持。

　　由于上述种种原因,寺院如同王室和高级领主一样,可以占有土地。整个封建时期,国王赠予寺院土地的情况屡见不鲜,有时甚至将某一地区交由僧侣管辖。例如,1560年塞塔提腊王迁都万象,便将琅勃拉邦交由佛界高僧统治。1566年,他下令修建塔銮,给了寺院大量的土地和奴仆。[①]佛塔、寺院遍布老挝各地,这本身就占了大片土地,况且国家还赠予、布施土地给寺院,作为僧侣们的给养。这一点可以从万象玉佛宫博物馆所藏的两块老挝文碑铭(编号分别为505号、522号)中找到佐证。两块碑铭的内容大同小异,年代分别为1594年和1604年。仅以第522号碑铭为例,其文云:"小历966年[②]正月。愿佛法弘扬,帕拉沙阿耶[③]宋烈波隆[④]纳拉托毗达拉[⑤]承继西萨达纳卡纳忽[⑥]风俗,菩提沃拉冯沙[⑦]嘎萨第拉昭抱着对于佛教坚定不移的虔诚,把这颗善心之果留给瓦领孟寺。沿湄公河畔长60度,离湄公河向田野宽70度,该地的椰树、甜果、酸果留作三宝[⑧]给养,陶帕椰讪门[⑨]不得骚扰,不得收回。新来后到者如有人收回,帕拉沙阿耶让他坠入阿鼻地狱[⑩]……"[⑪]另外,国王还给僧侣薪水和各种生活用品。

　　从碑文中所说承继澜沧王国风俗而赠予寺院土地可以得知,澜沧王国初期就有寺院占有土地的情况存在。佛界的各级僧侣与世俗领主对等,其组织体系也和世俗行政机构相若,寺院又可以占有土地,因而僧侣本身就已成为领主。寺院土地是由村社成员负责耕种的,寺院也就成为从事农业生产的场所。这意味着寺院已由单纯的宗教组织蜕变成以宗教关系为纽带的封建经济组织,寺院

① M. S. Viravong, "History of Laos", Vientiane, 1957, p. 61.

② 小历966年为公元1604年。

③ "帕拉沙阿耶"意为"国王"。

④ "宋烈波隆"意为"至尊皇上"。

⑤ "纳拉托毗达拉"为该国王的佛名。

⑥ "西萨达纳卡纳忽"意为"百万大象王国",即指澜沧王国。

⑦ "沃拉冯沙"即伏腊旺萨王,1598–1621年在位。

⑧ "三宝"即佛、法、僧。

⑨ "陶"、"帕椰"(披耶)、"讪"(先)、"门"(闷)皆为老挝的爵位等级名称,在此连称意为"王亲贵族官僚"。

⑩ "阿鼻地狱"为佛教教义中所说的最底层的地狱。

⑪ 此条材料系由蔡文欀先生提供,谨此致谢。

的经济关系也已成为整个封建生产关系的一个组成部分。从生产关系上讲，寺院与世俗的界线不存在了。

由于佛教在老挝社会中的政治地位和作用，国王布施和赠予寺院的土地，不像各级"昭孟"的领地可以随时收回或撤换，而是长期归寺院占用。在这一点上，僧侣的特权要大于世俗领主。乔瓦尼·马利尼神父写道：王国内的任何人都无权声称他是任何一寸土地的主人，唯有僧侣才被允许可以处置其占居之地。[①]另外，寺院土地不承担封建义务，僧侣们有免役权。后来法国人侵占老挝后，曾向僧侣征税，因而引起了老挝人民的不满和反感。

寺院占有大量的土地，是东南亚信仰南传佛教国家较为普遍的现象。有的国家专门拨出某一区域（包括该地域内的村社及其成员）划归寺院领有，这一地区的人民要为寺院承担义务。例如柬埔寨，在阇耶跋摩七世时，巴扬寺庙就有为数306372人和13500个村社的大领地，这些村社负责为该寺生产稻米和各种食物，"这些属于基业收入来源的土地，不能移作其他用途……"[②]另外，这些村社的成员还要为寺院提供各种非农业性劳役。泰国的情况也很能说明问题："同封建暹罗的国家土地所有制形式形成对照的，是广泛的寺院土地所有制。国王的寺院拥有最大的领地。赠予的土地和财产永远归僧侣所有，甚至国王也不能把它们收回给国家。僧侣的土地不得重新分配。佛教团体的首领，寺院的住持、僧侣，也和世俗封建主一样，可以得到授田的等级。"[③]寺院土地享有免税权。寺院从所属地区的居民收取租税。[④]僧侣们不但有免役权，而且要别人为他们服劳役。在老挝，寺院的种种非农业性苦役是由奴隶们提供的。所以，游历老挝的欧洲人惊叹于老挝佛教僧侣的阔气：他们不但占有土地和动产，而且占有奴隶。[⑤]

从上面讨论的情况来看，14—19世纪这一时期，老挝实行的是土地国有即王有制。土地所有权属于国王，各级"昭孟"持领有权，村社及其成员仅具占有权和使用权。18世纪初叶，老挝发生分裂，1778年以后属于暹罗统治。老挝的土地所

① Giovanni F. de Marini, "New and Curious Story of the Kingdom of Tunquing and Laos", Rene de Berval, "Kingdom of Laos, the Land of the Million Elephants and of the White Parasol", Franee-Asie, Saigon, 1959, pp. 59–67.

②《法国 – 亚细亚》，第37-38号。转引自云南省历史研究所《解放前柬埔寨土地问题》（初稿），1977年。

③ ［苏］尼·瓦·烈勃里科娃：《泰国近代史纲》，王易今等译，商务印书馆，1974，第16—17页。

④ Qu. H. G. Wales, "Ancient Siamese Government and Administration", London, 1934, p. 239.

⑤ C. Bock, "Im Reiche des Weissen Elephanten", Leipzig, 1885, p.158

有制基本上没有发生变化。从老挝方面来说，各地"昭孟"实力增大，相互兼并，割据一方，最后导致了国家的分裂。脱离中央控制的"昭孟"，就成为他所辖区域的"昭片领"，他的领地也就成为一个独立的王国，成为属于他一个人所有的"王土"，领地上的居民变为他的臣民；他的领地变成了"国中之国"，领主本身也就变为"王中之王"。英国人哈利特在其游记中对老挝的一个小邦这样写道：整个国家名义上属于邦主。[1]国家在理论上是国王的财产，老挝诸小国的君主接受曼谷授予的最高贵族爵位，他们仍"保持主权国的特权——有权审判和惩罚自己的臣民，对他们操生杀予夺之权"[2]。从暹罗方面来说，"暹罗封建国家又把土地和地下资源的最高所有权扩大到附庸老挝领土"[3]。因而从法理上讲，暹罗封建统治者即成为老挝诸邦"昭片领"的"昭片领"，老挝诸邦就要为暹罗承担封建义务。就土地国有即王有制来说，没有发生质的变化。再说，暹罗的封建羁縻统治也不可能使老挝的土地制度和社会经济结构发生太大的变化。

二、 村社制度

（一）村社组织

澜沧王国建立以后，直到1893年法国入侵以前，老挝一直处在封建领主制阶段，国王称为"昭片领"，是全国土地最高和唯一的所有者。国王以恩赐的形式将土地分封给其宗室、亲信统辖，不过，全国绝大部分土地交由村社占有，平均分给村社成员耕种。另外，各级领主和寺院占有的土地不过是其获得劳役的前提，而这种剥削特权，是国王给他们的报酬或俸禄。所有的土地都是由村社成员耕种的，因而可以说，整个封建土地制度乃至社会结构，都建立在村社制度的基础之上。

在老挝，多数村社是固定不变的，仅有一些少数民族是在不断的迁移之中。然而，无论迁移与否，村社的组织形式和内部结构都是一样的，而且长期未发生变化。村社头人一般是由家族或民族的首领担任，以后才逐渐有选举村社头人的情况出现，因而还程度不同地存在着家族公社的残余痕迹。村社大多由十几户或

---

① H. S. Hallet, "A Thousand Miles on an Elephant", London, 1890, p. 134
②［苏］尼·瓦·烈勃里科娃：《泰国近代史纲》，王易今等译，商务印书馆，1974，第85页。
③ 同上书，第87页。

几十户组成，"一般情况下，十户以上或有十名以上壮丁的村寨，有权设一名'乃班'或称'普班'（Phou Ban），由村民自己从年龄25岁至60岁、有知识有能力、在全村享有威望、公正不阿、在本村有财产房屋田地作正常根基达三年以上的村民中选举产生"[①]。事实上，推举出来的村长或村父也就是该村家族或民族的头人，因为只有他们才具备这些条件，所谓"推举"，不过是徒具形式而已。随着发展，村社内部的组织结构逐步得到了补充和完善。

除最高首领村长和村父外，村社还设有"沙民"（文书）、"贡玛干"（干事）、"陶坤"（谋士或僚佐）若干名，另外还有"摩雅"（医生）、"沧迈"（木匠）、"沧银"（银匠）、"沧坎"（金匠）、"沧般莫"（制陶匠）、"莫喃"（民歌手）以及制伞匠、佛寺住持等。上述官吏和工匠大多不是专职人员，因而不脱离农业生产。家庭手工业是作为农业的附属物而存在着的。"沙民"由"乃班"挑选，从事村内的会计、文书工作，他们的主要任务之一是统计村中各户出公差即服徭役的天数。"贡玛干"按村中的壮丁人数比例挑选，50人以内设1名，100人以内设2名，200人以内设3名，200人以上设4名，其任务是由"乃班"分配的。村社的"陶坤"人数为3—6名，由"乃班"提名，按村社大小挑选，为"乃班"出谋划策。以上各种官吏，村民必须听从他们的安排和命令。村社内部还保留着"村务会议"，一般由"乃班"主持，"陶坤"参加并享有决定权；"沙民"可列席会议，提出他们的看法，但在作出决定时，必须依据"陶坤"的意见。另外在开会时，"乃班"要找其他"努班"即村民旁听，并征求他的意见。[②]

前面谈到，除了领主占有的田地外，村社占有的土地平均分给村社成员耕种。为了保持这种占有地的均衡，村社头人定期对土地进行调整和重新分配。所以，到了收获季节，村民们要向"乃班"报告收获的情况；3、4月份春耕前，"乃班"便召见农户，询问他们是否有能力继续耕种份地。如果不能，"乃班"则将多余的土地收回，重新分给其他农户使用，理由是不能使田地荒芜。另外，遇有婚丧嫁娶或村民迁出移入，都要对土地进行调整分配。

可以看出，每个村社都是一个自治的政治和经济单位，它们各自占居某一区域，有完整的组织机构和行政官吏。村社地域内的土地、山川、河流、森林、野兽

---

① 蔡文欉摘译：《老挝王国的乡、村统治》，《东南亚》1988年第3、4期。
② 同上。

等各种资源，皆归村寨头人管辖。村社之间有着固定的界线，是很久以前就沿袭流传下来的。至于界线的划法，民族和地区不同，采取的方式也不同。在卡族人那里，村界是同邻村协议而定的。在土地国有即王有制下，土地是不准买卖的，"如果一个村子的地嫌多，可以租给邻村"①。如果村界受到侵犯，村社头人就要率先应对战事，保护本村的安全，这也是他们的责任和义务。例如，卡族村社，"每当议和不成而引起战争时，身为头领就得率领群众去打仗"②。

农村公社是原始社会末期公有制向私有制过渡的社会经济组织，进入奴隶社会甚至封建社会以后，依然长期存在。但是，封建社会的村社，并非原始公社的残存，而是已经发生了实质性的变化，所保存的不过是原始农村公社的外壳与形式而已。

（二）村社长期存在的原因

村社制度长期存在，是老挝封建社会的主要特征之一。为什么村社制度能够长期存在，并且成为土地制度乃至整个封建社会的基础？

第一，生产力水平低下，商品经济不发达，是村社制度长期存在的首要原因。1353 年以前，老挝地区未出现过统一的中央集权制国家，小的邦国或联盟林立遍布，同时并存。进入封建社会以后，封建所有制"与部落所有制和公社所有制一样，也是以某种共同体为基础的"③。由于生产的落后和商品经济的不发达，加之地理（交通不便）和民族（来往不多）等方面的原因，村社制度并未被彻底摧毁，而是经过质变后继续保存在农奴制下，成为封建领主即农奴主统治和奴役村社成员的工具——"连环保"。此时的村社已带有农奴制社会的阶级烙印，同时，"作为直接进行生产的阶级而与这种共同体对立的，已经不是古代世界的奴隶，而是小农奴"④。

第二，土地国有即王有制，延缓了村社的解体。一般说来，各个村社都有自己传统的田地耕种范围，在关于村社历史的古代文献中，都记载了当时的村民赖以谋生的土地范围，并标出了禁忌的地点即土地神的住处等。⑤在土地国有即王有

① ［澳］威·贝却敌：《沿湄公河而上——柬埔寨和老挝纪行》，石英译，世界知识出版社，1958，第 190 页。
② 同上书，第 190—191 页。
③ ［德］卡尔·马克思、弗里德·里希·恩格斯：《马克思恩格斯选集》第 1 卷，人民出版社，1972，第 28 页。
④ 同上。
⑤ 蔡文樨摘译：《老挝王国的乡、村统治》，《东南亚》1988 年第 3、4 期。

制下，土地以村社为单位占有使用，但任何人不得典当或买卖，这就限制了土地私有观念的发生与发展，新的经济因素无法得以萌生，因而村社制度也就得以保存。否则，如果土地变为私有，可以典当或买卖，村社的组织结构等势必发生变化，村社制度也必然遭到摧毁。

第三，为了便于统治和压榨村社成员，封建主利用"连环保"将村社成员固定在土地上。得到领地的各级"昭孟"，不但不去触动村社，而且还利用它为封建剥削提供方便。地方"昭孟"以村社为单位分配土地，同时也以村社为单位分配各种负担。村社成员耕种份地，就要承担封建负担，前者是以后者为前提的。从这种关系中，也可以看出"昭孟"将土地平均分配给村社成员耕种的实质所在。

村社头人为严格控制村民，实行"连环保"。其方法是：村长选 4—5 名壮丁，由他们每人再选 4—5 人；以上被选中者每人再选 4—5 人，如果村里已无壮丁，则选 4—5 户。被选者必须是挑选者认为可以信赖的人，以免出了差错大家跟着遭殃。在"连环保"内，实行层层作保的办法，相互牵制，任何人出了差错，担保人都要负责。那些未被选入"连环保"的农户，村长要另外采取措施进行监督。有人因某种原因迁居他处，也要加入当地村社的"连环保"。通过平均使用土地和实行"连环保"，村社成员被牢牢地束缚在村社占有的土地上，从而形成了便于领主进行剥削的人身依附关系。否则，"如果地主没有直接支配农民的权力，他就不可能强迫那些得到份地而自行经营的人来为他们做工"[1]。由于人身依附关系的存在，所以，"在农奴制下，农民没有得到老爷的许可就不敢离开村子到别的地方去"[2]。人身依附关系和"连环保"的存在，阻碍了村社制度的解体。

第四，村社的闭塞和孤立状态，使其本身的瓦解得以延缓。在政治、经济等各个方面，村社都是一个独立的基层组织。政治上，各种社会活动都是以村社为单位进行的。村社内有完整的组织体系，村社头人有责任管辖村社，保护村社的安全。同样，村民们也负有守卫村界的使命。历史上形成的传统观念，使他们将村社及村社内的土地、山川、河流、森林等看成属于他们共有的领土范围，需要大家来共同守卫。因此，"这些田园共和国只是怀着猜忌的心情防范邻近村社侵犯

---

① [俄] 列宁：《列宁全集》第 3 卷，人民出版社，1963，第 158 页。
② [俄] 列宁：《列宁选集》第 1 卷，人民出版社，1972，第 392 页。

自己村社的边界"①。经济上，村社是一个自给自足的经济单位。在这里，家庭手工业和农业结合在一起，"家庭是自给自足的，几乎生产它所需要的一切，而村社则更是如此"②。由于生活简单，村民们可以生产他们日常生活的必需品，这些家庭生产的物品，不是为了交换，只是为了村社成员所需。只有一些本村没有或无法生产的必需品，才拿自己的物品去和他人交换。

村社之间互不联系和来往的现象在古代老挝地区尤为突出。老挝的不同民族各自居住在不同的地域内，彼此界线分明。民族之间很少来往，甚至同一民族的不同支系之间也不来往。例如，佧族"各支系都有自己的语言，有不同的风俗习惯和服饰。各支系语言各不相同，居住也分开，他们不喜欢同外支的佧人居住在一起，因为他们的风俗习惯是禁止他们同外族或外支的佧人混合居住的"③。民族之间、民族的不同支系之间的互不联系，反映了他们生产水平的落后，因为"各民族之间的相互关系取决于每一个民族的生产力、分工和内部交往的发展程度。这个原理是公认的。然而不仅一个民族与其他民族的关系，而且一个民族本身的整个内部结构都取决于它的生产以及内部和外部的交往的发展程度"④。由于生产力水平低下，村社本身的孤立性加深了民族之间的互不联系的程度；反过来，不同民族之间、相同民族的不同支系之间"鸡犬之声相闻，民至老死不相往来"的状况，甚至相互歧视、常发生冲突等，使得村社的闭塞性、孤立性和排他性现象更为严重。二者互为因果。

第五，村社成员共同承受封建负担和他们之间的共同利益，以及血缘关系等因素，加强了村社的稳定性，巩固了村社内部的社会经济结构。任何成员想脱离村社，都会遭到村社头人和其他成员的反对。因为封建负担是以村社为单位分派的，村社成员迁出，负担并没有减少，而是通过份地的调整转嫁到其他成员身上。所以，"村社外的生活，脱离村社是不行的"⑤。

民族或部族首领是村社的当然头人，一般说来，他们不情愿让本村的成员迁出或外村的成员迁入。虽然根据传统，任何人都可以移居老挝诸小邦，并开

① [德]卡尔·马克思、弗里德·里希·恩格斯：《马克思恩格斯全集》第28卷，人民出版社，1973，第272页。
② [德]卡尔·马克思、弗里德·里希·恩格斯：《马克思恩格斯选集》第4卷，人民出版社，1972，第298-299页。
③《老挝的佧族》，王文达译，《东南亚资料》，1982年第2期。
④ [德]卡尔·马克思、弗里德·里希·恩格斯：《马克思恩格斯选集》第1卷，人民出版社，1972，第25页。
⑤ [苏]尼·瓦·烈勃里科娃：《泰国近代史纲》，王易今等译，商务印书馆，1974，第111-112页。

始耕种土地，如果这块土地没有被别人占用的话。[1] 但是，如果有人移入某一村社的区域内，他们也是被作为"村社外的家庭"，被用于为当地人建造房屋或干其他粗活或"脏活"[2]。另外，村社头人利用家族和乡土观念，将村民限制在村社范围之内，并采取各种措施阻止他们迁往他处。同时，由于长期形成的村社成员之间共同的经济、文化生活及共同的风俗习惯等各方面的原因，决定了他们要维护自身的共同利益，从而维系着村社的生存。对外他们要共同防范外村的入侵，严守村界；对内则共耕"公田"，实行互助，等等。老挝谚语也说，一根木头围不成篱笆，一村人不协力建不好村寨。这种传统观念对维系村社起了相当重要的作用。

村社是孤立、闭塞、排他的基层组织，而且又是以民族或家族为单位组成的，彼此之间又存在着隔阂，这就决定了村内婚、族内婚现象的普遍存在。即使同属一个民族，如果不在同一个村内居住，村社头人也极不情愿本村的姑娘嫁到邻村，或本村的小伙子到女方村社入赘。本村其他成员也不高兴，因为这会加重他们的负担。共同的血亲关系，村内婚和族内婚的流行，也就巩固了村社的稳定性，延缓了它的解体。

三、封建剥削

澜沧王国时期，土地所有权属于国家即国王，为了使土地所有权得到"实现"，国王将土地分封给各级领主，直到村社。每个村社都是一个闭关自守的实体，一个独立的"共和国"。农奴的生活范围很少超出村社以外，在村社内，自然经济占绝对统治地位，村社几乎可以生产它所常用的一切物品，不需要交换，商品经济也就得不到发展；反过来，这种状况也决定了农奴生活的简单。同时，土地国有制以及这种制度下的社会经济结构，也就决定了其地租形态必然主要是最低级、最简单的形式——徭役地租，并且租税合一，因为"如果不是私有土地的所有者，而像在亚洲那样，国家既作为土地所有者，同时又作为主权者而同直接生产者相对立，那末，地租和赋税就会合为一体，或者不如说，不会再有什么同这个地租形式不同的赋税。在这种情况下，依附关系在政治方面和经济方面，除了所

---

① H. S. Hallet, "A Thousand Miles on an Elephant", London, 1890, p. 111.

② D. McGilvary, "A Half-Century Among the Siamese and the Laos", New York - London, 1912, p. 269.

有臣民对这个国家都有的臣属关系以外，不需要更严酷的形式"①。

由于土地的唯一和最高所有权属于国王，从表面看来，全国所有阶层，不论"昭孟"还是"努班"，都要臣属于国王，这种政治外衣掩盖了经济上的剥削关系。实际上，"努班"不仅臣属于"昭片领"，而且要依附于各级"昭孟"；他们不但要为国家和王室服劳役，而且更多的是为他们的直接统辖者出苦役，只不过为国家、王室出的苦役和为各级"昭孟"出的苦役是融合在一起的。农奴们为领主服徭役，是因为他们被束缚在土地上，这些土地是归"昭孟"领有的，而"大土地占有制是封建贵族借以获得代役租农民和徭役租农民的先决条件"②。为了占有农奴的"剩余劳动"，必须实行"超经济的强制"，这又是以人身依附关系为前提的。同时，这种关系也是"超经济强制"的主要特征之一。然而，最根本的是直接生产者与生产资料紧密地结合在一起，即"人身作为土地的附属物对土地的依附"③，"昭孟"通过国家的领地分封和各种特权的获得，又使这种关系的维系有了保证。

既然土地分为领主土地和农奴份地，农奴对领主的依附关系得到了确立，那么，农奴的劳动在时间上和空间上都是分开的，即分为他们在自己份地上的"必要劳动"和在领主土地上的"剩余劳动"。一般说来，除了战事以外，农奴直接为国家服劳役的时间并不长，在老挝一些特定的村子里，规定每个成年男子一年要为政府服劳役 14 天。④然而，农奴的大部分时间花费在为领主服徭役上面，领主的贪欲也正是从对徭役天数的直接追求上表现出来。各级封建领主都占有比农奴份地多几倍的土地，这些土地是由农奴负责耕耘、播种和收获的。土地上的劳役仅仅是一部分，同时也有一定的时空限制，更多的则是各种非生产性的家务苦役，这种苦役名目繁多，没有限制。以乡长"泰参"（又译为"达幸"）为例，按照政府的"特许"，"泰参"可以按照规定获取无代价的劳役。在一些村子里，除了为政府承担的封建义务外，"村子里的人实际上全部都是'泰参'的奴隶。他的田要优先锄草、耕耘和收割，他在任何时候都可以叫人来替他做事，想使唤多久就使唤多

① ［德］卡尔·马克思：《资本论》第 3 卷，人民出版社，1975，第 891 页。
② ［德］卡尔·马克思、弗里德·里希·恩格斯：《马克思恩格斯选集》第 3 卷，人民出版社，1972，第 225 页。
③ ［德］卡尔·马克思：《资本论》第 3 卷，人民出版社，1975，第 891 页。
④ ［澳］威·贝却敌：《沿湄公河而上——柬埔寨和老挝纪行》，石英译，世界知识出版社，1958，第 186 页。

久——从造一所房子到给牛饮水、打米糠，或者为宴会削制牙签。他的事情比村子里任何事都要优先办理……在特定的村子里，每户人家每年要为'泰参'义务工作约有八个月之久"①。

"八个月"这个数目是相当惊人的。因为仅乡长就要农奴为他服八个月的徭役，那么还有其他领主呢？例如，乡长上面是区长"乃公"，"乃公""不和人民直接打交道，可是如果他需要十来个村民为他家里干活，他就可以命令'泰参'去代他收罗"②。试想，除了为政府和各级领主服徭役外，留给农奴们自己的时间还有多少？在余下不多的时间内，再除去各种祭祀、节日等活动外，他们在自己份地上劳作的时间又能剩多少？无怪乎在村社内还保留了共耕的"公田"和在农忙时期实行互助的传统习惯，否则，他们是无法维持生活的。各级领主的层层压榨与奴役，使农奴的大部分时间花费在为领主提供封建义务上面，他们在自己份地上的"必要劳动"时间逐渐减少，为领主服苦役的"剩余劳动"时间不断增加，二者的差距越来越大，农奴的处境每况愈下。

这种徭役形式在老挝称为"贡滥"制度。各地区的称谓不一，上寮称为"贡滥""法"；下寮称为"纳万""厚万"。另外，在"中、下寮还有称为'贡纳''泼良''咩良'的封建剥削制度，同样是无偿地为封建主耕种田地，既不供饭，也无工钱，与'贡滥'并无二致"③。在这种剥削关系中，农奴主即贡主称为"泼贡""昭护""昭滥""乃滥"等，农奴即贡奴称为"努贡""努滥"。在老挝语中，"泼"意为"父"，如"泼班"即"村父"；"昭""乃"意为"主子"，"努"意为"子"；"贡"为村社首领的古称，"滥"意指用绳子将牛马拴在柱子上。"贡""滥"合名，意即像拴牛马一样把广大农奴紧紧拴缚在农奴制这根柱子上。直到法属时期，"贡滥"制度依然存在。

地方领主不仅掌握村社的土地，同时领有森林、山川、河流以及由此而来的矿藏、果实、野兽、鱼虾等。这些土特产和土地一样，是由地方领主统辖的。另外，如蜜蜂树、燕子洞和蝙蝠洞等，则是由村长直接管理的。不论村社成员获得任何物品，都要首先献给领主。凡属村社土地上的出产物，哪怕只是一头野兽倒毙在

---

① ［澳］威·贝却敌：《沿湄公河而上——柬埔寨和老挝纪行》，石英译，世界知识出版社，1958，第186页。

② 同上。

③ 蔡文枢整理：《杜展潮同志遗存资料三篇》，《中国东南亚研究会通讯》1984年第2、3期。

村社地域内，也要献给封建领主一部分。因此，"他们捕来的鱼，猎来的动物，缴税以外的余粮，纺织的布以及生产、捕获或挣来的随便什么东西，其中一部分都属于'泰参'。'泰参'所取的即使不是最大的一份，至少也是最好的一份"①。

这种剥削形式在老挝美其名曰"馈赠"，实即强迫"贡献""纳贡"。"馈赠"的内容可以分为两类：一类即农奴们"贡纳"给领主的猎获品。各地区的情况有所不同，但"馈赠"是必不可少的。例如，在川圹，猎得一头野猪要送前腿给贡主，如果离得太远来不及送鲜肉，则要送肉干；猎得一头鹿，后腿归贡主；猎得一头象，要献给贡主一半；猎得犀牛，犀角归贡主。甚至连采摘的野生蜂蜜，也要献给贡主一半，否则要被罚3—10码特（1码特约合200基普）的款。在桑怒，无论猎获任何野兽，一律献给贡主一半，另一半由贡主廉价优先收购，否则要被罚一桌酒席和130元银元。②另一类是农奴们"贡纳"给领主的自己家庭的生产品，如家禽、蛋类、水果等。每逢节日、宴会、领主的婚丧嫁娶，除了有很多人去为他干活外，农奴们还要献上礼品。为了达到尽力搜刮的目的，领主们巧立各种名目，要农奴缴纳"贡品"。为了自己的需要，领主还随意拿走农奴的物品。

以上种种实物的"馈赠"，主要是非农业产品，表面上看来，这种实物"馈赠"和土地关系的联系并不密切，或者说不那么直接。然而，正是基于土地关系而形成的人身依附关系，领主们才可以随意掠夺农奴的产品，农奴才不得不向领主"馈赠"应该属于他们自己的猎获物和其他物品。正像恩格斯所指出的那样："在中世纪，封建剥削的根源不是由于人民被剥夺而离开了土地，相反地，是由于他们占有土地而离不开它。农民虽然保有自己的土地，但他们是作为农奴或依附农被束缚在土地上，而且必须以劳动或产品的形式给地主进贡。"③虽然"馈赠"不在地租之列，但同样是领主利用政治特权对农奴进行的经济剥削，而这种政治特权的取得，又是以土地关系为前提的。

由于握有政治特权和人身依附关系的存在，封建领主不仅可以对农奴进行剥削和压榨，而且可以肆意污辱。例如，乡长"泰参""可以挑选女孩子到他家里去

① ［澳］威·贝却敌：《沿湄公河而上——柬埔寨和老挝纪行》，石英译，世界知识出版社，1958，第186页。
② 蔡文欂：《老挝王国封建制初探》，载中国东南亚研究会编《东南亚史论文集》，河南人民出版社，1987，第202页。
③ ［德］卡尔·马克思、弗里德·里希·恩格斯：《马克思恩格斯选集》第4卷，人民出版社，1972，第259页。

做工,终身当奴婢而无人敢反抗。有时他厌倦了也会把她们打发回家,然后另挑新的。凡是当过'泰参'的奴婢的女孩子就此不容易找到丈夫了"[1]。封建领主对农奴的政治奴役、经济剥削和人身污辱,已经到了无以复加的地步。

另外,在老挝各民族之间也存在着剥削关系。老龙族系各族长期定居在河谷、平原地区,经济、文化水平较高,封建统治者对其他少数民族也采取歧视的态度,将其置于老族的统治之下。如法昂王登基以后,曾把华南塔、猛拉和孟科等地的10万吉蔑人移居到渤族地区,并要他们服从统治,不要反抗老族人,不要拿走老族人的任何东西,否则要给予银子、耕牛等方面的处罚。[2] 同时,法昂王还迁移2万户老族人到万象以外的卡德法特、农汉诺、农汉銮、万抱山和松赛等地,去统治吉蔑人。[3] 另外,佧族及后来迁到老挝的苗、瑶等民族,也被呈于老族的统治之下。[4] 由于老族人的社会地位和经济、文化水平较高,他们就利用这些优越之处对其他少数民族进行剥削。在老挝,"居住在山里的人们除了苗族以外,几乎每个村子都有一个'职业的'寮族(即老族——引者注)人。此人类似欧洲村子里的医生或者律师,因为他在庙宇里学会了读书写字的本领,有较高的社会地位,因此他就当上了'总顾问'。村子里人吵架由他仲裁,村与村之间的纠纷由他向双方收费进行调解。他故意制造纠纷以便调解,又用高利贷放债。逢年过节他给每户人家送一份微薄的小礼,可是要收回大量的米、肉和酒作为回礼。山村的居民受了历代相传的说法的蒙蔽,认为一个寮族人肯委屈地和他们住在一起,那么他们就是'欠'了这个寮族人的情。在佧族之间有一句俗语说:'树要有叶子,佧族也必须有寮族'。"[5] "即使在今天,有很多地方,佧族人到寮族家里,仍旧不许走前门。他必须从后门进去,不能踏进正屋。如果留在那里吃饭,也只能吃寮族人吃剩的残羹。寮族的'职业顾问'往往在佧族人中间落户。这种'顾问',只要他做了什么比较特别的事,例如治好了一个病人等,那么这家佧族人全家一辈子也报答不完他的恩典,他要什么就得替他干什么。"[6] 这种情况不仅加深了民族之间的不平

---

[1] [澳]威·贝却敌:《沿湄公河而上——柬埔寨和老挝纪行》,石英译,世界知识出版社,1958,第186页。

[2] M. S. Viravong, "History of Laos", Vientiane, 1957, pp. 31-32.

[3] Ibid., p. 34.

[4] [老]昭坎曼·翁骨拉达纳:《老挝丰沙里省诸民族》,蔡文欉译,《东南亚资料》1983年第2期。

[5] [澳]威·贝却敌:《沿湄公河而上——柬埔寨和老挝纪行》,石英译,世界知识出版社,1958,第187页。

[6] 同上书,第189-190页。

等，而且使得他们之间的隔阂、歧视甚至相互冲突的现象愈演愈烈，这给老挝社会发展以及后来反抗新老殖民主义的斗争带来了严重的影响。

上面谈到，寺院也占有大量土地，寺院的土地也是由农奴们耕种的，不过，其他非农业性的苦役则主要由奴隶提供。直到19世纪后半期，老挝还有大量奴隶，贩奴现象依然存在。整个封建时期，有不少人因犯罪或其他原因躲进寺院，以求得保护。他们往往可以得到国王的赦免，[①] 但大多被留在寺院里成为奴隶，干寺院的各种繁杂事务。关于老挝寺院的奴隶，哈利特写道：寺院奴隶得不到社会保护。他们要么是寺院奴隶的后裔，要么是被他们的主人送给了佛塔，或者因为犯罪无可幸免地要干这个行当。甚至国王也不敢释放奴隶。不仅他们本人是寺院奴隶得不到社会保护，他们的后代仍然处于这种地位，直到佛陀降临人世。寺院奴隶只能用来做保护佛塔清净方面的事。[②]

为了保证王室、贵族的消费，随着时间的推移，有些村社开始专为王室种地。17世纪时马利尼神父在老挝看到的情况是，一些领主将土地租给农户耕种3年，根据契约，农户要将第3年收获物的一半上交国王。[③] 3年以后怎么办？没有下文，可能是续签契约。虽然领主可以将他统辖的土地"租"给农户，但土地所有权仍掌握在国家即国王手中，因而第3年收获物的一半也要交给国库。从某种意义上讲，农户耕种这种土地也是为国家尽封建义务。他们居住的区域不同，封建负担的方式也不大一样，有些村社提供劳役，有些村社提供实物。例如，在琅勃拉邦北部附近，有大批老松族系民族居住，离城镇较近的居民提供人力为国王和亲王们修建宫殿，其他地方则贡纳稻谷。这是19世纪中叶法国人穆赫看到的情况。[④]可以看出，17世纪以后，老挝地区已有实物地租缴纳，不过数额极为有限。例如，19世纪在老挝北部，农户缴纳给领主的定额是：每种一块地缴纳稻谷一筐，[⑤] 说明其时在那里实物地租数额有限且不流行，仍以劳役地租为主。

---

① M. S. Viravong, "History of Laos", Vientiane, 1957, pp.43–47.

② H. S. Hallet, "A Thousand Miles on an Elephant", London, 1890, p. 122.

③ Giovanni F. de Marini, "New and Curious Story of the Kingdom of Tunquing and Laos", Rene de Berval, "Kingdom of Laos, the Land of the Million Elephants and of the White Parasol", Franee-Asie, Saigon, 1959, pp. 59–67.

④ H. Mouhot, "Travels in the Central Parts of Indo-China (Siam), Cambodia and Laos during the Years 1858, 1859 and 1860", London, 1964.

⑤ H. S. Hallet, "A Thousand Miles on an Elephant", London, 1890, p. 135.

四、分封制的后果

通过上面的论述,可以看出,老挝的封建领主制主要具有以下几个方面的特点:① 土地国有制即王有制贯穿整个封建领主制时期;② 在土地国有制下,各阶层领有、占有和使用土地都是有条件的;③ 各级领主领有土地数量的不等和官阶高低的不同,形成了严格的封建等级制度;④ 土地所有权属于国家即国王,交由村社占有使用,主权和所有权合为一体,主权者同直接生产者相对立,这就决定了老挝封建领主制的第四个特征:村社成员即农奴在定期调整分配的基础上平均使用土地,地租和赋税则合而为一;⑤ 寺院土地由村社成员耕种,寺院的经济关系成为整个封建生产关系中的一个组成部分,寺院土地兼宗教性和封建性于一身,佛界的权力和世俗的权力结合在一起,在老挝社会发展中起着举足轻重的作用。①

1353 年建立的澜沧王国曾经是中南半岛上的一个强国,法昂也曾以他杰出的军事才能赢得了"征服者"的称号。然而,在整个澜沧王国时期,内讧、叛乱的事件接连不断,300 多年之后,老挝就四分五裂,附属于邻国封建主的统治。造成这种局面的因素固然是多方面的,但其中的主要原因之一,就是领主分封制带来的恶果。正是由于分封制的实行,才使得国内的纷争、叛乱不断,国家四分五裂。列宁指出:"从前主要的势力是地——在农奴制时代就是这样的;谁有土地,谁就有权有势。"② 国王以各种名义将土地分给领主,这一区域土地的多少,不仅意味着领主得到财富的多少,而且更重要的是政治上权势大小的象征。领主得到领地的大小,与他们的政治地位高低密切相关,换句话说,领主权势的大小是由其领地的大小决定的。统辖区域越大,权势也就越大,反之亦然。

诚然,从法理上讲,土地属于国有即王有,因而不存在土地私有权。然而,由于土地和权势的密切关系,领主们土地国有的观念日趋淡化,领地已有的潜在意识却渐渐萌生。久而久之,领主也就成为他自己领地上实际的最高统治者——昭片领。以基层单位村社为例,村社的土地严禁买卖,但如果嫌多,可以租给邻村。既然是租,租用土地的村社就要交付租酬,还要包括应出的负担。从租地上得到的好处,除了一部分归国家所有外,其余为地方领主侵吞。由于对土地的领辖权,领主

---

① 申旭:《试论老挝封建领主制的特点及其影响》,《印度支那》1987 年第 4 期。
② [俄] 列宁:《列宁选集》第 1 卷,人民出版社,1975,第 399 页。

又可以对村社成员进行剥削和压榨，这样，在各级领主的心目中，他们领辖的土地已被当成谋得利益和行使特权的工具和手段。所以，他们最注意的是村社、领地的范围界线，严防他人侵犯。另外，由于内乱外扰、中央政府统治不力等方面的原因，地方割据的独立性越来越大，中央对地方的控制也就越来越松弛，二者之间的联系越来越不密切。实际上，领主在自己的领地内行使着昭片领的职权。

从生产意义上讲，土地是作为生产资料，但从社会观念上讲，毋宁说是作为领土范围。领地的大小不一，领主的社会地位和权势大小也就不同。为了保有和扩大自己的权势，领主尽可能获取和扩大领地。领地是一个半独立的自治单位，内部设有一整套统治机构和相应的官吏。通过这些机构和官吏，领主不断扩大自己的经济、政治、军事实力。遇到机会，他们就同其他领主争夺地盘，待实力扩充到一定程度，便企图摆脱中央政府的控制，成为一个独立王国。进行封建割据是以强大的军事力量为后盾的，这种后盾来自领地上的居民，要想拥有并增强军事实力，就要扩大领地。领地的大小、人口的多少和军事实力的大小成正比，彼此互为因果关系。因此，领主们都尽量扩大领地，以增强自己的军事实力。

实行分封领地制，在老挝也许有着十分特殊的意义。由于1353年以前老挝地区未出现过统一的中央集权制政权，酋长、邦主割据一方，彼此互不相属，这就形成了他们所共有的一种现象，即在组成任何邦国或联盟的任何民族的意识中，都没有也不可能有统一国家和民族的概念。各个民族和部落即以其头人或酋长为核心，民族头人就是该民族的最高实际统治者。各个民族历来都是各自为政，对于一个民族来说，中央政府的命令有时还不如该民族头人的号召有实际效用。在这种情况下实行分封，从某种意义上讲，使得地方封建割据的势力进一步增大。

在统一建国过程中，许多地方首领没有被罢免，或地方首领被杀后由其嫡亲接任，这一点也是意味深长的。那些以同宗为名而得以继续统治原地区的首领，仅仅是迫于武力才不得不向法昂表示归顺，并给予人力和物力方面的援助，因为如果他们不这样做就要被杀头。事实上，他们和法昂并不同心，或者说不会真正效忠于法昂。他们关心的仅仅是自己的统治，而不是国家的统一，更不乐意在他们之上还有统治者。那些因父、叔或长兄被杀而继任的新首领，不但不会真心归顺，而且内心还充满了对新即位者的仇恨。还有那些被以分封的名义派到远离首都地区的宗室，同样不甘心于一块领地的获得，便暗地里增强实力，伺机夺取王权。更有那些被赶出王宫的亲王贵族，对王位自然是耿耿于怀，例如，1633年苏里亚旺即位后不久，就把他的两个哥哥和一些宗室亲属赶出了王宫，"这就给了两个哥哥及其后代一有机会就出来争夺王位的借口"[①]。

由于分封制的实行，老挝的统治阶级结构呈现为国家宗法类型。最高统治者是国王，其下是他的宗室、亲信组成的各级领主，被统治者是基层的村社成员。各级领主在中央与地方之间起着至关重要的联系作用，这种作用"是以维持地方封建主相对的独立性为条件（按照统治的关系）……职位、封号、领地的继承性的保持，特别在中下层队伍中更加稳固"[②]。很显然，这种社会各阶层之间的联系方式和结构是建立在分权制统治的基础上的。在老挝，中央政府下面是省级行政单位，国家由省组成，所有省的机构都是按照首都的模式组成（代表中央政权），享有很大的自治权。[③]17世纪意大利人马利尼神父游历老挝时，全国分为7个省，每省有一个总督（即省级"昭孟"），他们和国王一起待在王宫里，由其代理人去进行统治。[④]当然，代理人必定是总督本人的宗族、亲信。这样，"与当权者有亲属关系的显贵家族的代表占据着高级的职位，从外表看来，地方的实权也掌握在和京都显贵有亲属关系的大家族手中"[⑤]。省以下设有县、区、乡、村等行政机构，由中下级领主统辖。由此可见，中央政府与地方之间只是存在着间接的统治关系，各级领主的领地上都有自己的一套统治体系，并不受中央政权的直接控制。中央与地方之间，仅由封建义务这一松弛的纽带联系着。对于高级领主（如亲王、省级"昭孟"等），国王采取联姻或其他方式以图进行控制，但往往事倍功半，成效甚微；对于地方领主更是鞭长莫及。虽然领主们要宣誓效忠于国王，但不过是形式而已，而且大多只是他一人表示对国王的效忠。地方的实际权力依然掌握在领主手中，"他们在没有受到中央政权干涉的情况下在自己管辖的地区内行使着征税、司

① ［泰］姆·耳·马尼奇·琼赛：《老挝史》，厦门大学外文系翻译小组译，福建人民出版社，1974，第125页。

② ［苏］伏·阿·秋林：《东南亚中世纪社会政治结构》，张金鹏译，载云南省民族研究所编《民族研究译丛》第3辑，1983年。

③ Katay Don Sasorith, "Historical Aspects of Laos", Rene de Berval, "Kingdom of Laos, the Land of the Million Elephants and of the White Parasol", Franee-Asie, Saigon, 1959, p. 29.

④ Giovanni F. de Marini, "New and Curious Story of the Kingdom of Tunquing and Laos", Rene de Berval, "Kingdom of Laos, the Land of the Million Elephants and of the White Parasol", Franee-Asie, Saigon, 1959, pp. 59–67.

⑤ ［苏］伏·阿·秋林：《东南亚中世纪社会政治结构》，张金鹏译，载云南省民族研究所编《民族研究译丛》第3辑，1983年。

法、行政、军事的权力"。"中央政权机构仅仅存在京都以及间接地依附于他的地区。"① 这种名义上的松弛的从属关系，十分有利于封建领主进行地方割据，所以，到法国殖民者入侵老挝的时候，"不论在南部或者北部，国王的权力仅限制在都城周围方圆几里路的地方"②，也就不足为奇了。

澜沧王国初期，国内形势还比较稳定。法昂王在位时，几乎所有的"昭孟"都由他亲自指定，这些人都是他的心腹或效忠于国王者。法昂建立了一支强大的军队，得到各地"昭孟"的敬畏。桑森泰王当政时期，他重新整顿军队，以增强国家的军事力量，确保统治的稳固。但由于分封制的实行，地方领主的实力和权力逐渐增强，中央政府的军力和权力也就相对减弱。随着实力的扩充，领主们日益不满足于自己的领地范围，并且力图摆脱中央政府的控制，尽管实际上这种控制只是名义上的。自 15 世纪开始，老挝国内的叛乱事件时有发生，仅举几例如下：1428 年兰坎登王死后，国内陷入混乱，一连数任国王都遭到一位公主的谋害。1456 年，猜也查卡帕王即位后，将万象交给穆伊亲王管辖，但后者立即宣布了万象的独立。1504年，孟卡奔的镇守陶空坎发动叛乱，维苏纳腊王不得不数次派兵镇压。1550 年，波提萨拉腊王死后，老挝曾一度发生分裂。③ 到了 17 世纪初叶，老挝的情况是："国家多难，政局不稳，人们互不信任，王权不那么巩固。亲王和贵族们各自招兵买马，相互之间经常发生纠纷或争斗。"④ 仅从上面的事例中，就可以看出老挝内乱的频繁。总之，在整个封建时期，老挝国内纷争不断，有父子、兄弟之间争夺王位的冲突，有领主之间、国王与领主之间进行的战争，还有老挝反抗外来侵略而进行的战争。虽然国内也曾出现过短暂的安定局面，国势稍有恢复，但分裂的危机因素并没有根除。不断的内乱和对外冲突，终于使老挝在 17 世纪末发生了分裂。

当叛乱发生时，如果中央王权强大，军力雄厚，国王可以率领国家军队或命令其他领主出兵帮助镇压，但在王权衰微的状况下，情形就不同了。还是看看老挝人自己的叙述：当动乱发生颠覆了首都和国王时，并没有给各省和它们的'昭孟'带来必然的影响。虽然对于王位的激烈争夺时有发生，作为'昭孟'的亲王和封建领

① ［苏］伏·阿·秋林：《东南亚中世纪社会政治结构》，张金鹏译，载云南省民族研究所编《民族研究译丛》第 3 辑，1983 年。
② ［澳］威·贝却敌：《沿湄公河而上——柬埔寨和老挝纪行》，石英译，世界知识出版社，1958，第 182 页。
③ M. S. Viravong, "History of Laos", Vientiane, 1957, pp. 41–55.
④ ［泰］姆·耳·马尼奇·琼赛：《老挝史》，厦门大学外文系翻译小组译，福建人民出版社，1974，第 124 页。

主并不明确采取拥护某一方的行动，但是悄悄地统治和管理着他们大大小小的侯国或领地，并且事先将他们自己置于即将获胜者的保护之下，如果后者是属于他们民族或王家族系的话。这种没有变化的封建组织在澜沧历史的各个时期都可以发现。每次王朝的纷争引起了王国的分裂，各省也仅仅根据自己的地理位置或者各自地方政策的利益，分别投靠周围许多不同的君主。[①] 领主们关心的只是自己的统治，丝毫不顾国家的安全，在他们心目中根本就没有统一国家的概念。

建立在村社制度基础上的分封领地制，使得老挝经济上生产落后，商品经济极不发达；政治上地方割据，王权衰微；军事上实力薄弱，无力控制内乱，抵御外扰；思想上民族意识狭隘，没有统一国家、民族和睦的观念。种种原因合在一起，最终导致了王国的分裂。封建领主制给老挝的社会、经济、政治、文化和思想等各个方面都带来了严重的后果，不但是当时老挝经济落后、政治分裂的主要原因，而且也给以后的社会进程带来了灾难性的危害。直到现代，种种危害的因素仍旧没有完全消除，这也许可以作为目前老挝仍然是东南亚地区落后国家的原因之一吧。

---

① Katay Don Sasorith, "Historical Aspects of Laos", Rene de Berval, "Kingdom of Laos, the Land of the Million Elephants and of the White Parasol", Franee-Asie, Saigon, 1959, p. 29.

第六章

分裂后的老挝诸王国

（1698—1892）

第一节　三国分立

一、万象王国

1698 年，赛·翁·顺化借助越南人的力量攻下万象以后，宣布万象独立，并自封为万象国王。澜沧王国从此分裂，万象王国由此开始。

赛·翁·顺化成为万象国王以后，委派他的兄弟龙亲王去统治琅勃拉邦。出于无奈，琅勃拉邦的苏里亚旺萨国王的两个孙子景基萨腊和英塔松逃到了中国西双版纳的勐腊、勐捧等地，随他们一起外逃的还有其异母兄弟翁诺亲王。

后来，景基萨腊和翁诺两位亲王率军南下攻打琅勃拉邦，龙亲王败退万象，并请大城国王出面调停。1707 年，双方相互承认，这是万象和琅勃拉邦正式分为两个王国的时间。

1709 年，那空拍农拒不承认万象对它的宗主权，并且起兵征万象。赛·翁·顺化将其击败，任命原太守的女婿为那空拍农的太守，原太守的儿子逃到了占巴塞。

关于赛·翁·顺化即塞塔提腊二世的去世时间，说法相当不一，马哈西拉·维拉冯认为是在 1730 年 [①]，琼赛认为是在 1735 年 [②]，法国人马蒂厄认为是在 1767 年 [③]。由此看来，关于老挝这一时期的史料很不确切，实际上，法国入侵以前的澜沧王国的历史线索都不是十分清晰。由于澜沧王国分裂以后，中国文献中没有万象和占巴塞两个王国的史料，所以，我们无法印证赛·翁·顺化及其以后所发生的事情。关于赛·翁·顺化之后的国王，马哈西拉·维拉冯认为是他的儿子翁奔，王号为西里本亚桑；马蒂厄认为是他的孙子；而琼赛认为在两者之间还有一位国王，即赛·翁·顺化的儿子翁荣，他执政的年代是 1735—1760 年，翁奔则是翁荣的儿子。

这一时期万象王国的日子并不好过，那空拍农的叛乱虽然被赛·翁·顺化镇压下去了，但事情并未就此结束。逃到占巴塞的原那空拍农太守的儿子库科试图夺

---

① M. S. Viravong, "History of Laos", Vientiane, 1957, p. 85.

② ［泰］姆·耳·马尼奇·琼赛：《老挝史》，厦门大学外文系翻译小组译，福建人民出版社，1974，第 136 页。

③ A. R. Mathieu, "Chronological Table of the History of Laos", Rene de Berval, "Kingdom of Laos, the Land of the Million Elephants and of the White Parasol", Franee-Asie, Saigon, 1959.

回对其领地的控制权，后来被西里本亚桑镇压下去。另外，川圹也企图摆脱万象对它的统治，拒绝向万象进贡，又是越南人出面干涉，才使此事得到解决。在万象国内，1766 年发生了披耶沃拉腊的叛乱，这位大臣率领一批人脱离了西里本亚桑，在今泰国乌隆府地区建立了一个新的国家，并宣布了它的独立。西里本亚桑借助呵叻太守的力量才平息了这次叛乱。

西里本亚桑死于 1779 年前后，他是万象王国最后一位独立的君主。1770 年时，这位国王似乎已经认识到，暹罗在与缅甸的战争中不断取胜，它将以强胜者的姿态出现在该地区的政治舞台上，因而最明智的做法就是与暹罗保持友好关系。当时暹罗是郑信王执政，西里本亚桑便派使者前去与郑信王谈判。双方互致信函，回顾了过去双方建立的友谊，表达了彼此和睦相处的愿望。[①] 但由于后来缅甸人插手万象与琅勃拉邦的争端、万象在处理与暹罗的关系上左右为难等原因，两国的关系破裂，暹罗人于 1778 年进攻万象，并派一名暹罗总督亲自驻扎在王宫，万象从此成为暹罗的附属国。

西里本亚桑身后留下 5 个子女，其中有 4 个亲王即南塔森、英塔旺、阿努和蓬旺。1781 年，暹罗人把南塔森扶上万象王位，英塔旺为副王，并将暹罗人在劫掠万象时带走的勃拉邦佛还给了南塔森。

澜沧王国分裂以后，各王国为了自己的利益，彼此之间经常发生纷争，并依赖外国势力的帮助，使得形势变得更加错综复杂。1789 年，南塔森请求暹罗同意他进攻琅勃拉邦，理由是后者和缅甸人勾结，而这时琅勃拉邦也是暹罗的附属国。这类事件对暹罗人来说毫无伤害，但对老挝人来说可就不同了，内部的争斗只能使国家处于更严重的分裂状态。在得到了批准之后，南塔森攻下了琅勃拉邦，并把其国王昭阿努鲁送到曼谷关押达 4 年之久。

但此事带给南塔森的却是噩运，这和他讨好暹罗人的初衷大相径庭。1793 年，昭阿努鲁被送回琅勃拉邦继续统治，之后这位执政者为了报复南塔森，便向曼谷控告他与越南人勾结，结果南塔森被囚禁在曼谷直至死去。事实上，在南塔森当政时期，他确实与越南人打过交道，原因仍然是由于长期以来都未能解决的川圹问题。当时，越南人强行占据了川圹，逼迫其作为附属国向越南进贡。于是

---

① M. S. Viravong, "History of Laos", Vientiane, 1957, pp. 87–89.

南塔森进攻川圹，将川圹王昭松普押回万象。这次行动导致了越南人的出兵征伐，为了避免战争，南塔森同意昭松普继续统治川圹，同时向万象和越南进贡。

1795年，英塔旺即位为万象国王，阿努为副王。在这位国王执政期间（1795—1803），他派兵镇压了孟天（今越南奠边府）的叛乱，并指派副王阿努协助暹罗去对付缅甸。阿努的表现非常突出，并取得了对缅甸人战争的胜利，因而深受暹罗人的信任。

1804年英塔旺死后，阿努即位为万象王。这位国王在位期间（1804—1829）做的唯一的事情，就是力图摆脱暹罗的统治。

阿努即位以后，首先在万象大兴土木，建造了新的王宫，并大修佛寺，如廊开的斯里本銮寺、塔帕农寺、四杀吉寺等。阿努还在两个地方修桥跨越湄公河，一处在塔帕农，另一处从万象越河到昌迈。为了解除后顾之忧，阿努首先与越南保持友好关系。1818年，占巴塞王国的卡族人叛乱，国王出逃。阿努派其子约亲王率兵捕获了叛乱首领，并因此要求其子成为占巴塞的国王，暹罗人批准了他的请求。阿努命其子在乌奔挖壕扎寨，让他用摆脱暹罗人统治的观点去教育他的士兵。

1824年，曼谷拉玛二世去世，阿努前去参加了葬礼。这时，英国人已经入侵缅甸，并且在向暹罗推进，为此暹罗人感到非常担心和忧虑。看到这一情况，阿努认为时机趋于成熟，返回万象后便加速了反抗战争的准备。

1826年，阿努兵分三路进攻曼谷。一路由副王率领从加拉信出发，直指黎逸等地；其子约亲王率兵一路从占巴塞出发，经过克马腊特、乌汶等地，在呵叻会师；他亲自率领一支军队，从万象出发向前推进。与此同时，阿努还去信，请越南和琅勃拉邦派兵支持。据说，越南人派了3000名士兵，而琅勃拉邦不但未支援他一兵一卒，反而派了5000名士兵援助暹罗，并且把阿努的行动报告给暹罗人。[①]

军队集中在呵叻以后，阿努的副王提萨叛变。老挝军队虽然占领了一些地方，但后来在暹罗军队的进攻下节节败退。阿努逃回万象，因为暹罗人紧追而来，又不得不逃往越南义安。暹罗人再一次洗劫了万象，并带走了著名的两尊佛像，时为1827年。

暹罗人撤退以后，阿努回到万象，但该城已是一片废墟，他本人也已无实力

---

① ［老］坎占·巴迪：《老挝外交史》，蔡文欉译，《中国东南亚研究会通讯》1985年第1、2期；M. S. Viravong，"History of Laos"，Vientiane，1957，p.115。

继续和暹罗人对抗。于是，阿努便决定逃往中国，但在川圹被孟盆王抓住交给暹罗人，后遭囚禁而死。

1829年以后，万象王国已不存在，它实际上已经成为暹罗的一部分。

二、琅勃拉邦王国

1707年，琅勃拉邦正式脱离万象，由景基萨腊任国王。

1713年景基萨腊去世后，王位由他的堂弟翁诺继承。原逃到越南孟天的英塔松亲王听到景基萨腊去世的消息后，立即赶回琅勃拉邦争夺王位。为了避免内部的纷争，翁诺将英塔松请进城，双方发誓永不相害。但后来英塔松还是赶走了翁诺，成为琅勃拉邦国王，时为1723年。英塔松之后是其九子英塔庞不到一年的统治，英塔庞便让位给乔提卡即梭提卡库曼亲王（1749—1771）。在这期间，缅甸人洗劫了琅勃拉邦。万象王国在其中起了不怎么好的作用，至少是没有帮助它的兄弟王国，这导致了琅勃拉邦苏里亚旺上台（1771）以后对万象王国的围攻，结果自己的都城反被缅甸军队攻陷。1779年，暹罗军队攻占万象，琅勃拉邦也被迫接受暹罗的宗主权。

苏里亚旺于1787年去世，没有留下直接继承人，王位空缺达4年之久。1791年，曼谷恩准英塔松的次子阿努鲁为王（1791—1817）。在他即位的次年，琅勃拉邦王国遭到万象王国的进攻，后者的理由是阿努鲁曾与缅甸人有勾结。阿努鲁被万象王国的军队抓住，送到曼谷关押起来。1796年他被放回继续统治他的王国，而万象国王南塔森却受到报复丢掉了自己的性命。在阿努鲁王统治时期，苗族和瑶族开始迁入老挝北部地区，他们是构成后来老挝三大族系之一的老松族系的主要民族。

1817年，阿努鲁的儿子曼塔图腊即位为王。他对暹罗显得特别忠诚，并在暹罗人为他建造的寺院中住了数年之久。1826年，万象的阿努王开始了其摆脱暹罗人统治的战争，这位琅勃拉邦国王为了表示对暹罗的忠诚，将阿努的行动通报给曼谷，还派了军队援助暹罗人。但他的忠诚和努力并不能改变被统治的命运。后来，曼塔图腊似乎认识到了自己的处境，在他执政期间，曾派使者到越南顺化，目的是加强与越南的联系，以削弱暹罗的束缚。

曼塔图腊1836年去世以后，其长子苏卡森为王位继承人，但由于他被阻止离开曼谷，到 1839 年才被暹罗人正式承认为琅勃拉邦国王。据说，苏卡森在位时和西双版纳的关系比较密切，而且曾率军队攻取过景洪，但这些事件在中国文献中尚未找到记载。

1851 年，苏卡森的弟弟占塔腊亲王继承王位。这位国王在位期间最大的功绩是耐心和巧妙地恢复了老挝对川圹的主权，越南人在川圹的代表被孟盆古老王族的一位后裔所取代。[①] 在占塔腊统治时期，法国人开始来到老挝。先是亨利·穆赫到达琅勃拉邦，并死于该地，他留下的旅行记录给我们研究当时的老挝社会提供了可贵的材料。[②] 如果说穆赫到老挝的目的仅仅是旅行的话，那么 1866—1868 年 D. 拉格里和 F. 安邺率领的考察团光临琅勃拉邦就另有打算了。他们乘船从柬埔寨出发，溯湄公河而上，直到云南等地，并详细勘察了沿途的湄公河河道，以及老挝和云南等地的矿藏情况。[③]

在温坎王执政期间（1872—1889），法国人的活动更加频繁，巴维探险队的到来就是明显的例证。这一时期中国太平天国的余部在失败后流散到中南半岛北部地区，使得琅勃拉邦王国的形势更加复杂。琅勃拉邦处于暹罗与法国殖民势力两者之间，处境更加艰难。当时法国殖民者的势力已经渗入印度支那各地，处在封建领主制时期的暹罗无论如何也无法同资本主义的法国抗衡，况且它自己的处境也并不乐观，因此，老挝地区的宗主权迟早要被法国夺去，当然，两者对老挝的统治性质是不同的。在温坎的儿子坎苏亲王继承王位（1889）以后，琅勃拉邦王国同其他老挝王国一样，终于沦为法国的殖民地。

三、占巴塞王国

占巴塞地区最初主要是由占人居住，后被吉蔑人代替。1690 年，苏里亚旺萨王死后，澜沧王国陷入混乱，王位的争夺更加激烈。大臣蒙占宣布为王，并企图强占苏里亚旺萨的女儿苏曼加拉公主为妻。后者已临近分娩，出于无奈，只好逃到本萨梅寺大方丈那里躲藏起来，并生下了诺卡萨亲王。澜沧王国分裂以后，本

[①] A. R. Mathieu, "Chronological Table of the History of Laos", Rene de Berval, "Kingdom of Laos, the Land of the Million Elephants and of the White Parasol", Franee-Asie, Saigon, 1959.

[②] H. Mouhot, "Travels in the Central Parts of Indo-China（Siam）, Cambodia and Laos during the Years 1858, 1859 and 1860", London, 1964.

[③] ［法］F. 安邺：《柬埔寨以北探路记》，清光绪十年铅印本。

萨梅寺的大方丈于1713年宣布成立占巴塞王国,诺卡萨成为首任国王,王号为召绥西萨穆·普唐昆。

诺卡萨王修建了孔埠、沙拉湾、阿速坡等城镇,仿照过去澜沧王国的办法分封亲信统治各地。在召绥西萨穆·普唐昆王朝时期,占巴塞王国的社会经济得到了一定的发展。

分封领主制是澜沧王国的致命弱点,对于分裂以后的老挝诸王国来说,同样也不例外。在占巴塞王国的第二位国王猜也库曼(1738—1791)统治时期,内乱就开始出现。1738年,召绥西萨穆·普唐昆王去世,长子猜也库曼即位,其胞弟坦马特福为副王。后来,两兄弟不和,副王便勾结孔埠太守进攻占巴塞,并将猜也库曼赶出了首都。后经长辈劝阻和调停,形势才得到缓解。

1778年,暹罗郑信王攻破占巴塞,猜也库曼王被押送至曼谷,占巴塞先于老挝另外两个王国成为暹罗的附属国。1780年,暹罗释放了猜也库曼,仍让他统治占巴塞。1791年,猜也库曼去世,暹罗任命陶费纳为占巴塞王,王号为召帕维萨雅腊·卡提亚旺萨。

维萨雅腊王执政的20年(1791—1811),占巴塞王国相对安定。国王甚至有精力和机会将首都从班占巴北迁到班坎塔肯。在猜也库曼王时期,当地的卡族人曾发现了一尊水晶佛像,后来,维萨雅腊王专门为这尊佛像建造了一座寺院,并举行了隆重的祭祀仪式。这尊佛像被视为占巴塞王国的保护神,但在维萨雅腊死后举行葬礼的时候,前来吊唁的暹罗使节参拜了这尊佛像,发现它十分珍贵,便报告给拉玛二世,后者命令将其迁至曼谷。1812年,水晶佛像被运至曼谷,并被重新命名为拍布斯亚腊纳佛。[①]

维萨雅腊死后,拉玛二世先是任命努亲王即位,但他3天之后就去世了。1813年,马内亲王被任命为占巴塞王。1818年,由于当地的卡族人起义,致使马内王丢掉了王位和性命。占巴塞的王位落到了万象王国的阿努王的儿子约亲王手里,原因是后者帮助占巴塞平息了卡族人的起义,曼谷批准了其成为占巴塞国王的请求。

约王在位期间(1821—1826)力图治理好这个国家。他重建占巴塞,修建城

---

① [泰]姆·耳·马尼奇·琼赛:《老挝史》,厦门大学外文系翻译小组译,福建人民出版社,1974,第165页。

墙和堡垒，改革行政和税收，但他的日子似乎并不好过，因为他并非是占巴塞王国创始人的直系后裔，后者也努力试图夺回他们失去的王位。

1826 年，万象阿努王为摆脱暹罗人统治而进行的战争结束了约王在占巴塞的统治。他前去帮助父亲同暹罗人作战，失败后被押送至曼谷。1829 年，暹罗敕封镇压起义有功的惠亲王统治占巴塞，他在位的时间是 1829—1841 年。以后又经历了纳格王（1841—1851）、坎亚王（1855—1857）、坎苏王（1862—1887？）等几位国王，大多没有什么作为。1893 年，占巴塞同琅勃拉邦及万象一样，沦为法国的殖民地。

第二节　南掌和中国的交往

澜沧王国分裂成为 3 个国家以后，只有北部的琅勃拉邦同中国保持交往，所以，在清代（始于 1644 年）的文献中，几乎看不到有关万象王国和占巴塞王国的史料。在中国文献中，琅勃拉邦王国被称为"南掌国"，偶尔也称"老挝南掌国"。据称，"老挝系俗名，南掌系国号，方言以水为南，以象为掌，因水土出象，故名南掌"①。"南掌"当为"澜沧"的不同音译。澜沧王国分裂以后，琅勃拉邦既是国都，该王国又和中国接界，所以，在中国文献中，仍以旧名"澜沧"称之，只是音译稍有不同而已。

从明末 1614 年到清初 1728 年的 100 多年间，我们还没有发现中老两国正式交往的记载，只是在地方文献中偶尔提到这个中国南方的友好邻邦。出现这种状况的原因可能有两方面：一是澜沧王国内部的纷争不断加剧，外部又屡遭缅甸人的入侵，使其自顾不暇。到 17 世纪末叶和 18 世纪初叶，正是处在它分裂成为几个王国的内战阶段，因而不可能遣使中国。二是中国也进入了王朝的更迭时期。进入 17 世纪以后，明王朝也开始走下坡路，到 1644 年终于被清王朝代替，而后

---

① 光绪《云南通志》卷一百九十六。

者稳固对南方的统治、恢复同国外的交往还需要有一个过程。所以，直到 1729
年，从澜沧王国中分裂出来的南掌王国即琅勃拉邦王国才开始了同中国的正式交
往，而这一时期遣使的目的同以前相比有着明显的不同。

　　根据中国文献，琅勃拉邦王国共有 8 位国王派出了 24 次使团前往中国。清
政府给琅勃拉邦的定例是五年一贡，到乾隆八年（1743）改为十年一贡。[①] 琅勃
拉邦第一次遣使中国是在 1729 年，据《清世宗实录》卷八十六载："雍正七年
（1729）九月甲午，云贵、广西总督鄂尔泰疏言：'附近云南之南掌国王岛孙，向
化天朝，输诚纳贡，备象两只、蒲编金字表文一道，转乞奏闻，情词恳切，相应具
题请旨。'得旨：'南掌国远在西南徼外，从来未通职贡今输诚向化，甚属可嘉。
滇省起送来京之时，着沿途地方官，护送照看，应用夫马食物，着从厚支给，以
示朕加惠远人之至意'。"其时琅勃拉邦王国是英塔松王执政，他的统治时间是
1723—1749 年。中国文献载其名称为"岛孙"，这当为"塔松"的对音。英塔松
在位期间，共有 9 次遣使中国，占琅勃拉邦王国同中国交往次数的 1/3 以上，原
因是当时琅勃拉邦刚分裂出来不久，很想得到中国方面的支持。这 9 次遣使中国
的时间分别是：雍正七年（1729）、雍正八年（1730）、雍正九年（1731）、乾隆元
年（1736）、乾隆二年（1737）、乾隆六年（1741）、乾隆八年（1743）、乾隆十三年
（1748）、乾隆十四年（1749）。[②]

　　英塔松之后的乔提卡即梭提卡库曼王（1749—1771）执政期间有两次遣使，
一次是乾隆二十五年（1760），另一次是乾隆二十六年（1761）。中国文献全称其
为"苏吗喇萨提拉准第驾公满"，"准第驾公满"无疑是"梭提卡库曼"的对音，"苏
吗喇萨提拉"当为琅勃拉邦国王的官名、佛名或尊称，因为在岛孙（英塔松）的名
字前面也有这一称呼。

　　苏里亚旺执政时（1771—1787）有两次遣使中国，时间分别是乾隆四十六年
（1781）和乾隆四十七年（1782）。在中国文献中，这位国王的名字被称为"召翁"，
该词当为英文 Tiao Vong 的对音。[③] "召翁"是指苏里亚旺王，但它可能不是人名，

---

① 《清世宗实录》卷八十六；《清史稿·世宗本纪》。

② 参见《清世宗实录》；中国第一历史档案馆编藏：《硃批奏折》，外交类 337 号第 5 号。

③ 关于 Tiao Vong，参见 F. M. LeBar and Adrienne Suddard, "Laos, Its People, Its Society, Its Culture", HRAF
　　Press, New Haven, 1960, p. 237。该书所采用的老挝国王世系表中的名称与中国文献的记载比较一致。

"召"意为"王","翁"即"旺",作"陛下"解。苏里亚旺之前的梭提卡库曼在给乾隆皇帝的信函中也自称"召翁"。①在中国文献中,有许多称呼不是国王的名字,而是意为"国王",如"刀板雅"(即"昭披耶")、"招缆章"(即"昭南掌",意即"南掌王")、"召翁"(即"国王陛下"),等等。

老挝史书谈到,1787年苏里亚旺退位以后,有4年的王位空缺时期,1791年,阿努鲁即位,执政到1817年结束。但是,根据中国文献,乾隆五十五年即1790年,琅勃拉邦国王召温猛遣使来中国。②这里的"召温猛"显然已经不是苏里亚旺王,而此时阿努鲁还没有即位,因此,在苏里亚旺和阿努鲁之间,也就是老挝史书所说的王位空缺期间,肯定有人在执政,不管他名义上是不是国王。在这个问题上,越南文献的记载似乎更具合理性。据《大南正编列传·南掌传》记载,1787年苏里亚旺退位以后,其子温猛即位,由于年龄太小只有3岁,便由其叔父阿努鲁摄政,因此,1790年的那次遣使可能为阿努鲁以温猛的名义所派。次年,阿努鲁即位后也派使者前来中国。③

根据老挝史书,阿努鲁于1791年即位,次年便被万象王国的军队俘获并送往曼谷,关押达4年之久。1796年才被放回继续执政。但在阿努鲁被放回之前的乾隆五十九年即1794年,琅勃拉邦王国又有"国王召温猛遣使请封,特颁诰敕,并驼钮镀金银印,交使臣赍回"④。次年再次遣使中国。这两次遣使当由苏里亚旺王的儿子召温猛所派,1796年阿努鲁回国以后,召温猛与之对抗,失败后带着清朝乾隆皇帝赐予的金银印逃到越南兴化昭晋州。到了嘉庆十四年(1809),越南国王阮福映将该敕印交还给清政府,并奏报了召温猛与其伯召蛇荣不和而被迫流寓越南十余年的情况。嘉庆皇帝"念其流离,不加声责,岂能复掌国事?听其在越南居住可也。其国事以其伯召蛇荣代办"。到嘉庆二十四年(1819),召蛇荣之子召蟒塔度腊遣使,恳求再领敕印,清政府便将之前的敕印并诰命一道,交给了召蟒塔度腊。⑤中国文献中的"召蛇荣"即指阿努鲁,在他执政期间,共有3次遣使中国,分别在嘉庆五年(1800),嘉庆十年(1805)和嘉庆十二年(1807)。

① 中国第一历史档案馆编藏:《军机处录副奏折》,外交类1217号第1号。
② 《清朝续文献通考》卷三百三十三。
③ 光绪《云南通志》卷二百零六。
④ 赵尔巽等撰:《清史稿·南掌传》,中华书局,1977,第14700页。
⑤ 同上。

阿努鲁的儿子曼塔图腊(即中国文献中的"召蟒塔度腊")在位期间(1817—1836),共有两次遣使中国,时间分别为嘉庆二十四年(1819)和道光十一年(1831)。道光二十二年(1842),清朝遣使赴老挝,封召喇嘛呢呀宫满为南掌国王。① 这是清代中国唯一的一次回访老挝。参照琅勃拉邦的历史,这位南掌国王应是曼塔图腊的儿子苏卡森(1839—1850)。

苏卡森的弟弟占塔腊王是遣使中国的最后一位琅勃拉邦国王,在他执政期间(1851—1872)仅有一次遣使,时间是咸丰三年(1853)。当时,清政府正忙于对付太平天国起义军,无暇多顾,所以,为了来使的安全,清政府这次没让琅勃拉邦使团进京,而是在云南进行了隆重的接待,并厚赠了大量物品,然后送其回国。②

从云南通往琅勃拉邦的道路较多,其中主要有两条:一是"由猛拿走旧岭隘出口一百四十里至暹罗国猛辛,由猛辛渡打丙江走猛龙合江,又猛腊走猛润隘出口一百五十里至南掌猛温";另一条是"由乌得走整法隘出口至南掌千补掌,又猛乌与乌得接壤,由猛乌出口可通交趾国"③。这里的"猛辛",当为今老挝会晒省芒新县,史称"暹罗国猛辛",可能是由于当时老挝为暹罗附属国的缘故。"猛龙合江"当指湄公河,"猛温"则为今琅勃拉邦之芒温。琅勃拉邦使者到云南后,又经贵州、湖南、湖北、河南等省前往北京。

出于以天朝为中心的好大喜功的心理,清王朝对琅勃拉邦的来使招待极为隆重,级别也很高,所需费用自然也不少。当然,这与中国封建王朝对外采取睦邻友好、平安相处的政策也是分不开的。清政府给琅勃拉邦王国规定前来"进贡"所带的礼物一般是两头大象,招待和"赏赐"来使、随从等人的费用银子则规定为 2500 两,而实际开支往往还超出此数。例如,乾隆十三年(1748),琅勃拉邦贡象两头,共费银 4957 两,比规定超支一倍。大臣们请示乾隆皇帝如何增减和核销,这位皇帝御笔一挥,批曰:"用之于外夷,不可言撙节。但不可令不尚属员冒销侵没,而外夷仍不得实惠,则汝之咎矣。"④ 这些银子只是招待费用和"赏赐"之用,尚不包括回赠的物品。对于琅勃拉邦王国的使团,清政府

① 赵尔巽等撰:《清史稿·南掌传》,中华书局,1977,第 14700 页。
② 光绪《云南通志》卷二百零六。
③ 道光《普洱府志》卷十三。
④ 中国第一历史档案馆编藏:《硃批奏折》,外交类 337 号第 5 号。

回赠的物品数量之大、品种之多，都是相当惊人的，超过以前各个王朝。仅举两例：

一例是1781年：

乾隆四十六年南掌贡使来京，照三十六年例

赏国王蟒缎、锦缎各六匹，闪缎八匹，彩缎、蓝缎、青缎、绸、罗、纱各十匹；

赏贡使彩缎六匹，里四匹，罗四匹，纺丝二匹，绢二匹；

赏先目三名各彩缎三匹，里二匹，绢一匹，毛青布六匹；

赏通事一名彩缎二匹，里一匹，绢一匹，毛青布六匹；

赏后生九名各毛青布六匹；

赏伴送官二员各彭缎袍一件。

加赏国王妆缎、倭缎、蟒缎、锦缎、大缎各二匹，大红猩猩毡、绿猩猩毡各二块，五色绢一百张，五色纸二百张，玻璃四十件，各色瓷器八十件，人参三斤；

加赏使臣蟒缎一匹，大缎三匹，银二百两；

加赏先目里一匹；

加赏伴送官小卷五丝缎一匹。

紫光阁恩赏贡使锦、漳绒各三匹，八丝缎、五丝缎各五匹，大荷包一对，小荷包四对，酒盅一个。

山高水长恩赏贡使锦一匹，八丝缎二匹。

另一例是1790年：

南掌

乾隆五十五年七月，南掌贡使在热河

恩赏国王玉佛一尊，玉如意一柄，金镶玉亭一座；

恩赏头目二员各大元宝一个；

恩赏先目四名共大元宝二个；

恩赏通事二名、后生九名各银五两。

又恩赏国王御书扇一把，又扇一把，茶叶两瓶；

恩赏头目二员各扇一把，茶叶三瓶，茶膏二匣，瓷碗、瓷碟各一个；

恩赏先目四名各瓷碟、瓷碗一个，茶叶二瓶。

澹泊敬诚殿例赏国王蟒缎、锦缎各六匹，闪缎八匹，彩缎、蓝缎、青缎、绸、罗、纱各十匹；

　　加赏国王妆缎、倭缎、大缎各二匹，五色绢一百张，五色纸一百张，玻璃四十件。

　　例赏头目二员各彩缎六匹，里、罗各四疋，纺丝、绢各二匹；

　　加赏头目二员各蟒缎、大缎一匹，银五十两。

　　例赏先目四名各彩缎三匹，里二匹，绢一匹，毛青布六匹；

　　例赏通事二名各彩级二匹，里一匹，绢一匹，毛青布一匹；

　　例赏后生九名、跟后二名各毛青布六匹。

　　又万树园恩赏头目二员各缎、绫各二匹，漳绒一匹，火镰、瓷鼻烟壶、漆木碗各一个；

　　恩赏先目四名各缎、绫、漳绒各一匹，火镰、瓷鼻烟壶、漆木碗各一个。

　　又恩赏头目二员各瓷瓶、瓷碗、瓷碟、象牙茶盘各一个；

　　恩赏先目四名各漆木茶盘、瓷碟、瓷钟各一个。

八月，南掌贡使在圆明园

　　恩赏头目二员各漳绒、五丝缎各一匹，荷包二对；

　　恩赏先目四名各漳绒一匹，荷包一对。

　　又恩赏头目二员各小卷八丝缎、小卷五丝缎一匹，皮碗、瓷鼻烟壶一个；

　　恩赏先目四名各与头目同。

　　又恩赏头目二员瓷器各一件，茶盘各一个；

　　恩赏先目四名各与头目同。

　　又恩赏头目二员各瓷器二件，皮器三件，佛手三个；

　　恩赏先目四名同。

　　又恩赏头目二员荷包各二对；

　　又赏头目平定金川战图、平定回部战图各一分，头号香五十枚，二号香四百枚。

　　又正大光明殿恩赏头目二员各大缎二匹，宁绸、漳绒、绉绸各一匹。

　　万树园筵宴赏南掌国王紫檀龛佛一尊，玉如意一柄，朝珠一盘，玉碗一个，雕漆碗二个，各色缎十二匹，金字佛经一部，盆景一对；特加玉碗一个，雕漆碗二个。[1]

---

① 中国第一历史档案馆编藏：《军机处录副奏折》，外交类 1205 号第 8 号。

中国封建王朝赠送的部分礼品和金印等物，至今仍然陈放在琅勃拉邦的大宫殿内。①

在北京的接待和回赠是如此隆重和丰富，沿途各地也不逊色。例如云南，琅勃拉邦王国使团前来中国的第一站就是云南，迎接的礼仪十分隆重。进入昆明城后，大多是在碧鸡坊迎接，并有驯象表演，使得万人空巷，有诗为证：

> 南掌茫茫古越裳，
>
> 朝天万里愿梯航。
>
> 译来水、象皆编字，
>
> 蛮触无争誓水长。
>
> 驯象高头跨锦蛮，
>
> 碧鸡坊下万人看。
>
> 分明各有花名字，
>
> 领队相呼报贡官。
>
> ……
>
> 貉隶原能与兽言，
>
> 象胥还向象前翻。
>
> 立行跪拜皆能听，
>
> 可把人情与象论。
>
> ……②

中国对琅勃拉邦使团的每一站都有接待安排。在云南境内共有五站，其接待礼制如下：

接待寮国向汉王朝进贡宝象的礼制

> 宣慰使地方，景兰象路，百万象地，朝向汉室国进贡的来往〔官员〕，均须按先前的礼制。到傣历 1193 年（1831），宣慰使照旧制通告百姓，百万象地寮国的代表，每 5 年小贡 1 次，每 10 年大贡 1 次呈献汉皇。沿途须设站，规定：勐仑 1 站，勐薅 1 站，勐征、勐胎，把岛 1 站，橄榄坝 1 站，勐型 1 站，共 5 站。

---

① 李达：《老挝历史名城——琅勃拉邦》，《印度支那》1986 年第 2 期。

② ﹝清﹞阮元：《研经室续集》卷十。

当寮国代表到每站时，须依照礼制接待，如下：

迎接国书宝盒，出：1块九成银，1头水牛，1排红布、白布。

为首席使官系魂出：1双银镯，1块纯银，1只猪，1对鸡，2瓶酒，1匹马。

为景永打湘官系魂出：1块九成银，1对鸡，2瓶酒。

对五个象鬼出：2块九成银，1口猪，4对蜡条，红布，白布，4对鸡蛋。

埋〔拴象桩〕出：1块九成银，4瓶酒，4串槟榔菜，4对蜡条。

上象下象出：1块4破九成银，4瓶酒，4串槟榔菜，4对蜡条。

对破文书官出：5破九成银。

对大鲊改出：5破九成银。

对小鲊改出：5破九成银。

对叭西里绷往出：4破九成银。

对其副官出：2破九成银。

对勐腊的首官出：4破九成银。

对其副官出：4破九成银。

凡来进贡的象客到客站，应出迎接费如上，共有5站。对陪伴的象客、埋象桩，解象，象鬼，上象都不费。

凡进贡的象客进入地界来，（原文残缺，此处有十几字难译）15匹马，10客、20客〔以上〕有盖着王印的公文的，要到勐腊（此处原文缺2字）橄榄坝迎接。每站出八破九成银。没有盖王印的公文，而只盖有议事庭〔印〕公文的，（此处残缺数字）只派马匹，挑夫来往接送。西双版纳和寮国都下令通知：宣慰司以宣慰使为首的西双版纳的大小土司头人，百万象地寮国以叭先竜管乃蒿腊拉买梯里西里腊答纳蒙滚为首的全体使者，双方共同合立文件为证。①

这一时期琅勃拉邦王国遣使中国，与以前老挝地区的诸国同中国交往的目的有所不同。古代老挝诸王国同中国保持友好关系，其中不乏经济、文化交流的因素，但也包含政治目的，而且后者可能是更为重要的因素。中国封建王朝从未与

---

① 傅懋勣、刀忠强译：《傣族宣慰使司地方志（节选）》，载《民族问题五种丛书》云南省编辑委员会编《傣族社会历史调查》（西双版纳之三），云南民族出版社，1983，第12-13页。

老挝诸古国发生过战争，也从未以强凌弱，起兵入侵老挝地区，而且老挝诸国与中国保持友好关系是有益处的，至少在其处理与其他国家的关系方面是如此。

老挝北部和中国接界，1353年澜沧王国建立以前，老挝地区从未有过一个统一稳定的中央集权制政权，大多是处在小国林立、互不相属的状态，如掸国、堂明（道明）、女王、文单、孟骚等。这些小国的势力并不强大，为了不致遭受他国的入侵或吞并，和中国保持友好关系就显得相当重要了，其最好的办法就是通好中国。而中国封建统治者需要的正是这种虚荣好大心理的满足，于是乎，各国遣使聘问一律被视为"天朝"的威严所使然，以致有"万国来朝"的壮观局面，还以为真的达到了"溥天之下，莫非王土；率土之滨，莫非王臣"的境地。

1353年，澜沧王国建立，成为当时中南半岛上的强国之一。但以后不久，其势力便逐渐衰弱，并遭到了越南的入侵。所以，老挝屡次遣使中国请求援助，并"闻征讨安南，首先思奋"①。很清楚，老挝不断聘问中国并非仅出于经济上的考虑。

从澜沧王国分裂出来的琅勃拉邦王国，向清政府"朝贡"的政治目的更加明显，这与它的国内形势及与其他国家（包括老挝地区的其他王国）的紧张关系是分不开的。例如，1769年南掌国召翁上书乾隆皇帝云："……有缅子带领兵马来杀南掌国地方，他们就拿小的到阿瓦城，住得五年。闻得人家传言大皇帝打发兵马来征剿阿瓦城，小的即私自逃回南掌，于五月初九日到如今，才得打发人上来禀明大皇帝那样，要长通不断绝，像从前一样，小的还要解象上来进贡大皇帝一次。若是大皇帝几时要打发兵马去征剿缅子，赏文书交与来的头人带回地方了，小的要带象只上来进贡大皇帝多福多寿一回呢。"②再如1781年，南掌国例贡驯象。福康安奏："……另有该国王咨呈本部堂公文一件，并咨呈礼部公文一件，内称该国被交趾等处劫掠，因无抵敌器具，是以于贡象之外，又备象一只，恳求本部堂转奏大皇帝，赏给炮位、匠役……本部堂特以正理告尔国王，所有悬赏炮位、匠役之处，未便据情转奏，咨呈礼部公文一角，亦不便为转达，仍行寄还。……其另备全象一只，即交先行遣回之先目人等带还该国，仍令地方官及沿边土司人等照料出境，该国可即收明。"③南掌国前来中国"朝贡"的目的是很清楚的。

---

①《明世宗实录》卷二百零五。

② 中国第一历史档案馆编藏：《军机处录副奏折》，外交类1217号第1号。

③《清高宗实录》卷一千一百七十三。

1795 年，南掌国王召温猛请福费浮转奏乾隆皇帝之折，可说是老挝"朝贡"的最好解释："唯是南掌地方，自雍正己酉年入贡，迄今数十年未受封号，致受阿育提雅欺凌，若非天威远播，南掌国何能复为属国？为此仰乞奏恳大皇帝恩施格外，赏封国主王爵，俾附近邻封不敢再肆欺凌，则世世沾恩无既。"[1] 直到 1851 年，清王朝已自身难保，南掌国王还恳求云贵总督桂良等"代为转奏，仰求大皇帝覆祷鸿恩，赏诏敕封，俾得永保疆土，益深感戴"[2]。另外，18 世纪初老挝分裂成几个王国以后，只有和中国接界的南掌王国遣使中国，而其他王国则一次也未前来，这也很能说明南掌国朝贡的意图。

第三节　暹罗的统治

1778 年以后，分裂后的老挝诸王国附属于暹罗封建王朝的统治。暹罗在老挝的统治机构经历了多次改变。19 世纪初，拉玛三世曾在暹罗国家行政机关方面设立了 4 个最高职位，其中之一称为"克琅－昆"，负责"监督老挝诸小邦"。1815年，又将附庸领土划归在暹罗的 4 等行省之内。[3]1890 年，暹罗将所属老挝地区划为 4 个大行政区，派专员进行统治。这 4 个大区是：东部行政区，专员驻占巴塞，管 11 个大孟（"孟雅"）；东北部行政区，专员驻廊开，管 12 个大孟；北部行政区，专员驻琅勃拉邦，管 16 个大孟；中部行政区，专员驻乌汶，管 3 个大孟。1890 年，东部行政区和东北部行政区合二为一，改称"华孟老高"（意为"原老挝地区大行政区"）；北部行政区改为"华孟老芬行政区"。在大行政区之下又分为大、中、小、准 4 级"孟"，后演变成省、市、县、镇 4 级行政单位。对于老挝诸国王，曼谷方面所赐的爵位与泰国的贵族等级爵位有所不同。属国官吏的爵位等级是根据他们在各属国或城镇所担任的职务高低而定的。第一级是国王，第二级当

---

① 中国第一历史档案馆编藏：《军机处录副奏折》，外交类 1206 号第 5 号。
② 同上书，外交类 1212 号第 1 号。
③ ［苏］尼·瓦·烈勃里科娃：《泰国近代史纲》，王易今等译，商务印书馆，1974，第 70—71 页。

权的亲王叫乌帕腊季即副王，第三级当权的亲王叫昭腊贾旺，第四级当权的亲王叫昭腊贾布腊。一般官吏也分为 4 级，城镇太守为第一级，第二级叫乌帕哈，位在太守之下，第三级叫腊贾布腊，第四级叫腊贾旺。太守的职位通常世袭，由曼谷国王颁发授爵、任命的敕书，并赐予和其官爵等级相称的礼物。①

关于暹罗对老挝的统治，尼·瓦·烈勃里科娃指出："所有附庸诸邦，保持自己的行政管理制度。老挝诸邦的君主承认暹罗国王是最高宗主，同时他们彼此之间也有宗主与臣属关系。"② 这种封建藩属关系比较松弛，因为老挝的地方"昭孟"，连本国的国王都无法真正控制他们，暹罗封建主更是鞭长莫及。从名义上讲，老挝诸邦是暹罗的属国，对于占巴塞和琅勃拉邦两国国王，曼谷准许他们"统治各自的王国，但他们必须按期向曼谷国王进贡银树和金树，否则他们就不能照旧统治自己的臣民，原因是两国的国王即位是由曼谷敕封的。国王的继承人和其他高官显爵都是由曼谷国王下令委任的。如果他们有叛逆行为，曼谷国王可以惩罚他们或废黜他们"③。"藩王和属国亲王继续治理自己的国家，但一切都对曼谷国王负责。"④ 所以，每隔三年他们向曼谷致送"金银花"，并来到宫廷，重新向宗主国举行臣属宣誓，从而承认他们的统治权。⑤

这样，暹罗统治者就成为老挝诸邦的"王中之王"。"暹罗封建国家又把土地和地下资源的最高所有权扩大到附庸老挝领土。"⑥ 老挝诸邦的国王要想保持统治权，就要为暹罗负担封建义务，这是他们继续进行统治的名义上的前提。为暹罗方面承担的封建负担，自然是转嫁到劳动人民身上，老挝人原有的封建负担不但没有减轻，而且又增添了新的负担。老挝的村社要出壮丁，一旦遇有战事，作为属国，"必须提供兵员和粮草协助曼谷最高君主进行战争或镇压叛乱"⑦，虽然老挝人原则上不列入应服国家劳役人员的全暹罗登记册。⑧

另外，暹罗封建主还用在本国的税收方法，对老挝人民征收人头税和地丁税。

① ［泰］姆·耳·马尼奇·琼赛：《老挝史》，厦门大学外文系翻译小组译，福建人民出版社，1974，第 217–218 页。
② ［苏］尼·瓦·烈勃里科娃：《泰国近代史纲》，王易今等译，商务印书馆，1974，第 78 页。
③ ［泰］姆·耳·马尼奇·琼赛：《老挝史》，厦门大学外文系翻译小组译，福建人民出版社，1974，第 210 页。
④ 同上书，第 210 页。
⑤ C. Chakrabongse, "Lord of Life", London, 1960, p. 102.
⑥ ［苏］尼·瓦·烈勃里科娃：《泰国近代史纲》，王易今等译，商务印书馆，1974，第 87 页。
⑦ ［泰］姆·耳·马尼奇·琼赛：《老挝史》，厦门大学外文系翻译小组译，福建人民出版社，1974，第 210 页。
⑧ A. Bastian, "Reisen in Siam im Jahre 1863", Jena, 1867, p.164.

其办法是:"纳税者入册,核算无讹,缴呈曼谷。册由暹官监造。入册之民,臂上刺字,注明某部某号,十八岁以下七十岁以上者豁免。每人捐四低加半,约十五法兰,[①] 略有上下。视部落贫富而定地丁,无捐入册之民,遇工作各须助役。每年献部酋谷米两担,中国人及外来之人,不纳人丁,捐止纳谷一担。遇有别项税捐,再由部酋酌派。每有暹员路过,地方供应亦各派捐。服化之番,部酋也不知其丁数,唯每镇抽几人为奴,或纳土产几何,或每人捐银一低加。离省不远之野番,亦服徭役。"[②] 暹罗以统计入册的办法向老挝人征收人丁和地丁税,但由于老挝人口从未有过准确的数字,"服化之番"尚"不知其丁数",未"服化之番"的情况就可想而知了。所以,入册之民只是老挝总人口的一小部分,以阿速坡一地为例:"入册之南掌人仅有一千,番人之纳丁税者计八千;若令未入册者统计之,南掌人有六千,番人有三万六千。"[③] 这一方面说明老挝人口数字不确,人民也尽量避免"入册"为本国和暹罗统治者承受封建义务,另一方面也说明暹罗统治老挝的封建藩属性质。

虽然暹罗统治者向老挝人征收人头税和地丁税,但实际效果不大,原因是:第一,暹罗对大多数老挝人无法实际控制,入册人数甚少,已如上述。第二,老挝生产落后,商品经济极不发达,境内没有统一的货币。据《清史稿》卷五百二十八载,南掌"货币或用暹罗之体格(即上引'低加'——引者注),或印度之鲁卑(一译'卢比'——引者注),皆银钱也。此外,或用铜钱,用铁钱,或用银锭,用海贝。然用钱颇少,以货易者为多。"在没有统一货币、多数地区处在以物易物的情况下,暹罗不可能从老挝征得多少税款。而"中世纪的暹罗,实物地租占优势。它有固定的数量:农民和手工业者一年里必须有六个月为封建国家、国王劳动;土地实物税是固定的"[④]。因此,老挝人民对暹罗承受的封建负担和对本国统治者承受的封建负担一样,主要是徭役和贡纳。徭役已如上述。贡纳的物品主要是贵重土特产,其中包括锡、黄金、胡椒、省藤、象牙、柚木、铜、毛皮、棉花、丝绸、漆、染料等。[⑤]

---

① "低加"为当时流行于暹罗的一种货币,老挝地区也有使用;"法兰"即法郎。

② [法]F. 安邺:《柬埔寨以北探路记》卷四,清光绪十年铅印本。

③ 同上书,卷二。"南掌人"当指老族人,"番人"则指各少数民族。

④ [苏]尼·瓦·烈勃里科娃:《泰国近代史纲》,王易今等译,商务印书馆,1974,第21页。

⑤ M. Pallegoix, "Description du Royaume Thai ou Siam", vol. 1. Paris. 1854, p. 27, pp. 33-34.

也许有人会问：暹罗封建主向老挝人征收人头税和地丁税，老挝人民还要向本国领主提供各种封建义务，是否说明老挝的封建领主制已经发生了根本变化？回答是否定的。这是因为：第一，暹罗封建主是按照对本国人民的征税方法来向老挝人民征税的，这是地区社会发展不平衡造成的畸形状况，并非由于老挝的经济发展使其本身的社会经济结构发生了变化。况且，采取这种征税的办法收效甚微，也不占主导地位。第二，暹罗对老挝地区实行间接的封建统治，没有也不可能触动它的经济基础，原来的土地制度及其村社制度的基础、封建负担方式等基本没有发生变化，甚至原来的"行政管理制度"仍旧"保持"。老挝诸邦君主只不过名义上承认暹罗的宗主权，这种宗主与臣属的关系，实际上对老挝居民的作用不大。他们依旧按照传统的习惯方式生产、生活，并不受外界多大影响。老挝统治者对他们都无可奈何，更何况暹罗统治者？第三，由于老挝地区名义上臣属于暹罗，所以，从理论上讲，全体老挝人都是暹罗封建统治者的臣民，都要为暹罗服徭役、缴纳贡品。因而在这里，租税仍然是合为一体的。封建负担的提供是由老挝诸邦君主和各级"昭孟"负责完成的，他们又以国家的名义、国家公职人员的身份和由此握有的各种特权，要农奴为他们服徭役，同时层层将搜刮来的贡品部分装入私囊。在农奴们承担的封建义务中，很难分清具体哪一部分是为国家、王室提供的，哪一部分是为各级"昭孟"提供的。

第四节　文学艺术

13世纪以前，老挝主要是在吉蔑人的势力范围之内，使用起源于印度梵文的文字，所以，在古代相当长的一个时期内，老挝的文学艺术同柬埔寨一样，主要是受印度婆罗门教的影响。虽然随着14世纪佛教的传入和巴利语的使用，这一地区的文学艺术与佛教紧密结合在一起，因而现在婆罗门教留在这个国家的遗迹已经不多，但是，在公众庆典、盛大节日的仪式上和一些风俗习惯中，仍可以看到婆罗门教的影响。例如，迎接朋友时双手合十并微微鞠躬，在举行新年、婚礼等祝福仪式时，典礼也是婆罗门教式的，甚至典礼中的首领也被称为婆罗门。老挝的各种传统节日和宗教仪式，都是直接来源于婆罗门教，过去宫廷每年举行的典礼仪式也是婆罗门教的仪式，甚至过去历届政府的宣誓仪式都沿袭了婆罗门教的仪式。①

在文学艺术方面，人们仍可以看到婆罗门教的烙印。老挝的古典诗歌大多是由印度韵文的译文组成，民间故事和传说中充斥着印度的诸神，取材于婆罗门教和佛教的故事《罗摩衍那》和《摩诃婆罗多》，在老挝流传也很广。老挝的古典戏剧也起源于婆罗门教，于14世纪从柬埔寨传入，到16世纪和17世纪时达到了鼎盛。老挝戏剧中的表演姿势、动作等，部分是来自印度舞蹈，所表现的内容大多是《罗摩衍那》中的情节。另外，在说教故事、评判故事、喜剧故事、传说和历史、规范（佛教徒）和规范以外的文学，以及专门的文学形式等各个方面，毫无疑问均表现出源于婆罗门教并受到其影响的特征。②

在建筑方面，也可以看到婆罗门教的影响。老挝许多佛寺中的装饰物，反映的都是婆罗门教的主题，例如那伽浮雕、毗湿奴的配偶吉祥天女的肖像等。老挝历史上最伟大的建筑之一的塔銮，也同样受印度庙宇风格的影响。

随着佛教和巴利语的传入，老挝的文学艺术题材又被明显地打上了南传佛教的烙印。婆罗门教逐渐被南传佛教所代替，但其精华部分也同时被南传佛教吸收进去。因此，在澜沧王国乃至后来老挝诸王国的文学艺术中，我们仍能看到婆罗门教影响的痕迹。巴利文主要是传播南传佛教之用，澜沧王国建立之后，佛教被定为国教，得到了迅速和广泛的传播，所以，阐释佛经教义的巴利文经书文字也得到了较为普遍的使用。这样，在澜沧王国时代，老挝国内同时使用着两种文字：一种是源于梵文的老挝文字，使用于官方和民间，澜沧王国历代国王直至万象王朝的最后一位国王阿努都坚持使用这种文字；另一种文字即源于巴利文的经书文字，主要使用于佛寺之中，因而可以说是一种宗教语言，但使用的范围还是相当广泛的。③

澜沧王国时期的文学艺术形式多种多样，其发展程度和澜沧王国的兴衰基本上是一致的，主要表现在文学和佛教艺术两个方面。

文学作品的题材同样大多来源于佛经故事和印度神话。其中传诵最广的是

① 李达：《老挝的宗教》，《印度支那》1986年第3期。
② D. Daweewam, "Brahmanism in South East Asia", New Delhi, 1982, pp. 255-260.
③ 张良民：《老挝文字演变史初探》，《印支研究》1983年第3期。

《佛本生经故事》，即《摩诃迦它卡》，当然，这种故事在泰国、柬埔寨等国也非常流行，可以说是信仰南传佛教国家共同拥有的一种文学形式。《佛本生经故事》收集了 500 篇关于佛陀释迦牟尼修成正果以前，曾经为国王、婆罗门、商人、女人以及大象、猴子等所行善业功德的故事，后来有人从中精选出 10 篇，称为《十戒》，作为佛教布道讲经之用 ①。

另一部在老挝流传较广的故事集是《休沙瓦》。该书原是刻在贝叶上的 10 卷经文，后经改编而成。故事中讲述了佛陀释迦牟尼讲给其堂弟阿难的故事，但主要反映的是当时老挝的社会制度、风俗习惯和人物面貌等情况。

宗教影响在澜沧王国的文学中的反映比较突出，除了印度史诗《罗摩衍那》流行较广，被改写成老挝的古典名著，并在戏剧、壁画等方面有所反映以外，还有许多宗教故事广为流传，如《梅林达王的问题》《摩诃梭德》等。另外，还有被称为罗密欧与朱丽叶式的爱情故事《坤勒和娘娃》、关于伦理道德方面的《普松兰》（意为"祖父教育孙子"）、歌颂天神的《因陀罗史》等故事。

16 世纪维苏腊王（1500—1520）和其子波提萨拉腊（1520—1550）统治时期，老挝的文学艺术进入了一个较快发展的时期。父子二人都是虔诚的佛教徒，对文学比较提倡。在这半个世纪中，出现了许多博学的僧侣和哲学家，他们通晓三藏，将梵文佛经《五卷书》译成老挝文。这一时期，还开创了诗歌的无韵新体裁。在传说方面，出版了老挝历史上第一部《坤博隆》，同时，还有关于《陶洪即坤壮的故事》（*The Story of Thao Hung or Khun Chuang*）和《娘坦莱》（*Nang Tantrai*）等。《陶洪即坤壮的故事》讲的是著名的帕沃（Payao）亲王帮助在川圹的叔父驱逐越南人的事迹。《娘坦莱》是在《佛本生经故事》的基础上写成的。波提萨拉腊大力提倡佛学，他从清迈和彭世洛等地请来了著名的高僧住在琅勃拉邦，并请人从清迈抄回三藏经。在他当政期间，还出现一系列佛教故事，如《碧玉佛的故事》《勃拉邦佛的故事》《色坎的故事》和《紫檀佛的故事》等。

苏里亚旺萨统治时期（1633—1690），澜沧王国的文学进入了又一个繁荣发展的阶段。这一时期出现了大批文学名著，如《休沙瓦》（*Sio Sawat*）、《丹玛萨》（*Dhammasart*）、《因蒂亚教子》（*Intiya Taught His Son*）、《占巴西吞》（*Champa-*

① 张良民：《老挝文字演变史初探》，《印支研究》1983 年第 3 期。

Siton)、《坤通》(*Khun Tung*)、《卡拉吉》(*Kalaket*)、《膝昂》(*Taeng-On*),等等。在诸多的文学作品中,最著名的是由诗人庞坎(Pangkam)创作的长篇叙事诗《信赛》(*Sin-Xay*)。

《信赛》的主要情节是:盆占王的妹妹被巨人拐走,他出去寻找。到了占巴城,娶了那里的 7 个漂亮姑娘做王妃。不久,王后和王妃们皆生了儿子,但巫师占卜说,王后所生的儿子和最小的王妃所生的儿子信赛将最幸福和最有权。其他 6 位王妃便收买了巫师,说信赛和王后的儿子是灾星,因而王后母子和信赛母子遭到了流放。后来,信赛变得极为有智慧,武艺也十分高强,经过种种曲折,他终于回到王宫继承了王位。[①] 从内容上讲,这部长诗歌颂正义,鞭挞邪恶;从艺术形式上讲,它语言优美,格律整齐,具有很高的艺术水平。

在老挝的古典文学中,有许多类似于《信赛》的内容的传说,大多数讲正义与邪恶较量的故事,如《卡卡南的故事》(*The Story of Kakanan*)、《洪兴即石天鹅的故事》(*The Story of Honghin or the Stone Swan*)等。

口头文学也是老挝文学艺术的一种重要形式,其内容大多是英雄人物的传奇故事和传说、民间流传的故事、关于世界和人类的起源等,其中以《芋茗故事集》最为著名。这些故事、传说由僧侣和村寨中的长老讲述,一代代往下传。

另外,古代老挝的民间音乐、舞蹈、格言、民谣等内容也十分丰富,大多在谈情说爱、逢年过节或典礼集会时表演。

在艺术方面,除了上面所说的舞蹈、戏剧、音乐等外,主要体现在各种宗教建筑上。南传佛教成为澜沧王国的国教以后,得到了迅猛的发展,佛教建筑也随之大大增加。据 20 世纪 60 年代有人了解,仅 14—16 世纪的佛寺在琅勃拉邦一带就有 40 多座。[②] 1893 年以前留下来的建筑物,也只有讲经堂、佛塔、藏经阁和佛堂及其上面的雕刻、绘画等可供研究,这些佛教建筑用的材大多是灰砖和石料。

琅勃拉邦和万象早期的讲经殿,具有老挝的原建筑艺术风格,但后期尤其是附属于暹罗的统治以后,这种特征逐渐消失,而越来越多地受到泰国中部艺术风格的影响。同样,在藏经阁、佛像、佛塔等宗教建筑及其上面的雕刻和绘画艺术中,既可以看到具有老挝独特风格的实体,在某些方面又可以发现中国、泰国、印

---

① M. L. M. Jumsai, "History of Thai Literature", Chalermnit Press, Bangkok, 1973, pp. 17–19.

② P. Ratnam, "Laos and its Culture", New Delhi, 1982, p.71.

度及吉蔑艺术等方面的影响。[①] 老挝位于这几个国家之间，周围地区的古代文明都曾向这里传播，对老挝古代文化产生过影响，因而，完全可以说，老挝是一个巨大的文化熔炉，它接纳了来自不同方向的不同特色的文化因素，同时也形成了自己独特的艺术风格。

在古代老挝所有的宗教建筑中，塔銮恐怕是最著名、影响也最大的佛塔。此塔位于万象东郊塔銮村，始建于 1560 年塞塔提腊王统治时期。这位国王即位以后，将首都从琅勃拉邦迁到了万象，在那里大兴土木，历时 6 年才最终完成了这件杰出的佛教艺术品。塔銮建成以后，由于澜沧王国屡遭外国侵略，塔銮也受到破坏，后经历代修葺，得以保存至今。现在的塔銮实际上是一座砖石结构的佛教建筑群，共有层层相叠的 3 层塔基。在第二层塔基上有 30 座高 3.6 米的小塔，在每个小塔内都设置有一座小金塔，重 60 克左右，同时还有铭刻着佛法核心内容或四缔核心内容的金贝叶等。主塔矗立在半圆形台座上，总高 45 米，台座周围有 24 瓣大型莲花瓣围衬。塔銮四周建有庑廊，整个建筑群占地 8400 多平方米。塔銮是澜沧王国文明的象征，也是老挝人的精神集合中心。它是老挝的国宝。后来每年举行的塔銮节，被视为全民族的盛大节日，甚至老挝国王每年也要到塔銮举行朝山仪式。[②] 塔銮节不但是老挝人民的盛会，后来还发展成为老挝人民加深与各国人民友谊的中心。另外，在老挝的报纸、图书乃至货币上，都可以看到塔銮的精美图案。

① ［泰］沙源·洛汶：《老挝佛教艺术》，蔡文樅编译，《东南亚研究资料》1985 年第 1 期；H. Marchal, "Decorative Art", Rene de Berval, "Kingdom of Laos, the Land of the Million Elephants and of the White Parasol", Franee-Asie, Saigon, 1959, pp.71-80.

② ［泰］沙源·洛汶：《老挝佛教艺术》，蔡文樅编译，《东南亚研究资料》1985 年第 1 期；肖礼海、张良民：《老挝的塔銮和塔銮节》，《亚非》1983 年第 2 期。

第七章

法国的殖民统治

（1893—1940）

第一节　法国的入侵

一、法国殖民者的早期活动

1893 年，老挝沦为法国的殖民地，从此，老挝历史进入近代时期。

19 世纪中期以后，西方资本主义国家在基本上完成了工业革命的同时，继续加紧向海外扩张，掀起了争夺殖民地、瓜分世界的狂潮。法国在 1789 年资产阶级大革命后，资本主义得到迅速发展，随着法国从"自由"资本主义向帝国主义阶段的过渡，代表金融资产阶级利益的法国政府加深了对亚非地区国家的侵略和扩张，力图开辟更广阔的世界市场和原料产地。地处战略要地、拥有丰富资源的印度支那地区遂成为法国侵略的主要对象。

法国殖民主义者侵占印度支那的目的不仅在于把这一地区变为自己的殖民地，而且还在于把这一地区变成其北上侵略中国的基地。亲自参加过侵略印度支那的法军上校查理·葛斯林在其所著《老挝与法国保护国》一书中直言不讳地宣称："18 世纪期间，法国丧失了印度，英国愈来愈急迫地向远东扩张，迫使我们不得不在中国南海寻求一个立足点。越南就给了我们这样一个机会。"19 世纪中期，法国开始了武装入侵印度支那的活动。1858 年 8 月，法国远征军攻占越南中部的岘港，1859 年 2 月攻占了越南南部的西贡，并以此为基地进攻越南南部几省。1862 年，越南顺化阮氏王朝被迫与法国签订和约，同意割让南部定祥、嘉定、边和三省和昆仑岛给法国。1863 年 8 月，法国又以武力胁迫柬埔寨国王与其签订条约，承认柬埔寨为法国的保护国。与此同时，法国开始为其下一步侵略老挝作准备。老挝是印度支那半岛上唯一的一个内陆国家，地处中、越、柬、泰、缅五国之间，为进入中国的跳板，具有重要的战略地位，自然是法国不会忽视的一个目标。1866 年，法国派出由杜达尔·德·拉格利和弗朗西斯·安邺率领的"探险队"溯湄公河而上，调查老挝和云南的地理、资源和社会状况，首先为侵略老挝作准备。

1884 年 6 月，法国又胁迫越南和柬埔寨分别与其签订了第二次《顺化条约》和第二次《法柬条约》，越南和柬埔寨实际上已完全成为法国的殖民地。1887 年10 月，法国政府颁布了一系列法令，宣布将安南（中圻）和东京（北圻）的保护权交给法国的海事与殖民部，又将柬埔寨、交趾支那（南圻）、安南和东京并在一起，组成法属"印度支那联邦"。随后,法国殖民者便开始了其吞并老挝的行动。

1778 年以后,从澜沧王国中分裂出来的万象、琅勃拉邦和占巴塞 3 个王国附属于暹罗的封建统治,因此,法国要侵占老挝,就必须先制服暹罗。而法国在越南和柬埔寨的扩张行动,也早已引起暹罗方面的关注,并加紧了对老挝各邦的控制。1883 年,琅勃拉邦东部与北部同时受到越南泰族土司刁文池及暹罗一个部落的侵扰,陷入了混乱状态。为了避免法国有机可乘,暹罗国王拉玛五世以宗主国君主的身份派出大军占领了从琅勃拉邦东北两面直到黑水河流域盆地的全部土地。暹罗的行动自然妨碍了法国对老挝蓄谋已久的侵略计划,于是法国外交部向曼谷提出了警告性的照会,并指使其"保护国"越南的顺化政府向暹罗提出它对琅勃拉邦拥有主权。另外,法国还要求暹罗同意成立一个联合边界委员会,以确定越南和老挝的边界线。1886 年 5 月 7 日,法国和暹罗签订了一项临时协定,同意法国政府在琅勃拉邦设立一个副领事馆。从表面上看,这一协议似乎含糊承认了暹罗对琅勃拉邦的宗主权,但实际上却为法国的势力进一步渗入老挝打开了门户。[1] 法国派驻琅勃拉邦的领事奥古斯特·巴维是一个野心勃勃的殖民扩张分子,在任领事期间,他通过各种手段力图扩大法国在老挝的影响。

1889—1891 年,巴维率领一个大型的勘测队在老挝进行了广泛的活动,除了调查老挝的地理情况外,还"勘测水陆交通,创办贸易仓库,收集样品,调查现存的商业程序,并提出一份关于湄公河盆地物产的特点和价值的明确的报告书"[2],另外还绘制了一份完整详细的地图,为法国吞并老挝铺平了道路。1889年 6 月,巴维在结束首次勘察回国休假期间,竭力怂恿法国外交部把法属印度支那的边界扩大到湄公河上去,法国资产阶级也在国内大造舆论。1891 年,法国外交部长里博在法国国民议会中宣布,法国有理由对湄公河以东的全部土地提出要求。[3]

法国的扩张是在英国的默认下进行的。1886 年英国吞并了缅甸以后,开始由西向东扩张,便与法国由东向西的殖民侵略行动发生了矛盾。但是,英国又不想与法国发生正面冲突,而是希望暹罗能作为英法两国领土之间的缓冲地带,对法

① [美]约翰·F. 卡迪:《东南亚历史发展》,姚楠、马宁译,上海译文出版社,1988,第 539 页。
② [英]D. G. E. 霍尔:《东南亚史》,中山大学东南亚历史研究所译,商务印书馆,1982,第 780 页。
③ [苏]尼·瓦·烈勃里科娃:《泰国近代史纲》,王易今等译,商务印书馆,1974,第 310 页。

国将殖民统治推进到湄公河东岸并不反对，目的是希望法国能对英国从印度支那进入中国西南的打算作一些让步。英国人的妥协和利己思想正合法国人的口味，于是法国便加紧了侵占老挝的步伐。

恰在这时发生了两件事，被法国用来作为入侵老挝的借口。一件是1892年9月两个走私鸦片的法国商人尚佩努瓦和埃斯基洛被暹罗政府从乌庭驱逐出境，另一件事是法国驻琅勃拉邦的代表马西在沿湄公河南下时突然自杀，法国殖民好战分子乘机在国民议会里掀起轩然大波，要求进行武装干涉。1893年2月，法国政府授权印度支那总督：如果得不到及时的赔偿，可到暹罗边境采取"有力的行动"。3月，已被任命为法国驻暹罗大使的巴维根据法国外交部的指示，向暹罗提出对湄公河东岸全部领土的要求，并要暹罗立即撤走防御设施。暹罗对此提出抗议，接着，法国军队入侵老挝，法暹战争爆发。

二、法暹战争与《曼谷条约》

1893年4月，法国军队兵分三路侵入老挝。第一路由托勒率领，从柬埔寨出发，于4月4日占领了柬、老两国交界地区的上丁、孔埠等地。暹罗军队发动反击，并且俘获了托勒，但不久又被迫将其释放。由F.安邺率领的第二路法军从爱劳平原进入老挝芒平。与此同时，由吕斯率领的第三路法军从越南向甘蒙进军。法军侵入甘蒙以后，军官格罗斯古林解除了甘蒙太守拍约的武装，并逮捕了拍约的副官。6月5日，拍约带兵到格罗斯古林的寓所，要求释放他的副官。争执中格罗斯古林首先向拍约开枪未中，双方发生枪战，格罗斯古林在混战中被打死。[①]法国遂以此为借口，于同年7月初派遣两艘军舰"安康斯丹号"和"慧星号"集结于暹罗湾，并沿湄南河向暹罗首都曼谷推进。

与此同时，法国驻暹罗大使巴维通知暹罗政府，这两艘军舰已经开出，将于7月13日到达湄南河至曼谷的必经要塞北榄，要求领航员把它们带进曼谷。暹罗政府援引1856年的《法暹条约》回答说，未经暹罗同意，任何外国军舰不得越过北榄。但巴维对此置之不理，法国军舰继续前进，于是，暹罗开始封锁河口。7月13日夜晚，这两艘法国军舰炮击北榄要塞，双方交战25分钟，暹罗守军死亡25

---

① [泰]姆·耳·马尼奇·琼赛:《老挝史》，厦门大学外文系翻译小组译，福建人民出版社，1974，第298页。

人，受伤29人；法军士兵死3人，伤3人。法舰闯过了北榄要塞，继续向曼谷推进，并且将炮口对准了王宫。

7月20日，法国向暹罗提出最后通牒，要求把湄公河东岸的全部领土割让给法国，暹罗在一个月内撤走指定地区内的军队，并赔款300万法郎，同时还要求处分在北榄下令开炮的军官和"暗杀格罗斯古林的凶手"。接着法国军队封锁了暹罗沿海。在这个危急关头，暹罗政府希望英国给予支持，但法国已经向英国表示，若暹罗接受这些条款，就可为法、英帝国之间建立缓冲国铺平道路，因此英国不但拒绝了暹罗的求援，而且还劝说暹罗接受法国的要求。[1] 于是，法国又提出更为苛刻的要求：禁止暹罗在湄公河西岸宽25千米的地带内驻军；法国占领离曼谷不远的尖竹汶，直到暹罗军队撤出湄公河东岸的军队为止。为了保持本国的领土完整和不受侵略，暹罗被迫无条件地接受了法国的要求。1893年10月3日，双方在曼谷签订了《法暹条约》（又称《曼谷条约》）。该条约的主要内容是：① 暹罗割让湄公河东岸的老挝领土给法国；② 划湄公河西岸25千米和巴丹孟、安谷尔二省为中立地带，规定法、暹双方都不得驻军；③ 暹罗向法国赔偿军费300万法郎。从此，老挝由暹罗的属国变为法国的"保护国"，被并入法属"印度支那联邦"。1893—1954年这一阶段的老挝历史，人们通常称为"法属时期"，这是老挝沦为法国的殖民地阶段。法国是一个资本主义国家，它对老挝进行的是世界近代史意义上的殖民统治和掠夺，因此，1893年也就成为老挝近代史的开端。

法国殖民者并不以侵占老挝为满足，而是将其扩张的行动进一步向西延伸。1899年春，法属印度支那总督杜美将军访问暹罗，以从尖竹汶撤军为条件，向暹罗提出了领土要求。1902年，法暹协定在巴黎签字。暹罗同意将巴沙（在老挝境内）和莫卢波雷（现属柬埔寨）让给法国，以换取尖竹汶。暹罗同时承认湄公河两岸地区均属琅勃拉邦王国，法国同意废除25千米地带。[2] 但是，法国国民议会不批准这个协定，认为和暹罗谈判的法国外交部长德尔卡塞等人过于软弱，从而使法国放弃了已经占领的领土。双方只好继续谈判，1903年，法国又提出了新的要求。1904年2月，法国和暹罗签订了一个新的协定，以1902年的协定作为基础，暹罗同意用达叻（今泰国达叻府）和肯塔（在今老挝沙耶武里省）换取尖竹汶；作

---

① ［英］D. G. E. 霍尔：《东南亚史》，中山大学东南亚历史研究所译，商务印书馆，1982，第790页。

② ［泰］姆·耳·马尼奇·琼赛：《老挝史》，厦门大学外文系翻译小组译，福建人民出版社，1974，第393—394页。

为交换，法国同意将在暹罗的治外法权缩小到只适用于从法国本土来的公民。同年4月，英法两国签订协议，确定以湄南河为界线划分两国势力范围，湄南河以西为英国的势力范围，以东则为法国的势力范围。1895年，中国清朝政府与法国政府签订《中法续议界务专条附章》，将属于中国云南的一个版纳即猛乌、乌德划入老挝版图，确定中、老边界。现代老挝的疆界，经过法国与暹罗的几次订约以及与中国清朝政府的签约，就这样被大致确定下来。法国通过这一系列条约的签订，巩固和扩大了它对老挝的殖民统治，而老挝的被吞并，也标志着法属"印度支那联邦"的最终形成。

第二节　法国的殖民统治

　　法国在1893年占领老挝以后，就以"保护国"的名义将老挝并入法属"印度支那联邦"，进行殖民统治。法国是一个金融资本发展迅速，而工业资本发展不充分的"高利贷帝国主义"，因而其殖民统治的特征是直接凭借超经济的强制手段剥削、压迫殖民地，只顾榨取，而很少注意那里的社会经济的发展。在"印度支那联邦"中，法国对越南的投资和开发较多，而老挝和柬埔寨仅被视为"税收生产机器"、[1] 交趾支那的延伸和西贡的后方。尤其是老挝，由于境内湄公河不利于航行，交通闭塞，法国殖民者更加漠视其经济发展，只将它作为一个提供农业、森林和某些可能的矿产资源的储存地。[2] 这使老挝成为"印度支那联邦"中最贫穷、社会发展最落后的国家，被称为"躲在越南背后的穷乡僻壤"。[3]

一、政治统治方式

　　政治上，法国主要采取"以老制老""分而治之"的手段对老挝实行殖民统治。

---

① David P. Chandler, "A History of Cambodia", Westview Press Inc., 1983, p. 148.

② Paul Doumer, "L'Indochine Francaise", Paris, 1930, p. 292.

③ Paul Levy, "Histoire du Laos", Presses Universitaires de France, Paris, 1974, p. 77.

为了便于统治，老挝的封建君主制在形式上被保留下来。从表面上看，传统的老挝3个王国依然存在：北部的琅勃拉邦为王都，其国王代表全国（1894—1904年为札卡林国王，1904年以后为西萨旺冯国王）；中部的万象是行政首都，有副王，管理国防、行政、财政；南部的占巴塞王管理社会福利。实际上，一切大权都掌握在法国最高驻扎官手里。1895年，法国把老挝划分为上寮和下寮，各由一名法国最高行政专员控制，其行政机构所在地分别为琅勃拉邦和孔埠，最高行政专员则通过各地的驻扎官进行统治。与此同时，在老挝许多地方还保留着名义上的土邦土王，法国尚未在这些土邦内设立直接统治的殖民机构。

1897—1902年，保罗·杜美任印度支那总督期间，大力加强了对印支各国殖民统治机构的建设。1899年，上寮和下寮被合并成为一个整体，撤销各自的最高司令部，全老挝成为一个向法属印度支那总督负责的最高驻扎官管理之下的"自治保护国"和法属"印度支那联邦"中的一员。[①] 杜尔涅中校被任命为老挝的第一任最高驻扎官，驻地在万象。法国殖民当局还在老挝建立了具体负责各方面事务的分支机构，如司法部、工务管理局、水土卫生部、保健部、税务部、特别出纳部、邮政部、教育部、农务部和畜牧兽疫部等。上述各部分别由其部长负责，同时又受最高驻扎官的管辖。

1911年，法国殖民当局进一步强化了在老挝的地方殖民统治，正式废除川圹、万象和占巴塞以及上寮除琅勃拉邦以外地区的各个土王，取消国王属下的"昭公""昭帕耶琅""批阿""寻""门""昆"等封建王侯贵族的爵位头衔，将全国划分为省、县、区、乡、村5级行政区，在各级行政区设立由法国人担任的省长和由老挝人担任的县长、区长、乡长和村长。同时，又派遣法国人在除琅勃拉邦以外的县以下各级机构进行监督和控制。1920年，法国殖民当局将老挝全国划分为12个省，即：万象、琅勃拉邦、会公（今会晒）、丹宁（今川圹）、甘蒙、沙湾拿吉、沙拉湾、占巴塞、孟孔（今占巴塞省一部分）、孟乌（今丰沙里）、华潘（又译虎潘，今桑怒）和阿速坡，直接任命"昭匡"（省长）、"昭孟"（县长）、"达幸"（乡长）、"埔班"（村长）和公务人员。[②] 同年10月，法国殖民当局在各省设立参议会，由各省所

① Paul Le Boulanger, "Histoire du Laos Francais", Librairie Plon, Paris, 1931, pp. 322–339.
② 文枞：《1893—1942年间老挝人民的抗法斗争及其教训》，《广西师范学院学报（哲学社会科学版）》1982年第4期。

有的县长和当局指定的每县两名"知名人士"组成。1923年，又在万象设立"协商会议"，由各省选出的地方代表参加，每年开一次会，以便保证国家事务得到妥善治理。[①] 这些官吏、代表大多是各地的封建领主，殖民当局通过他们监视、统治老挝人民。同时，法国殖民者还在老挝设置了法院、监狱、密探局、宪警等镇压威慑机构。通过这些措施，法国在老挝逐步建立和完善了从中央到地方的殖民统治体系。

法国占领老挝全境以后，在统一的殖民统治机构控制下，制定了直接与"间接"相结合的殖民统治制度，即"由法国直接统治老挝全国的殖民制度和在琅勃拉邦王国中'保护国'式的殖民制度"[②]。在老挝北部原琅勃拉邦王国所辖领的区域内（包括现在的沙耶武里省和南塔省），法国殖民当局仍保留其王国形式，将王国与王室置于法国"保护"之下，实行"间接统治"。法国殖民当局对原封建王国的政权机构表面上触动甚少，1917年法国与琅勃拉邦王室达成的《关于琅勃拉邦王朝法律地位的议定书》规定："本王国的主权人西萨旺冯陛下像过去一样继续统治其诸邦。"法国殖民当局还允许琅勃拉邦王朝设立一个类似内阁的机关，称为"荷萨南銮"（广场宫），由5人组成，首席称总局长（即首相），4名成员称局长（即大臣），分别掌管内务和国防、司法、财政和教育、工程和经济4个局（即部）。总局长和局长由国王任命，但必须先经过法国最高驻扎官批准。1927年10月，副王佩差拉对"荷萨南銮"进行改组，缩减为3个局：内务局、司法—宗教—教育局和军务—工程—商务—经济局。同时，还建立了王宫秘书局和王宫会议（相当于后来的枢密院），设正、副主席和4名议员。1939年，设立了"老挝王国王事顾问会"，佩差拉任主席。1941年，"荷萨南銮"再调整为4个部：内务和国防部，工程、农业和商业部，司法和军务部，宗教和教育部；首脑正式改称为首相和大臣，取消王宫秘书局。[③]

实际上，这一切机构都处于殖民当局的严密控制之下，形同虚设。殖民当局规定，琅勃拉邦王宫对于行政、财政和经济上的改革，只能表示意见，而"法国政府保留有可否实行的决定权"，[④] 原因是，凡是用于法国殖民地的重要法律，都是

① ［泰］姆·耳·马尼奇·琼赛：《老挝史》，厦门大学外文系翻译小组译，福建人民出版社，1974，第404-405页。

② ［老］富米·冯维希：《老挝和老挝人民反对美国新殖民主义的胜利斗争》，蔡文欉译，人民出版社，1974，第19页。

③ ［老］昭坎曼·翁骨拉达纳：《旺纳系温乔副王家族史》。转引自蔡文欉：《老挝王国封建制初探》，载《东南亚史论文集》，河南人民出版社，1987。

④ ［日］真保润一郎：《老挝的中立主义及其基础》，刘百先、郑焕宇译，《东南亚研究资料》1961年第4期。

由共和国的总统以法令形式颁布的。[1]法国在琅勃拉邦设立了高级专员公署，虽然高级专员不直接出面行使权力，但他对于在其"保护"之下的封建王朝却具有绝对的操纵权，因为本地官员的行政管理工作必须在对等的殖民官员"指导"下才能进行。"荷萨南銮"提出的所有建议，甚至任命一名低级官员也必须呈报法国最高驻扎官批准。琅勃拉邦王国的中央政权不仅不能在全国范围内行使其职权，而且不能在名义上归它统辖的整个上寮地区行使职权，其实际权力所及，不超过琅勃拉邦一个省的范围，原封建君主和王室不过是殖民当局的统治工具。万象省以南至占巴塞地区则由法国殖民当局直接实行殖民统治。通过直接与"间接"相结合的统治制度，法国殖民当局既在实际上直接而全面地统治着整个老挝，又在"间接统治"的幌子下，对老挝实行"分而治之"，造成殖民控制程度各地有所不同的假象。其目的一方面是使殖民统治不那么露骨和令人讨厌，另一方面是利用原来的封建政权为殖民当局服务，维护传统的王族，用其作为崇拜的象征，以缓和人民的反抗情绪，使人民屈从于法国的殖民统治。[2]

无论在直接统治区域还是在间接统治区域，法国殖民当局均驻扎军队严加防守。法国驻扎在老挝的殖民军包括侦察部队、炮兵、工程兵和"法军联队"等比较齐全的兵种，拥有精良的武器装备，具有较强的作战能力。1897年，根据印支总督保罗·杜美的命令，法国在整个印度支那开始组建"土人"部队。在老挝，殖民当局组建了由老挝人组成的红带兵、蓝带兵和地方军。1915年，殖民当局批准老挝人与法国军官共同掌握上、下寮的"土人"部队，并在1919年利用上寮"土人"部队配合法国正规军联合镇压老挝人民的反抗斗争。老挝北部毗邻中国，地形险要，因而被法国殖民当局视为军事重地，1916年3月，专门在丰沙里设立了继东京等4个军区之后的"第五军区"，将这一地区置于法国的直接军事控制之下。

老挝是一个多民族的国家，由于历史原因，各个民族的政治、经济、文化的发展极不平衡，相互之间缺乏联系和交流。法国殖民当局利用这种情况在各民族之间进行挑拨，制造民族隔阂和矛盾，以此来防范各族人民的联合反抗斗争。法国人利用一个民族的首领来统治另外一些民族，如通过泰人和老人来管理苗人，通过泐人首领向拉棉人征收赋税，等等；又如，故意挑起苗族与其他民族之间的土

---

① Hesketh Bell，"Foreign Colonial Administration in the Far East"，London，1928，p. 106.

② Francois Iche，"Le Statut Politique et International du Laos Francais"，Universite de Toulous，1935，p. 198.

地纠纷来引起他们之间相互仇恨。殖民当局还把不服从其统治的部落头人撤换下来，代之以另外的头人，使他们在保有封建特权和利益的同时，又增加了法国殖民当局授予的某些统治、镇压人民的新的权力，更加残酷地压迫和剥削人民。

法国的殖民主义者还在老挝推行民族歧视和民族压迫政策，剥夺老挝人民的民主权利。在他们眼中，老挝人民不能被看作是一个将在印度支那发挥重要作用的（民族），这个野蛮、顽固不化、耽于迷信又不求进步的种族，对于我们的文明来说除了制造障碍以外别无他用。[1]法国殖民当局1917年的一项法令规定，作为"法国的被保护人"，老挝人民不得享有选举权和被选举权，更没有言论、出版方面的自由。殖民当局禁止老挝人民出版自己的报纸来表达要求和愿望，以防引起骚乱。除了宗教节日或庙会外，19人以上的集会都必须事先将具体地点、人数和目的报告给当地殖民当局批准。在法国对老挝的人口进行的分类中，老挝人是属于最后一个等级即"劣等民族"，而法国人则属于"优等种族"，后者对前者拥有权利。[2]

总之，法国在老挝实行的统治制度是一种殖民地专制制度，其特征是在军事占领的前提下对老挝实行全面控制。全部权力都集中在法国最高驻扎官的手中，原封建王朝名存实亡，老挝人民被剥夺了一切基本的权利。

二、经济政策和社会结构

在东南亚所有的殖民地国家中，法国的殖民经济政策是最为僵硬的。[3]以国家垄断为核心的法国殖民经济政策，集中体现为对殖民地的原料掠夺，其目标是使印度支那形成以原料出口为杠杆的附属型经济机制。它只关注收益、利润，而漠视生产过程和殖民地本身的发展，当然也不可能给殖民地社会经济结构带来什么变革。在老挝，这一殖民经济政策的特征表现得尤为突出，其具体措施的发展变化可以分为两个阶段。

从法国侵占老挝到第一次世界大战末期，是法国殖民经济政策发展的第一阶段。这一时期，伴随着法国对老挝各地的军事"绥靖"和统治机构的逐步建立，殖民经济政策的重点是用强制手段对老挝进行土地掠夺和重税剥削。

---

① M. A. Lavalee, "Notes Ethnographiques Sur Diverse Tribus", Bulletin de L'Ecole Francaise d'Extreme-Orient, 1904, p. 311.

② ［法］纪阿尔：《印度支那七十年来的殖民剥削》，沈沫译，《国际问题译丛》1954年第8期。

③ Jan Pluvier, "South-East Asia from Colonialism to Independence", Oxford University Press, London, 1974, p. 8.

法国在征服印度支那初期，面临着当地人民的反抗，加上统治管理需要大量费用，但法国并没有一个可以充分利用的有效商业机制，要实现其财政目标，就必然采用超经济剥削的手段。前殖民地时期的印度支那是一个农业社会，土地是基本的生产资料，这就决定了土地成为法国殖民者主要的掠夺对象。根据1913年法国国会通过的在整个印度支那实行土地"租让"的统一制度的专门决议，法国殖民当局规定，老挝的土地除一部分为老挝王族保留外，大部分都归法国殖民当局所有。他们以登记土地为名，要求农民呈缴土地文据。由于老挝农民一般都没有土地文契或因天灾人祸而遗失，殖民当局即以田主不明为借口将土地强行没收。殖民当局以各种形式掠夺来的土地，大部分以很低的价格出售或无代价地"租借"给法国殖民当局的官员、地方封建领主、头人以及投机商人。例如，法国最高驻扎官一人就"租借"了5平方千米土地，投靠殖民当局的下寮的文翁·纳占巴塞亲王，仅在曼谷地区就占有田地300平方千米。[1] 法国殖民主义者还肆意掠夺老挝的森林资源，滥伐林木以供出口，万象周围的大片檀香木和其他地区的柚木被殖民主义者大规模砍伐。法国在老挝采伐的木材每年达5000立方米之多，每年掠夺的安息香为30吨。[2]

这一时期法国殖民经济政策的另一项重要措施，是实行苛重的捐税和劳役剥削。法国入侵老挝后建立了包括直接税和间接税的税收制度，强加给老挝人民的苛捐杂税名目繁多，如人头税、房产税、营业税、牛马税、驯象税、渡船税、市场税、种植税、土地税、鸦片税、酒税等，甚至对哺乳的妇女征收"奶头税"，各种税多达百种以上。其中，如人头税130—170元，有时逼迫群众连续缴纳2—3年，人死后还要由其亲属再交一年；种植税，咖啡每公顷15元，棉花、辣椒每千株12.5元；鸦片税则是从种植时就按株征收，一直征收到遍设于各地的鸦片烟馆的每盒烟膏。在下寮地区，甚至还向僧侣征税。人头税和鸦片税成为法国殖民当局主要的财政收入来源。1900年，法国在老挝征收的直接税数额高达30万法郎。[3] 此外，殖民当局还规定，每个老挝人每年必须缴纳40天的"公差费"；18岁以上的男子，每人每年要为殖民当局服劳役60天以上，替他们修建公路和兵营，另外还有一些

---

① 老挝爱国战线中央教育部:《老挝地理》,转引自蔡文樅《老挝王国封建制初探》,载中国东南亚研究会编《东南亚史论文集》,河南人民出版社,1987。

② F. M. LaBar and Adrienne Suddard, "Laos, Its People, Its Society, Its Culture", HRAF Press, New Haven, 1960, p. 206.

③ Nina S. Adams and Alfred B. McCoy, "Laos: War and Revolution", New York, 1970, p. 85.

临时性的劳役。如果服役者不能亲自前往，就要花费高昂的代价雇人代替。劳役剥削成为除捐税以外老挝人民难以承受的又一沉重负担，许多人不得不逃亡到外地以躲避劳役。

从第一次世界大战结束到第二次世界大战前夕，是法国殖民经济政策发展的第二阶段。第一次世界大战结束以后，法国国内经济有了一定程度的恢复和发展，因而对殖民地的投资有所增加。1919—1929 年共有 80 亿法郎的资本进入印度支那，而 1888—1918 年仅有 4.9 亿法郎。但殖民主义者的资本输出绝不是为了发展有关殖民地国计民生的工业部门，而只是投资到仅供出口、可获厚利的原料生产和加工工业以及为此服务的有关部门，由此形成了以原料生产与出口为中心的殖民经济结构。这一时期法国在老挝的经济政策，除了继续实行第一阶段的暴力掠夺以外，也开始进行一些规模和数量有限的开发和经营，如开辟种植园，开办采矿业，设立一些加工厂，修筑几条便于运输资源的公路和建立几个运输公司等，从而加深了老挝经济对法国的依附程度。

这一时期，法国殖民当局在老挝强行推广供原料出口的单一经济作物种植制度，开辟各类种植园，而殖民当局对土地的大规模掠夺为此创造了有利条件。例如，下寮沙拉湾省波罗芬高原的大批良田被殖民当局以优厚条件"承租"给法国退伍军人，由其组成"霍勒·巴考特垦殖公司"，辟为咖啡种植园。[①] 由殖民者经营的种植园，最大的占地达 2 万公顷左右。到第二次世界大战前夕，由法国资本投资建立的橡胶种植园已有 4 个。[②] 在上寮川圹省，法国殖民当局将掠夺来的土地用来种植罂粟，上寮生产的鸦片占全老挝鸦片产量的 90%，殖民当局在该地的财政收入的 1/4 是由垄断鸦片贸易提供的。

从掠夺原料的目的出发，这一时期法国开始在老挝投资兴办一些采矿业，使用廉价劳动力和简陋的工具进行开采，其中主要有波宁和丰督两个锡矿和车邦的金矿。例如，位于甘蒙省巴膝河流域的丰督锡矿，最初由当地人用较原始的方法进行开采，年产锡矿石 15—20 吨。1923 年法国"印度支那矿藏勘探和开采公司"接管经营，产量急剧上升。这一时期，另一家法国资本的"远东锡矿开采公司"也在老挝投资兴办锡矿。这两家公司 1930—1938 年间在老挝开采的锡矿石产量

---

① Thomas E. Ennis, "French Policy and Development in Indo-china", Chicago, 1936, p. 130.

② ［日］日本太平洋协会：《佛领印度支那（政治·经济）》，1941，第 244 页。

见表 7-1[1]:

表 7-1 1930—1938 年两家法国公司在老挝采锡矿石量

单位:吨

公司	年代								
	1930	1931	1932	1933	1934	1935	1936	1937	1938
远东锡矿开采公司	—	—	—	74	113	276.3	335	363	370
印度支那矿藏勘探和开采公司	600	485	648	598	610	331	597.7	569	545

这一时期,法国还在老挝开办了发电厂、自来水厂、锯木厂、碾米厂、造船厂、制冰厂等 12 个小型工厂,并开始修建公路和疏通水上航道。第二次世界大战以前,法国在老挝先后修建了 3 条东西向的公路,穿过长山山脉把湄公河沿岸地区与越南相连接,万象到琅勃拉邦之间的公路也在这一时期修建完工。

随着交通的发展(虽然这种发展是十分有限的),法国商品不断涌入老挝重要城镇的市场。例如,在琅勃拉邦市区内,河两岸的货摊上到处是法国生产的货物。[2] 法国殖民当局还在老挝成立了"总商会",主要任务是出版书报,举办各种展览会,宣传老挝可供开采的资源的情况,尤其是向法国资本家介绍老挝的市场情况,以扩大法国商品的销路。与此同时,法国还通过严厉的保护主义关税政策排斥其他国家与印度支那的贸易机会,把印度支那变为它所独占的商品市场。在"印度支那联邦"体系内,老挝和柬埔寨根本没有自己的海关、货币和独立进行对外贸易的权利,绝大部分出口产品只能从西贡转口。

总之,这一阶段法国对老挝进行的开发经营仅局限在为法国工业提供原料的范围内,规模有限,数量很少,并没有建立与之相配套的其他企业。而且,殖民当局也不使用先进技术和设备来改善劳动条件和提高生产效率。在种植园中均以手

① [日]日本太平洋协会:《佛领印度支那(政治·经济)》,1941 年,第 244 页。

② Herold J. Coolidge and Theodore Roosevelt, "Three Kingdoms of Indochina", New York, 1933, Sec. II.

工劳动为主,资本有机构成很低,劳动力开支通常在生产费用中占75%。采矿业中除了部分必需的机器设备外,矿石的采掘、装卸主要依靠廉价的人工劳动进行。在各个种植园、采矿场和锯木厂中,法国殖民者长期实行极端落后的"契约劳工制"以及工头制、发放高利贷、处罚和送礼制,使劳工与法国资本家之间存在着一定程度的人身依附关系。这种只注重掠夺搜刮的殖民经济政策同落后的经营管理体系相结合,必然严重阻碍老挝近代工业的形成和发展。

整个法属时期,尽管在城镇和一些较发达的地区已经出现了某些地主经济成分,个别城镇甚至出现了资本主义的经济因素,但是老挝社会结构的变化十分迟缓。由于法国殖民主义者全盘保留了原来落后的封建压迫剥削制度,各社会基层组织、传统习俗也基本如故,因而老挝的社会性质虽已发生了改变,但经济的发展依然很缓慢。原封建领主在其占有的土地上仍大体上维持着对农民的封建剥削和压迫,得到土地的法国殖民者也不采取资本主义的经营方式,而是采用封建的地租剥削形式,成为法籍地主。另一方面,法国殖民者既压制当地民族资本的产生,也很少招收老挝人当工人,这就严重阻碍了老挝工人阶级和资产阶级的形成和发展。据统计,直到第二次世界大战爆发前夕,老挝矿山、种植园、码头和运输业中各种类型的劳工总数仅为1万人,其中绝大部分是法国殖民者招收来的越南籍工人。在为数不多的老挝工人中,又有不少是农闲时期流入城市作季节工的农民,流动于农业与其他行业之间,还没有也不可能形成为一个独立的阶级。法国殖民主义者还用垄断制度对老挝资本家加以压制。根据法国的统计,在第二次世界大战期间,老挝仅有二三十个资本家在锯木厂、碾米厂、卷烟厂中拥有股份,另一部分只经营农林土产品或汽车、汽艇运输业。这些工厂中的工人一般不超过20人。[①] 可以说,在法属时期老挝资产阶级还没有条件形成,因而,这一时期老挝的社会基本结构仍然由各级封建领主和受到殖民主义、封建领主双重压迫和剥削的农民阶级构成。老挝的经济依然是自给自足的自然经济占主导地位,整个老挝处于殖民地封建社会的状况。

在广大的农村,法国殖民主义者保留并巩固了老挝封建领主的特权和利益,使老挝封建领主得以维持并发展了过去农奴、半农奴性质的"贡滥"剥削方式。各级封建领主同时又是基层官吏,他们在占有土地的前提下,以"贡滥"方式对农

---

① [老] 富米·冯维希:《老挝和老挝人民反对美国新殖民主义的胜利斗争》,蔡文樵译,人民出版社,1974,第22页。

民进行超经济的残酷剥削。在"贡滥"制度下，领地内的所有百姓实际上都是封建领主的农奴，必须无偿为领主服各种劳役，如耕田种地、盖房修路、搬运货物、挑水舂米、洗衣做饭、打柴扫地等，有些地方服劳役的时间长达半年以上，口粮还要自己准备。封建领主除进行劳役地租剥削外，也开始把一部分土地租给农民耕种，向他们征收高额实物地租，发放高利贷。此外，农民还要向封建领主送礼纳贡，缴纳捐税，负担极为沉重。这种剥削制度使老挝农民的实际地位与农奴相差无几，严重阻碍着乡村地区经济的发展。

总而言之，法国的殖民经济统治给老挝带来的社会变革十分微弱，前殖民地时期的封建领主制几乎原封不动地被保留到殖民统治的末期，殖民主义在老挝基本上只有负价值。以掠夺为主的法国殖民经济政策与老挝封建生产方式相结合，是老挝近代社会发展缓慢的主要原因。

三、文化教育情况

在文化上，法国殖民主义者配合政治上的严密控制和经济上的残酷剥削，在老挝推行殖民主义的愚民同化政策，以企图达到精神征服的目的。

法国入侵老挝后，尽可能地保持老挝社会的落后状态，推行愚民政策，以保证其经济掠夺和政治控制。法国殖民者即使兴办了一些学校，也主要是为了实现其同化老挝人民的目的。1902—1905年，法国在琅勃拉邦和万象先后设立了两所成人正规学校，以后又在这两所学校扩大附设了初级班，由法国人和会讲法语的越南人担任教师。1909—1911年，在万象、琅勃拉邦、沙湾拿吉和巴色共设立了4所师范学校，培训老挝僧侣作为小学教员。1917年，法国殖民当局发布命令，规定：老挝所有学校的发展计划皆被列入整个法属印度支那教育系统发展总规划。[1]1921年，法国在万象开办了老挝第一所官办初级小学。1939年又颁布法令，开始在农村建立"乡村学校"，由乡村提供校舍，政府提供教师和教学设备。在边远地区和山区，殖民当局开办了"部落学校"和"流动学校"。为了培养老挝学生的亲法思想，殖民当局规定，所有学校各学科必须用法语讲授，甚至学生的课本也基本是照搬法国的。殖民当局还把老挝封建贵族的子女送往西贡工艺学校、金

① Norton S. Ginsberg, "Area Handbook on Laos", Chicago University for Human Relations Area Files Inc. , 1955, pp. 107–108.

边艺术学校和河内技工学校学习。

但是，从老挝全国范围来看，法国举办的正规教育规模很小，发展极为缓慢。对于大多数老挝人的教育，殖民主义者认为，只需经过各地佛寺学校两三年的宗教教育就足够了。实际上，法属时期老挝各地的佛寺仍然是传统文化的主要传播媒介和场所，它们在老挝人民心目中的地位和作用，是法国殖民者兴办的正规教育所无法替代的。1930 年以前的 30 多年中，老挝全国的小学生总人数仅有 8000多人，其中老挝籍的学生仅 2402 人，只有 15 人获得毕业证书。[①]"部落学校"和"流动学校"分别只有 250 人和 600 人。直到 1954 年，"全国的启蒙学校不到 180所，学生只有 10000 多人，只有 5 所小学和 1 所中学。全国只有大约 10 个人是法国高等学校或印度支那大学的毕业生"[②]。95% 以上的老挝人是文盲。

法国殖民主义者的愚民同化政策还表现在用各种手段来破坏和割断老挝文化发展的连续性，企图从根本上腐蚀和消灭老挝人民的民族意识和民族文化。[③]法国殖民主义者侵入以后，老挝珍贵的民族文化遗产遭到严重破坏，殖民主义者大肆劫掠老挝的文物、古典书籍、经典、文学作品和技术书籍，甚至连老挝查尔平原的石缸也被锯成碎块运往法国。除了强迫各学校一律采用法语教学外，还规定法文为公文中的唯一合法的文字，几乎看不到用老挝文出版的书籍和报纸。1940—1941 年间，法国还一度试图以罗马拼音文字代替老挝文字母来拼写老挝语。在这种情况下，老挝的语言文字中混入了大量法语词汇，以至于现代许多有文化的老挝人也感到难以用老挝文来写作，而必须继续使用法文作为表达手段。即使在老挝取得独立以后，虽然老挝官方宣布将老挝语作为国语，但是，老挝政府的文件和信件在相当长一段时间内还不得不使用法文。法国殖民主义者同化政策的后果可见一斑。

法国殖民主义者还大力推行为殖民统治服务的宗教政策，扩大西方宗教尤其是法国天主教在老挝的影响。1902 年，一批瑞士传教士首先来到老挝，在松空建立教区。长老会的势力进入老挝后，主要活动于上寮地区，建立了"基督教传教联盟"。该联盟于 1926 年组织教徒在老挝用老挝语翻译出版了《圣经》，印刷了《新约全书》。1928 年又用老挝语印刷出版了《旧约全书》。后来，为了使法国天

---

① 转引自蔡文欂《试谈老挝的教育》，载《东南亚研究资料》1984 年第 2 期。

② ［老］富米·冯维希：《老挝和老挝人民反对美国新殖民主义的胜利斗争》，蔡文欂译，人民出版社，1974，第 24 页。

③ 陈康康：《二战前法国在老挝的殖民统治和老挝人民的反法斗争》，硕士学位论文，郑州大学，1984。

主教徒活动方便，殖民当局一度对其他西方传教士的活动加以限制，使法国天主教势力在老挝的影响日益扩大。天主教徒在他曲建立了中心教堂，并将活动范围扩展到老挝东南部地区，建立了7个教区，每个教区有一座教堂。1901年，老挝天主教徒达到3000人，以后又增加到3200人，其中大部分是老听族系的民族和移居下寮的越南人，另有一小部分是苗族人。鉴于佛教在老挝人民社会生活中的巨大影响，法国殖民当局力图控制佛教，派出一名称为"桑卡班立"的法籍宗教最高统治者住在万象管辖老挝的佛教，并极力收买僧侣界的上层人士，甚至通过他们修改经偈戒律的内容，以控制老挝人民的思想。但无论如何，南传佛教仍然是老挝的国教，对老挝社会、文化和人民的日常生活有着巨大而深远的影响，许多爱国僧侣积极参加了抗法救国的斗争。

综上所述，从19世纪末到第二次世界大战前夕，法国殖民主义者在武力征服和军事占领的前提下，对老挝政治上实行严密的控制，经济上残酷掠夺，思想和文化上实行愚民和同化政策，严重阻碍了老挝社会的进步和发展，使老挝各族人民陷入了比法国入侵前更加悲惨的境地。这样，老挝各族人民与法国帝国主义之间的民族矛盾便成为老挝社会的主要矛盾。

第三节　老挝人民的反法斗争

列宁指出："在帝国主义时代，殖民地和半殖民地的民族斗争不仅是可能的，而且是不可避免的。"[1]19世纪末到20世纪初，亚洲殖民地附属国人民开始掀起了争取民族解放的斗争，作为法国殖民体系中重要环节的老挝也不例外。法国的殖民统治给老挝人民带来了深重的灾难，使老挝人民与法帝国主义之间的矛盾不断尖锐化、深刻化。从法国侵占老挝到第二次世界大战前夕，不屈服于外来统治的老挝人民自发行动起来，掀起了多次轰轰烈烈的反法起义斗争，沉重打击了法

---

① [俄]列宁：《列宁选集》第2卷，人民出版社，1972，第872页。

国的殖民统治。这构成了老挝这一时期社会历史的重要内容。

一、富巴都起义

1901—1903 年，即法国的殖民统治刚刚在老挝建立不久，在下寮沙湾拿吉就爆发了富巴都（又译为"普嘎奴特"）领导的反法武装起义。法国殖民当局在这一地区课以重税，对当地老族人民与湄公河对岸泰国人之间的传统贸易交往加以限制，并把大批老族人驱赶到泰国境内居住，所以，这次起义的直接原因是为了废除重税，恢复贸易自由。起义爆发于 1901 年 1 月，沙湾拿吉省坎塔占村老族农民富巴都率领群众袭击了驻坎塔武里县的法国殖民军兵营，揭开了起义的序幕。富巴都以"富米本"（意为"福神、有福气的人"）的名义号召人民拒绝向法国殖民者纳税和服劳役，得到了热烈的响应。4 月，前来镇压起义的法国殖民军遭到 1500 名用大刀、长矛武装起来的起义者的猛烈还击，法军士兵大部分被打死，只有一小队逃走。这次胜利使起义的声势更加高涨，对下寮法国殖民当局和驻军形成巨大威胁。[①]

1902 年 4 月，起义群众曾一度攻占了沙湾拿吉市，但是，由于武器落后，力量悬殊，在法国殖民军的猛烈进攻下，起义军伤亡惨重，不得不撤退到曼谷地区的会龙功一带。法国殖民者在这一地区构筑了漫长而严密的封锁线，焚烧居民粮仓，强行迁走居民，将起义军渐渐围困在东部山区。1903 年，法国殖民军俘虏并杀害了富巴都，起义被镇压下去。但此后，下寮沙湾拿吉省人民的反法斗争仍以其他形式坚持了一段时间。许多参加过武装起义的爱国者在广大乡村地区继续领导人民开展拒交捐税和争取恢复自由贸易的斗争，部分地区的群众以祈求"福神"降临的形式结队游行，拒绝向法国殖民者纳税。法国殖民者为彻底扑灭人民的反抗烈火，在沙湾拿吉逮捕和杀害了数百名爱国者，并派出大批殖民军在起义军活动过的地区进行了长达 3 年之久的反复"清剿"。但事与愿违，不久以后，在下寮地区又爆发了昂克欧—库马丹起义。

二、昂克欧—库马丹起义

1911 年，继富巴都起义之后，老挝老听族系民族在昂克欧率领下开展抗捐抗

---

① 陈康康：《二战前法国在老挝的殖民统治和老挝人民的反法斗争》，硕士学位论文，郑州大学，1984。

税斗争，并很快发展成为大规模的武装起义。昂克欧是下寮甘果寨拉芬族的头人，法国殖民主义者强迫这一地区的老听族系民族缴纳货币税款，迫使许多人不得不借债或做工来纳税。昂克欧发动和组织了沙拉湾和其他地区的拉芬族、阿乐族等支系的人民群众，为拒缴捐税袭击了前来征缴的法国殖民官员及其卫队，后来发展到对前来"绥靖"的法国殖民军进行伏击，掀起了武装起义。起义军占领了波罗芬高原，用火药枪、弩箭、大刀、长矛等同法国殖民者进行机智、勇敢的斗争，常常使前来镇压的法国殖民军遭到出其不意的伏击。

在武力镇压和经济封锁皆遭失败以后，法国殖民主义者便采取政治欺骗手段，和他们扶植的老挝地方反动势力一起，共同对付起义军。殖民当局通过巴色省总督昭诺侬与昂克欧"议和"，提出可以豁免拉芬族人民的课税，骗取昂克欧下山与法国留守使冯德勒谈判。在谈判过程中，冯德勒卑鄙地从帽子下面拿出手枪杀害了昂克欧。[1]

昂克欧遇害以后，老听族系民族并未放弃武装反法斗争，拉芬族的另一位头人库马丹接替了昂克欧，继续领导老挝人民开展反法武装斗争。库马丹少年时代曾被法国殖民者逮捕入狱，出狱后即参加了昂克欧发动的起义，因而具有一定的斗争经验和较高的声望。昂克欧牺牲以后，他被推举为起义军首领。库马丹不负众望，首先组织了一次伏击，将前来扫荡的法国殖民军打得大败而逃。库马丹还派出代表到各个山区，发动那里的老听族系各部落的人民，号召共同反抗法国侵略者。

随着老听族系民族和老龙族系的一些民族加入起义队伍，斗争的力量和地域不断扩大。此后，库马丹起义军的活动范围和影响扩展到下寮的沙拉湾、沙湾拿吉、阿速坡等省及其他地区。由于活动范围广泛，库马丹起义军可以灵活地袭击法国殖民者。更为重要的是，库马丹还提出了具有一定政治纲领色彩的口号，号召人民用一切力量抵抗法国殖民者，拒付捐款，抗拒征兵，拒服劳役。为了更有效地进行联络和宣传这些主张，库马丹还创造了一种称为"亢"的文字，在拉芬族群众中使用。库马丹一方面领导起义军对敌作战，另一方面积极组织生产，为起义军和人民群众提供必需的粮食。

---

① ［澳］威·贝却敌：《沿湄公河而上——柬埔寨和老挝纪实》，石英译，世界知识出版社，1958，第191页。

第七章　法国的殖民统治（1893—1940）　　　185

由于遭到法国殖民军残酷的镇压和围困，虽然库马丹起义军经过了巨大的努力，但山区人民的生产生活还是无法得到保障，穷困和饥饿遍布下寮广大山区，这更激起了老挝人民反抗法国殖民者的愤怒情绪，整村整寨的百姓离开家乡投奔库马丹起义军队伍。因为库马丹具有较为成熟的组织和领导才能，起义军也具有比较广泛的群众基础和活动范围，所以，法国殖民军多次大规模的扫荡和镇压以及政治上的威胁利诱都遭到了失败。

1936年，法国殖民军在对库马丹起义军设在靠近老挝边境的夫琅山地区的主要根据地进行了两年的封锁包围之后，开始对居住在山麓、平原和山谷的人民进行有组织的屠杀，逐步向起义军根据地中心逼近。后来，法国殖民者又从越南、柬埔寨调来3个营的军队，在数十架飞机和100多头大象的配合下，对起义军进行大规模围剿，并利用起义军内部的奸细带路，才将这次长达20多年的大规模武装起义最后镇压下去。[①] 库马丹牺牲在战斗中，包括库马丹亲属在内的许多起义者在这次大围剿中被俘入狱和遭到杀害。

昂克欧和库马丹领导的武装起义，是第二次世界大战以前老挝人民反法斗争中时间最长、范围最广、影响最大的一次起义，在老挝人民抗击外来侵略、争取民族独立和解放的斗争历史上写下了光辉的一页。

三、巴寨起义

在下寮地区老听族系民族开展反法武装起义的同时，1918—1922年间，上寮地区川圹、桑怒、琅勃拉邦3省的苗族人民在巴寨的领导下，也展开了反法武装斗争。起义的根本原因是苗族人民不堪忍受法国殖民当局的横征暴敛和残酷压迫，直接原因是不满沉重的鸦片烟税和法国殖民者的不断拉夫而带来的徭役负担。法国殖民军的一位军官也承认苗族人民的起义是由于苛重的捐税造成的——使人难以忍受的各种捐税，沉重的鸦片税，不付钱而向人们征收马匹，那些低级官员和小头目又总是在苗人面前挥舞法国政府这具稻草人吓唬苗人，苗人终于起来暴乱。[②]

当时，法国驻桑怒的殖民机关颁布的法令规定，不论苗族人是否种植罂粟，一律按户每人交纳两公斤鸦片，后来又派兵前来征调苗族人充当苦力。巴寨是桑怒省

① ［澳］威·贝却敌：《沿湄公河而上——柬埔寨和老挝纪实》，石英译，世界知识出版社，1958，第193页。
② Henri Roux, "Les Meo ou Miao Tseu", France-Asie, January-February, Hanoi, 1954, p. 404.

孟生县的苗族头人，由于不满殖民统治，拒绝帮助殖民当局征税拉夫，因而被殖民当局罢免，另行指派了一名头人代替他。在老挝民族地区，民族首领的威望往往高于政府派来的外地行政官员，所以，苗族群众只承认巴寨是自己的真正首领，支持巴寨抗拒殖民当局。巴寨组织苗族人民对前来护送法国收税官员的殖民军队进行伏击，并派人通知其他部落共同反抗鸦片税和拉夫。起义首先在桑怒爆发，由于苗族人民遭受法国殖民者的压迫特别沉重，所以，巴寨领导的武装起义一呼百应，很快得到了其他地区苗族人民的广泛支持。1919 年，起义军的活动范围已经扩大到包括桑怒、川圹、琅勃拉邦等上寮主要省份以及越南的奠边府、莱州一带共约 4 万平方千米的广大地区。起义军曾一度攻占法国殖民军控制下的川圹市。巴寨在取得了一系列的胜利之后，号召苗族人民建立一个以奠边府为中心的独立国家。

巴寨领导的苗族人民起义给法国的殖民统治造成了很大的威胁。上寮地区东邻法属“印度支那联邦”驻地河内，北控进入中国的交通要道，因而被法国殖民当局视为战略重地，并设有“第五军区”。如果这一地区的反法斗争继续发展下去，势必要影响法国在上寮乃至全老挝的统治，这是法国殖民当局所不能容忍的。法国殖民当局先是派遣“游击部队”对苗族起义军进行小股伏击，在遭到失败以后，1919 年 11 月，又从越南调动大批法国正规军和越南、柬埔寨雇佣兵对起义军进行围剿。法军采用步步紧逼的“平定战术”，即迁走整个村庄，焚烧粮仓，严禁苗族人民与起义军接触，企图孤立、封锁起义军，但也未能奏效。1920 年 3 月，苗族起义军活动中心转移到川圹省东北部，法国殖民者得知这一情况后，采用“老挝人打老挝人的”的手段，利用法国在老挝的“土人部队”——“红带兵”和“蓝带兵”，配合法国正规军组成了从东到北的战线对起义军进行包围。同时采取“以苗制苗”的办法，利用投靠他们的苗族首领，一方面引诱一些苗族首领向当局“投诚”，孤立巴寨；另一方面在起义军内部收买苗奸暗杀了一些坚持斗争、拥护巴寨的苗族首领。通过一系列军事镇压和政治分化，1921 年 2 月，法国殖民军和“土人部队”攻陷了苗族起义军据点，1922 年，巴寨被法国特务暗杀，苗族人民的武装反法起义宣告结束。

上述三次规模较大、时间较长的反法武装起义，常被老挝人民誉为老龙、老听、老松三大族系民族反抗外来侵略斗争精神的代表。这一时期老挝较著名的反法斗争还有：1916 年，泐族人民在昭华孟新领导下的起义；1920 年，由教师库坎领导的万象学生和青年运动；1930—1940 年间，波宁和丰督锡矿工人要求增加工资的罢工斗争；此外，还有丰沙里善因族的斗争、阿速坡省夫翁山地区拉芬族的斗争，以及桑怒省人民的斗争，等等。

老挝人民 1893—1942 年间的抗法起义斗争之所以屡遭挫败，是由当时的历史条件所决定的。19 世纪末 20 世纪初，刚从"自由"资本主义过渡到帝国主义的法国国力强盛，对外侵略扩张势头咄咄逼人。这一时期法国在老挝的殖民统治处于稳定阶段，殖民主义势力比较强大；而法国统治下的老挝却是一个落后的弱小国家，加之各民族之间长期存在着矛盾和隔阂，使起义具有明显的局部性与分散性，无法形成全国性的统一行动，造成双方的力量对比更为悬殊，起义最终被镇压下去。另外一个重要原因是，当时老挝还没有形成新的生产力和生产关系，历次反法斗争都没有先进阶级和先进思想的指导，因而起义往往局限在以农民为主力的自发斗争阶段上，没有提出完整明确的政治纲领性的方针、政策，缺乏远大的奋斗目标，最终被殖民主义者一一镇压下去。

上述历次反法斗争虽然在法帝国主义的残酷镇压下均以失败而告终，但它们在老挝人民反抗外来侵略、争取国家独立和民族解放的历史上却具有重大而深远的意义和影响。一系列的反法斗争唤醒和锻炼了老挝人民，提高了人民的觉悟，并为以后老挝的民族解放运动培养了一批具有斗争经验的骨干力量。例如，库马丹的儿子西通和刚奔在 1945 年重获自由以后，立即加入了革命队伍，在丰沙里和邻省建立了抗战根据地，后来成为寮国战斗部队的著名领导人。在第二次世界大战以后抗击法国殖民主义者的成员中，有许多人是第二次世界大战以前历次反法武装起义的积极参加者。

各次武装起义显示了老挝人民反抗外来侵略的决心和力量。在历次反法起义斗争中，面对法帝国主义强大的政治和军事力量，老挝人民敢于拿起原始简单的武器与之展开不屈不挠的斗争。起义显示了老挝人民英勇的民族气概和顽强的斗争精神，也为后来老挝人民有组织、有纲领和策略的革命斗争提供了宝贵的经验和教训。

从更大的范围来看，这一时期老挝人民的反法斗争，是印度支那民族解放运动的重要组成部分，是冲击整个帝国主义殖民体系的一股洪流，和越南、柬埔寨人民的反帝斗争在客观上起着相互支援和鼓舞的作用。

第八章

老挝（1941—1954）

第一节　第二次世界大战中的老挝

一、日本侵占印度支那

1939年9月，德国进攻波兰，第二次世界大战爆发，欧洲形势急剧变化，英、法危在旦夕。陷于中国战场的日本军国主义认为，扩大侵略进而谋取亚洲和太平洋地区霸权的有利时机已经到来。日本公开宣布其对外政策的基本目标是建立包括东南亚在内的"大东亚新秩序"①，决定了它武力南进的方针。地处战略要冲并拥有丰富资源的东南亚地区在日本的南进计划中占有重要地位，而位于东南亚北端与中国西南部为邻的印度支那，则是日本南进的首要目标。因为一旦占领印度支那，既可作为侵略中国南部各省，也可作为进攻泰国、缅甸进而袭击马来亚的桥头堡。另外，印度支那盛产的大米、煤、锡、橡胶等，也是日本扩大侵略战争所急需的战略物资。1940年6月15日，法国要塞凡尔登失陷，次日贝当上台，6月20日与德国签订了贡比涅停战协定，投降德国。日本遂乘法国战败、英国处境亦危如累卵之际，将其侵占印度支那的计划付诸实施。

1940年6月19日，日本向法国驻印度支那总督贾德鲁提出最后通牒，要求法方同意封锁滇越铁路和共管中越边界，以切断中越交通。8月3日，日本又向新任法国驻印度支那总督德古递送通牒，要求使用越南北部的机场设施，并给予进攻中国的过境权力。

当时，法国维希政府已无力保护殖民地，面对日本咄咄逼人的攻势，只好采取妥协投降的政策。在印度支那的法国殖民当局更是一筹莫展。他们在本国政府软弱无力，驻印度支那法军力量薄弱、不足以抗衡日本军事进攻的情况下，曾一度向美国求援，法国驻美大使也向美国通报日本的要求，并希望得到美国的援助。②但当时美国政府不愿介入印度支那的冲突，对日本采取绥靖政策。8月22日，美国国务院副国务卿韦尔斯通知法国维希政府，美国不可能给印度支那以援

---

① 日本外务、陆军、海军三大臣联合署名的《对外政策的方针纲要》(1939年12月)，见日本外务省编《日本外交年表和主要文书(1840—1945)》下卷，1969，第334页。

② Embassy of France to Department of State, Aug. 6, 1940; Memorandum by Dunn, Aug. 6, 1940, Foreign Relations of United States, 1940, 4: 63–65.

助，如果法国把某些军事设施让予日本，美国不会为此加以谴责。[①] 法国维希政府在美国拒绝支持和日本的军事压力下接受了日本的要求。8 月 30 日，印度支那总督德古与日本签订协议。在该协议中，法国承认日本在印度支那和远东的特权，允许日本在印度支那北部过境和使用某些军用设施，日本方面则表示"尊重"法国在印度支那的主权。9 月 22 日，双方签订了《关于日军进驻印度支那的协定》，法国同意日军进驻南至河内的印度支那北部地区，占领 3 处机场，驻扎6000 名士兵的军队。但日本并不以此为满足，签约当夜，驻在中国广西的日军向越南谅山、同登两地的法军发动突然袭击，轰炸海防，接着占领了整个印度支那。1941 年 7 月 29 日，日法签订《日法共同防御印度支那议定书》。12 月 9 日，即在日本偷袭珍珠港、太平洋战争爆发后的第二天，双方又签订《共同防守法属印度支那地方军事协定》。通过这些协定，法国维希政府被迫将印度支那的军事控制权让给日本，使日军取得了在印度支那驻扎、行军和自由使用飞机场的权力。除此之外，法国还被迫承认日本有权获得它所要求的一切经济资源，并提供法国业务管理人员和技术人员的服务，包括使用约 5 万吨的内河和沿海船只。名义上，印度支那还是法国的殖民地，实际上，印度支那已成为日本在东南亚的军事基地和战略物资的供应地，从此，形成了日、法两个帝国主义共同统治印度支那的局面。

日军侵占印度支那后，根据日、法达成的协议，保留了法国在印度支那的一整套行政统治机构，表面上仍维持着法国殖民当局原来的统治。日本则通过这个机构推行全面掠夺印度支那各国资源、财富的政策，日本除每年从法国殖民政府手中获得一大笔"占领费"外，还利用军事占领之便，掠夺印度支那的大米、橡胶、煤、锡等战略物资。为了应付战争和满足日本的经济要求，法国殖民当局在第二次世界大战期间加重了各种税收，把负担转嫁到印度支那人民身上。印度支那人民处于日、法的双重剥削压榨之下，处境更加悲惨。

二、泰国与法国关于老挝领土的争端

1893 年《法暹条约》签订后，老泰边界绝大部分以湄公河作为分界线。但按

---

① Bernard B. Fall, "Le Politique Americaine au Viet-Nam", "Politique Etrangere", No.3, July, 1955.

照后来签订的新约，如果湄公河的某段有一条以上的航道，边界应当是靠近泰国河岸的那一条航道的河流谷底线；如果最靠近泰国河岸的那一条航道业已干涸，则除经两国联合勘界委员会另行认定以外，仍以该业已干涸的航道为界。显而易见，这是很容易引起争执的。"泰国总是认为不把主航道作为湄公河的分界线的根据是完全违反国际惯例的"[①]，对此一直不满。

法国投降以后，泰国（1939年暹罗改国名为泰国）披汶·颂堪政府便趁火打劫，对老挝和柬埔寨提出领土要求。1940年6月，即在法国投降的当月，泰国披汶·颂堪政府便与日本签订了一个"友好条约"，接受日本的"保护"，投靠轴心国家。日本为削弱法国在印度支那的势力，也乐得利用披汶·颂堪要修改边界的企图，允许泰国向老挝、柬埔寨发动进攻。在这样的历史背景下，1940年9月，泰国披汶·颂堪政府向法国维希政府正式要求将老挝在湄公河以西的沙耶武里省以及柬埔寨的马德望、暹粒、诗梳风3省"归还"泰国。法国对此予以拒绝。11月30日，开始了法、泰之间的不宣而战。

1941年1月9日，泰国军队攻入柬埔寨。13日，泰军越过泰、老边界，占领湄公河右岸占巴塞（巴沙）和琅勃拉邦对岸等地区。在陆上失利的法军则密令法国海军攻击暹罗湾一带的泰国海军基地。1941年1月17日，3艘法国巡洋舰突袭了停泊在锡昌岛海面的泰国海军，泰军损失惨重。尽管法、泰双方互有胜负，但遭到重创的法国的威风已非昔日可比，面对日本支持的泰国也不得不退让三分。28日，法国在德国、日本的压力下被迫停止军事行动。接着，一直躲在幕后的日本以"调解"为名插手进来，法国和泰国的代表团在东京举行谈判。1941年5月9日双方在东京签订协定，规定以湄公河的主航道作为泰国和法属老挝之间从北面到占巴塞的边界线，老挝沙耶武里省和南部湄公河以西的地区割让给泰国，这就使泰国的东部边界恢复到1893年北榄条约签订以前。柬埔寨的马德望、暹粒、诗梳风3省也被划归泰国。

第二次世界大战结束之后，法国重返印度支那，要求恢复战时失去的领土。在美国干预下，建立了由美国、英国和秘鲁组成的调解委员会，1946年11月17日，由联合国裁决，上述各地才被分别交还给老挝和柬埔寨。

[①] ［泰］姆·耳·马尼奇·琼赛:《老挝史》，厦门大学外文系翻译小组译，福建人民出版社，1974，第409页。

三、日本发动军事政变

日本侵占印度支那以后，忙于与同盟国作战，无暇也暂无必要立即把法国殖民者赶走，并重新组织一个新的统治机构取而代之，因此一直是通过法国殖民机构来掠夺印度支那的资源、财富和劳动力，为侵略战争服务。这样，日、法两个帝国主义暂时相安无事，共同统治印度支那的局面维持了数年，这在世界历史上也是罕见的现象。

到1945年初第二次世界大战快要结束时，欧洲战场上法西斯德国的军事劣势已非常明显；在亚洲和太平洋战场上，日本军国主义节节败退，美军已在菲律宾登陆，切断了日本在南洋的交通线。日本深恐印度支那的法军突然倒戈，从背后袭击自己。因为当时法国维希当局虽然已向轴心国家投降，但总部设在阿尔及尔、以戴高乐为首的"自由法国"的"法国解放委员会"却一直力图恢复昔日的"法兰西帝国"在海外领地的统治。当时戴高乐的印支政策，"首先是向所有的人宣告，维希所同意的任何有关放弃印度支那的权利，自由法国一概认为无效。其次是一方面不使我们的朋友接受维希的政策和主义，同时又不以内部运动阻挠地方当局最后组织起对日本和暹罗的反抗。第三是和其他受到威胁的列强在太平洋通力合作，试图使英、美、荷兰3国出面为印度支那调停"[1]。事实上，早在1943年，戴高乐就开始了重返印度支那的活动，他同维希政府驻印度支那司令莫尔秘密联系，要求后者在必要时向日军发起攻击。在老挝驻琅勃拉邦的法军也与自由法国建立了秘密联系。为了免除后顾之忧，1945年2月2日，日本政府秘密制订了"适应形势变化解决法属印度支那方案"，决定了对法属印度支那采取武力解决，并将其置于日本军事统治之下的方针。[2]

1945年3月9日晚7时，日本大使松本在西贡向法国驻印度支那总督德古递交了一份最后通牒，宣称美、英军队很可能在印度支那登陆，法军及其一切军事设施应置于日军的统一指挥下，与日军密切合作，并要求两小时内即当晚9时以前答复。此时，日军已经包围了法国总督府。德古拒绝了日本的要求。9时20分，日军

---

① ［法］戴高乐：《战争回忆录》第1卷，北京编译社译，世界知识出版社，1981，第151页。
② 复旦大学历史系日本史组编译：《日本帝国主义对外侵略史料选编，1931—1945》，上海人民出版社，1975，第500–501页。

发起进攻，很快就占领了总督府，包括德古和莫尔在内的法国殖民政府的许多高级官员被日军拘押。紧接着，日军在整个印度支那发动了政变，独占了这一地区。

3月10日，日军从越南攻入老挝，占领了川圹，进逼万象。驻在万象的法军在10日清晨出城进行射击训练时，意外地发现了日军，于是双方发生了战斗。法军在抵抗了几小时后向琅勃拉邦方向撤退，但他们在琅勃拉邦又遭到来自川圹的日军的威胁。属于"自由法国"（1942年7月改称"战斗法国"）的琅勃拉邦的法国驻军此时宣布免除琅勃拉邦的驻扎官及其属员的职务，然后向芒塞、芒新方向撤退。日军未遭抵抗，顺利地开进琅勃拉邦。在万荣、他曲、阿速坡、车邦、东兴等地，法军都进行了不同程度的抵抗，结果或被消灭，或被击溃，逃入丛林，有的退入缅甸、中国。驻在万象的法国最高驻扎官及其属下所有官员均被逮捕监禁，老挝完全落入日军之手。

3月17日，日本通过西贡电台广播宣布，琅勃拉邦王国以独立王国的名义加入"大东亚共荣圈"。4月8日，日本又迫使老挝国王发表"独立宣言"，该宣言由老挝首相佩差拉宣读，内容如下："鉴于法国统治者已经失败，老挝王国宣布独立。同时还由于法国没有履行保卫老挝抵抗外敌的义务，老挝根据条约和协定而附属于法国的法律关系实际上已经不复存在。"[1] 同时，老挝王子西萨旺·瓦达纳作为人质被送往西贡。

日本独占老挝后，给琅勃拉邦朝廷委派了一名最高顾问，同时委派了一名高级顾问代替法国最高驻扎官，他们的行政所在地从万象迁到他曲。

在日军直接统治印度支那仅仅5个月以后，1945年8月15日，日本无条件投降，从而结束了其对印度支那的统治。

第二节　十月独立运动

第二次世界大战结束以后，日本已经投降，而法国的殖民统治又早已土崩瓦

---

① [泰]姆·耳·马尼奇·琼赛：《老挝史》，厦门大学外文系翻译小组译，福建人民出版社，1974，第416页。

解，在当时的整个印度支那，出现了殖民统治的"真空"，这对印度支那人民争取民族独立的斗争来说，是前所未有的有利时机。1945 年 8 月，在越南"八月革命"的鼓舞和影响下，老挝几个大城市纷纷举行以"庆祝越南独立""独立的老挝万岁"为口号的群众集会。8 月 23 日，万象、琅勃拉邦、沙湾拿吉、他曲、桑怒等地的人民同时起义，许多省会组织了武装自卫力量，建立了地方政权。老挝人民要求国家真正独立的呼声日益高涨。

1943 年，当日本在亚洲的攻势削弱、无法继续前进之时，在泰国出现了一个以銮巴迪·玛努坦为首的抗日的"自由泰"组织，在"自由泰"的影响下，以流亡泰国的老挝小资产阶级知识分子团体为主体，在廊开召开了第一次会议。参加会议的有温·萨纳尼空（主席）、坦·塞耶西蒂色纳上校、乌·萨纳尼空将军、奔·西沙纳空中校、陶布占·英塔冯、马哈西拉·维拉冯等人。会上成立了"自由老挝"组织，亦即"伊沙拉"（老挝语译音，意为"自由"）。会议决定，按照"自由泰"的政策，在老挝国内开展活动。"伊沙拉"的成立，为后来老挝的独立运动作了组织准备。

日本投降后，老挝国内的形势急剧变化，"伊沙拉"立即召开会议，讨论在新的形势下，如何使老挝获得独立的问题。会议认为，日本投降后，作为同盟国成员的法国会乘机恢复其在老挝的统治，因此，老挝必须依据联合国宪章关于取得战争胜利的大国应让世界各殖民地小国独立的精神，向英、美等大国提出独立的要求。但是，他们又担心自己人微言轻，于是决定向琅勃拉邦首相佩差拉亲王提出这一想法，请他出面以老挝人民的名义提出独立的要求。[1]1945 年 8 月 29 日，佩差拉亲王的代表梭发那·富马亲王与"伊沙拉"的代表马哈西拉·维拉冯等在万象附近的丰当村秘密会晤。佩差拉同意了"伊沙拉"代表的要求，并委托他们把 3 封密信分别转交给荷利德上校（美国人）、温上尉（英国人，"自由泰"廊开支部负责人）以及廊开府尹巴功·昂苏里，信中要求"大国考虑老挝的独立"。

此时，刚从集中营和丛林中出来的一些法国前殖民官员又开始活动，企图东山再起，恢复在老挝的统治。一个名叫法弗巴罗的法国中校从万象省的牛角山走出来，找到佩差拉亲王，要求谈判法国重返老挝的问题，遭到断然拒绝。法弗巴罗又要求进城居住，但他进城后便在驻地升起了法国国旗，显示法国仍然是老挝

---

① [老]马哈西拉·维拉冯：《老挝的十月独立运动》，蔡文欉译，《世界史研究动态》1983 年第 4 期。

的统治者,这引起了老挝人民的极大愤慨。

但是,在琅勃拉邦,西萨旺·冯国王却同意了法国人的要求,表示愿意继续接受法国的统治。佩差拉对此一无所知,他一方面派代表前往他曲、沙湾拿吉、沙拉湾和占巴塞等南方各省,向省长们说明统一老挝的计划;一方面发了一封电报给国王,要求国王将老挝南北两部分统一成为一个王国,[①]不要再听法国的摆布。国王不但没有同意,反而电告佩差拉,他已甘愿继续处于法国的统治之下,电文如下:

> 万象,副王殿下:
> 国王陛下仍要求琅勃拉邦王国继续作为法国的殖民地。
>
> 内务部
> 1945 年 9 月 7 日于琅勃拉邦[②]

国王的决定传出以后,万象大哗。人们纷纷要求佩差拉作为他们的领袖,继续领导人民为争取民族独立而斗争。同时,人们对万象的法国人表示了更大的敌意,致使他们在万象无法待下去,只得要求到泰国避难,转而返回法国。在这样的形势下,佩差拉便不顾国王的反对,以琅勃拉邦王国副王和首相的名义,于9月 15 日在万象宣布老挝统一。

虽然如此,可当时老挝并没有一个统一的政府。以佩差拉为首相的旧政府仅是琅勃拉邦这个小朝廷置于法国"保护"下的政府,而不是整个国家的政府。于是,以"伊沙拉"为骨干的"起事委员会"又召开会议,商讨关于成立统一政府和宣布独立的方针大计。会议决定,将君主专制制度改为君主立宪制,并起草一部宪法,作为按照民主制度管理国家的原则,国王必须置于宪法之下。

在取得当时一些有声望的上层人士如披耶坎冒、卡代·敦萨索里特、梭发那·富马等人的支持和合作后,10 月 3 日,"起事委员会"又召开会议,决定于 10 月 12 日起事,并将"起事委员会"改名为"国民委员会",以便从事成立人民议会和民主政府的活动。10 月 10 日,会议主席卡代·敦萨索里特致电西萨旺·冯国王,要求国王承认临时宪法,解散原琅勃拉邦政府并承认按临时宪法成立的老挝王国

---

① 如前所述,法国在老挝实行分而治之,北部即琅勃拉邦王国的范围,包括现在的沙耶武里和南塔省,实行间接统治;南部即万象以南至占巴塞省,由法国实行直接统治。

②〔老〕马哈西拉·维拉冯:《老挝的十月独立运动》,蔡文樻译,《世界史研究动态》1983 年第 4 期。

新政府。国王未作直接答复，而是在 11 日晚来电宣布解除佩差拉的职务，并削去其副王爵位。国民委员会立即召开紧急会议，重申了于次日上午宣布独立的计划，并确定了各部部长。原定由佩差拉担任新政府首相，但佩差拉认为旧政府还未取消，他若担任新政府首脑将是对国王的背叛，因此不愿出任。于是，国民委员会便决定由披耶坎冒出任首相。新政府阁员是：首相披耶坎冒，财政部部长卡代·敦萨索里特，工程部部长梭发那·富马，教育部部长由·阿培，内务司法部部长昭·宋萨尼特，国防部部长辛·拉纳沙美，外交部部长苏发努冯，农业部部长温·萨纳尼空。

10 月 12 日黎明，老挝历史上极为重要的一天来到了。成千上万的人们潮水般涌向万象省府机关前面的广场，参加这个宣布独立的盛典。会上宣布了：① 国家的独立；② 改变政体的声明；③ 临时宪法；④ 首相和政府大臣的任命。另外，宣布国名为"寮国"，即老挝语中的"老挝国"。

建立了国民议会，组成了内阁以后，政府电请各国承认。当时承认的只有越南一家，反对的也仅法国一家。

10 月 20 日，新的国民议会投票通过废黜国王。接着，政府派军队北上占领琅勃拉邦。但政府军尚未抵达时，由汶亚伐亲王领导的另一个老挝独立党在市民的支持下已于 11 月 4 日进占了王宫。11 月 10 日，国王向新政府递交 3 点保证，表示愿意接受新政府的管辖。至此，老挝伊沙拉政府算是取得了合法地位。

但是，在法国殖民者的大举进攻下，十月独立运动不久就失败了。1946 年 5 月 24 日，法军占领琅勃拉邦，伊沙拉政府只存在了半年时间便宣告结束。

十月独立运动失败的原因，主要在于领导这场运动的老挝小资产阶级具有极大的软弱性和妥协性。第二次世界大战期间，老挝的资产阶级、小资产阶级有所发展，但前者大多属于买办资产阶级，政治上较反动，不可能成为运动的领导力量；后者经济上十分脆弱，政治上也比较软弱。作为一个新兴的阶级，它有争取国家独立的要求，但其上层人物与以国王为代表的旧势力有着相当密切的关系。他们并不想彻底推翻旧制度，而是想依靠国王和上层人物来争取国家的独立，因而不敢也不能真正发动群众、组织群众来进行顽强的抗法斗争。新政权依靠的首先是城市居民，而占人口 90% 以上的农民群众实际上并没有被吸引到运动中来，因而没有牢固的基础。在法国殖民者的武力进攻之下，起义领导集团很快就瓦解了，临时政府阁员大部分流亡泰国，有的后来回国后甚至转而与法国殖民者合作。

十月独立运动虽然失败了，但它有着重大的意义和深远的影响。它给老挝人民带来了希望的曙光，揭开了全国范围内反法武装斗争的序幕。老挝人民在以苏发努冯亲王为首的抗战政府的领导下继续进行英勇斗争，从此，老挝革命进入了一个新的历史时期。因此，1945年10月12日成为老挝人民奋起挣脱法国殖民枷锁、宣布民族独立的光辉节日，被定为老挝独立节。

第三节　法国重返老挝

一、法、美、英之间的幕后交易

对于法属印度支那问题，美国总统罗斯福在1942年1月曾表示，美国是法国最好的朋友。一年之后，罗斯福改变了他的态度，1943年1月，罗斯福声明，一些殖民地肯定不能再还给法国，尤其是他极为怀疑法国是否应当重建其在印度支那的权力。[1] 此后罗斯福还多次表示，反对战后把印度支那归还给法国，反对法国战后在印度支那重建殖民统治。1943年3月，在与英国外交大臣艾登会谈时，罗斯福详细阐述了他对印度支那实行国际托管的观点。[2] 此后，在8月的魁北克会议、11月的开罗会议和德黑兰会议上，他又多次提出对印度支那实行国际托管的设想。但这一设想的出发点并不是为了"反对殖民主义"，而是为了美国的利益。在罗斯福看来，这一场战争不仅要击败德、意、日轴心国，剥夺他们的殖民地，同时也要削弱英、法等盟国的力量，瓦解他们的殖民体系，特别是要夺取已向德国投降的法属殖民地，形成美国称霸全球的战后世界新格局。

罗斯福的印度支那政策与英国的战略利益发生了冲突。英国的目的是在维护大英帝国利益的同时也要维护它的老盟友的旧殖民体系。丘吉尔曾公开宣布：

---

[1] Gary R. Hess, "The United States' Emergence as a Southeast Asian Power, 1940–1950", Columbia University Press, New York, 1970, p. 70.

[2] Ibid., p. 72.

"大不列颠的目的在于完全恢复法国的领土、殖民地和属地。"[①] 面对罗斯福的主张，1944 年 2 月，英国政府通过了英国外交部关于印度支那政策的声明，认为问题是非常急迫的：英国对罗斯福的计划将作出激烈的反应，失去印度支那将破坏法国的经济和民族精神，甚至可能导致它同苏联联合起来反对美国和英国；英国战后的利益需要有一个友好和繁荣的法国作为一支主要的力量。[②] 显然，英国除担心印度支那国际托管计划会危及自己的殖民体系外，还认为破坏法兰西帝国将影响它与法国的关系，失去法国的支持，还会把法国推向苏联。因而英国竭力促使美国放弃国际托管计划，寻求美国同意让法国恢复在印度支那地位的办法。

法国方面，以戴高乐为首的法国临时政府一刻也未停止准备重返印度支那的活动。1944 年 7 月戴高乐应邀访美时，就公开宣布法国不会从印度支那被排斥出去。1945 年 3 月 24 日，日本刚刚在印度支那发动军事政变，法国临时政府就发表声明说："印度支那联邦将和法国以及法兰西共同体的其他部分组成一个'法兰西联邦'。法兰西联邦的对外关系，将由法国代表。"到第二次世界大战末期，戴高乐在国际政治舞台上的地位和作用日益上升，他在印度支那问题上的态度也越来越强硬。他还巧妙地利用美、英对共产主义势力的恐惧要挟说："我们不愿变成共产主义者，我们不愿落入俄国人势力范围中，但是，我们希望你别把我们向俄国人那里推。"[③]

面对英、法的共同反对，美国考虑到战后需要它们的合作，特别是要共同反对共产主义，为了谋求更大的战略利益，到第二次世界大战的末期，美国不得不重新调整印度支那政策，对英、法作出妥协，以缓和相互之间的关系。1945 年 1 月，罗斯福改变了他一直坚持的主张，3 月 15 日与国务院殖民地事务专家查尔斯·陶西格的谈话，可以说是最明显的例证："总统犹豫了一会儿，然后说道，如果我们能够得到法国承担托管义务的特别保证，我将同意法国在以独立为最终目标的条件下保留一些殖民地。我问总统是否考虑建立自治政府，他回答说不。我又问他是否建立管辖权，他说不，而是必须独立，这就是将要采取的政策。"[④] 5 月初，

① E. R. Drachman, "United States Policy Toward Vietnam, 1940–1945", New Jersey, 1970, p. 36.

② Gary R. Hess, "The United States' Emergence as a Southeast Asian Power, 1940–1950", Columbia University Press, New York, pp. 91–92.

③ [美] 罗伯特·达莱克：《罗斯福与美国对外政策，1932—1945》，商务印书馆，1984，第 728 页。

④ Quote in Gary R. Hess, "The United States' Emergence as a Southeast Asian Power, 1940–1950", Columbia University Press, New York, p. 145.

法国外交部长皮杜尔在联合国制宪会议上公开宣布,只有法国才能作出有关印度支那未来前途的决定。美国代表团在会上也同意,认为雅尔塔协定中关于在殖民地建立托管制度必须在自愿基础上的规定,不能成为将印度支那的地位改为国际托管的依据。

在1945年7月17日至8月2日举行的波茨坦会议上,美、英两国联合参谋部就印度支那作战地区的归属问题进行讨论。由于美国作了让步,双方同意以北纬16°为界:以南属英军东南亚司令部,以北属盟军中国战区司令部。日本投降以后,根据这一协议,中国蒋介石政府的18万军队进入北纬16°以北地区,包括越南北部、中部和老挝大部分地区。英国也利用这一协议,先是把英军,随后把法军运送到北纬16°以南地区,为法国重返印度支那作好准备。

二、法国重返老挝

1946年2月28日,蒋介石政府与法国政府达成"重庆协议",蒋同意撤出军队。3月初,蒋军撤出印度支那,法军随后就兵分两路卷土重来:一路是过去逃亡到中国的法军,由中国云南南下老挝;一路是从柬埔寨沿湄公河而上,进入老挝。3月12日,法军进攻沙湾拿吉,老挝伊沙拉国民军守军经过一番激战后,渡过湄公河,撤到泰国境内,沙湾拿吉陷落。3月20日,法军猛攻他曲。当时,他曲由兼任国民军第三营营长的苏发努冯负责守卫。他曲之战是当时最为激烈的战斗,法军出动了装甲车和飞机、大炮,而老挝守军仅有一些简陋的武器。21日,老军溃败,向湄公河对岸撤退,法军用机枪扫射,河滩上躺满了尸体,连湄公河水都染红了。苏发努冯最后率部乘舟渡河时,被法军飞机扫射击中胸膛,负了重伤。之后法军又进行了大屠杀。老挝人民为了永远记住这个悲壮的日子,将3月21日定为对殖民主义者、外国侵略者的"仇恨日"。

伊沙拉政府的许多领导人原来就认为,老挝自古以来就有国王,虽然老挝一度成为外国的保护国,但王位的承袭一直没有中断过。但伊沙拉政府成立后,国王退位了,而且没有指定继承人,王位处于空缺状态,这似乎是名不正言不顺。在下寮沙湾拿吉和他曲相继失陷,万象处于南北夹击、腹背受敌的危急形势下,他们对国王产生了更大的幻想,把希望寄托在国王身上。4月2日,万象政府被迫迁到琅勃拉邦,并请求国王重新登上王位。4月15日,西萨旺·冯复位,重新举行了登基大典。国王表示支持伊沙拉政府，并发布诏书，晓谕天下，其主要内容是：愿意按照临时宪法重登王位，宽恕临时政府和其他人的"越轨"行为，授权目前的政府处理国家大事。

法军的攻势丝毫未减。4月21日，法军进攻万象。24日，万象陷落。法军继续北上进攻琅勃拉邦。5月8日，法军在丰洪遭到阻击，相持两天后，老军撤至距万象220千米的芒卡西。5月12日，法军追至，老军复又退到川圹。15日，在川圹发生激战，重创法军，但老军因兵力薄弱只得撤至琅勃拉邦，准备在那里与法军决战。5月24日，法军追至琅勃拉邦，刚刚交火1个多小时，国王便下令放下武器停战。临时政府阁员大部分流亡泰国，法军重新占领了老挝。

法国重返老挝之后，再次宣布西萨旺·冯为国王，任命与法国合作的占巴塞文翁亲王为首相。1946年8月27日，老挝与法国签订了临时协定。法国承认老挝的独立，亦即承认琅勃拉邦王是老挝的唯一合法国王，王国改名为老挝王国，琅勃拉邦依然是王都，处于更中心位置的万象则是行政首都。老挝获得在"印度支那联邦"范围内的"自治"权利。

1947年1月，王国政府召开制宪会议。5月11日，由国王颁布了新宪法，规定老挝采取君主立宪制，国王是国家最高元首、国家军队的最高统帅及佛教的最高保护人；决定成立国民议会，由首相和内阁组成责任政府，对国民议会负责，国会每4年以普选产生。西萨旺·冯因年迈体衰，不再亲自主持政务，由太子西萨旺·瓦达纳亲王代其摄政。同年11月进行普选，梭发那腊亲王担任新的内阁首相。王国政府由首相、副首相、各部大臣与国务秘书组成，首相由国王任命，各部大臣与国务秘书由首相指定，但须获议会三分之二的票数通过。

1949年7月19日，王国政府同法国政府在巴黎签约，正式确定老挝为法兰西联邦内的独立国家。1953年10月22日，又签订《法老友好联合条约》，其中规定："法国承允在国际场合援助并支持老挝主权与独立"，"老挝王国再度自由地肯定声明隶属于法兰西联邦"。

法国虽然承认老挝是法兰西联邦内的一个"完全独立、自由的国家"，但实际上老挝的国防、财政、外交大权仍然掌握在法国手中。在1953年10月签订的《法老友好联合条约》中，法国解释老挝"独立"含义的附件第一条就规定："老挝必须以自己的全部力量来为法兰西联邦成员国的安全服务；在老挝的各种军事行动的指挥权属于法国。"法国不仅把老挝的全部领土作为它的军事基地，而且还要求老挝"提供一切条件以招募新兵和建立与维持法、老混合部队"。

经济上，法国殖民主义者奉行"以战争养战争"的战争经济政策，大肆搜刮老挝的人力、物力、财力，为其侵略战争服务。王国政府遵照法国的命令，把过去的人头税、耕畜税、果树税、火药枪税等捐税增加了两三倍，还强迫人民缴纳所谓"独立基金""助国基金"。此外，每个村庄还必须向驻在当地的雇佣军缴纳大米、黄牛、水牛和其他实物。在盛产大米的万象、沙湾拿吉等地，政府大力征收稻谷。1953年，在保证老挝"国家军队"需要的借口下，下寮农民稻谷收获量的四分之三被征收。在许多地区，税额比1945年以前增加了20倍。①

法国殖民者还到处抓丁拉夫，强迫百姓为他们修桥、筑路、建机场、盖碉堡、挖工事、搬运武器弹药等。在农村，平均每个劳动力每年要为他们服4—5个月的劳役。征兵办法更是无所不用其极，18—45岁的老挝人（包括僧侣、教师）都要进行兵役登记。上寮一些地区的乡、村长经常在路上拦捕青年人，有些地方则以举办庙会为名，诱使青年人参加，然后拦截、强迫青年在征兵册上签名，并强行用汽车把他们送走。有时还雇用地痞外出抓壮丁，每抓到一名赏钱500基普。

流通领域方面，法国殖民者垄断商品销售市场和进出口贸易，建立关税制度，操纵货币发行，并对游击区、解放区实行经济封锁。

第二次世界大战以来，资本主义经济在老挝社会经济中的比重仍然是微乎其微的，但法国出于战争需要对老挝的投资有所增加，老挝的资产阶级、小资产阶级有所发展。资产阶级包括买办资产阶级和民族资产阶级两个部分。前者多出身于封建地主、官吏，由殖民主义者扶植，政治上较反动；后者人数极少，资本很小，不足以形成一股政治势力。小资产阶级由小商小贩、小业主、公务员、知识分子等组成，虽然经济力量薄弱，但人数较多，政治上也很活跃。当时老挝有1万多工人，其中大部分是越侨，人数虽然不多，但却是老挝最先进的阶级。这样，老挝的社会结构有所变化，形成了5个阶级：封建主阶级、农民阶级、资产阶级、小资产阶级和工人阶级。社会的主要矛盾依然是人民大众与法帝国主义之间的矛盾。

---

① [老]富米·冯维希：《老挝和老挝人民反对美国新殖民主义的胜利斗争》，蔡文欘译，人民出版社，1974，第29页。

在法国殖民主义者和老挝封建制度的双重压迫下，老挝的社会生产停滞不前。农业方面，大部分山区仍采用刀耕火种的原始生产方式，水稻的产量相当低。据统计，1949 年老挝稻谷种植面积是 781000 公顷，产量为 547200 吨；1950 年种植面积减至 753600 公顷，产量为 538900 吨；1951 年稻谷种植面积与 1950 年相同，但产量下降到 528450 吨。水稻产量，上等田 1 公斤稻种收获 70 公斤，中等田 1 公斤稻种收获 50 公斤，下等田 1 公斤稻种只收获 30 公斤。山地旱稻的产量更低，每公斤稻种在上、中、下三等旱稻地分别收获 40 公斤、30 公斤、20 公斤。手工业和商业也十分落后，手工业主要有纺织、打铁、制陶、编织等，但产品大多限于家庭或村社自给，很少用于交换。集市很少，而且大多实行物物交换。工厂企业主要集中在大城市，但规模较小，而且完全附庸于法国经济。[①]

三、美国开始插足老挝

法国重返老挝，美国也开始积极插足印度支那事务。在当时冷战的形势下，美国认为印度支那的战略地位是十分重要的。1954 年 4 月奠边府战役正在激烈进行时，美国总统艾森豪威尔曾在记者招待会上说过一段著名的话，表明了美国关注印度支那事务的原因：印度支那命运攸关的远远不是法国的威信问题。共产党在那里胜利，就会扩大赤色帝国，并使美国失去重要原料。这意味着整个自由世界将失去东南亚；接着就是美国在太平洋的防御线受到威胁。"你竖起了一排多米诺骨牌，推倒了头一块，那么最后一块的命运肯定也会很快倒下来。所以这就是全面瓦解的开始，可能会产生极大的影响。"[②] 因此，美国插足印度支那是必然的，老挝首当其冲。

实际上，美国干涉老挝和印度支那事务的活动，在 1940 年第二次世界大战期间就已经开始了。[③] 当时，美国在中老、中越边界一线建立了一系列军事机构，并集结了部分武装力量，准备对老挝和越南加以干涉，如空军基地援助

① 蔡文欃整理：《杜展潮同志遗存资料续篇》，《中国东南亚研究会通讯》1985 年第 4 期。
② ［美］威廉·曼彻斯特：《光荣与梦想：1932—1972 年美国实录》第三册，广州外国语学院等译，商务印书馆，1979，第 968 页。
③ Gary R. Hess, "The United States' Emergence as a Southeast Asian Power, 1940-1950", Columbia University Press, New York, p. 370.

处（Air Ground Aid Service，简称 AGAS）、陆海空军战略处（Office Strategic Service，简称 OSS）、中国战斗司令部（Chinese Combat Command，简称 CCC）及空军 14 航空队等。第二次世界大战结束，日本投降，法国卷土重来，重新占领印度支那，但这时的形势与战前已大不相同，深受战争创伤的法国在民族解放运动浪潮高涨的印度支那已很难站稳脚跟，这种形势给美国的插足提供了机会和条件。

美国插足印度支那的方式，一方面是大力支持法国侵占印度支那的战争。自 1950 年以来，美国便负担法国在印度支那三分之一的费用，为其输送军火，仅 1953—1954 年便向法国提供了 38500 万美元的援助；1950—1954 年，美国每年向老挝的法军提供 2500 万美元的武器和战略物资。另一方面是利用法国的困境，逐步向印度支那渗透，伺机排挤法国，取代法国在印度支那的地位。法国重返老挝以后，美国频频与法国接触，商谈有关美国对印度支那三国的经济及军事援助问题。当时的美国国务卿艾奇逊和法国外长舒曼在会谈后发表的共同声明中明确提出了美援的设想，此后两国签订了一系列关于接受美国对老挝、柬埔寨以及南越的军事和经济援助的协定。通过援助，美国开始在印度支那设立机构和成立特别经济使团，逐步取代法国在印度支那的地位。

1949 年以后，美国在老挝的活动更加频繁。政治上，主要是在各大城市宣传美国的力量和援助，把衣服、毛毯、蚊帐、药品、食盐、布匹和农具等物品打上"美援"标记，在节日庙会时散发给群众，力图扩大美国在老挝各阶层人民中的影响，同时派出间谍到老挝组织特务活动。军事上，除供给法军军援外，还派遣一部分军事人员前往协助法军在老挝修筑工事和军用机场。在 1953 年冬至 1954 年春的战役中，美国从泰国出动了数十架飞机参战，轰炸南乌江沿岸地区。经济上，美国派遣经济代表团到巴色和北松，探察波罗芬高原上种植园的情况，筹划采伐木材的计划，组织矿藏勘探，还在许多地方设立专门出售美援物资的"合作社"机构。

总的来说，在 1954 年日内瓦会议以前，美国在老挝的活动是隐蔽的，干涉也是间接的，但这些活动是后来美国直接侵略老挝的准备和前奏。

第四节　老挝人民的抗法战争

一、伊沙拉阵线与巴特寮

法国重返老挝后，老挝人民为了争取国家的独立和民族的解放，从 1946 年到 1954 年在全国开展了长达 9 年的广泛的抗法战争，并最终取得了胜利。

1949 年 7 月签订的法老协议，在形式上承认了老挝的独立。协议签订后，流亡泰国的老挝伊沙拉政府的许多阁员认为老挝的独立已经实现，便宣布终止"自由老挝"运动并解散军队，10 月，伊沙拉政府分裂解体。许多阁员陆续返回老挝，其中不少人在王国政府里担任要职，如梭发那·富马、披耶坎冒、卡代·敦萨索里特等，但以苏发努冯亲王[①]为首的另一部分人仍继续坚持抗法斗争。

1947 年底，苏发努冯从泰国回到老挝。他在老挝东部的越老边境地区建立了新的领导机构"寮国解放委员会"，开展抗法武装斗争。1949 年 1 月 20 日，印度支那共产党老挝支部成员凯山·丰威汉[②]在桑怒省香科县领导成立了一支名为"拉萨翁"的游击队，全队仅有 22 人，但这标志着老挝人民革命武装力量的诞生，后来就把 1 月 20 日定为老挝人民军的建军节。"拉萨翁"游击队成立后，积极开展游击战，打击法国殖民者，1949 年底解放了香科县，这个县后来成为老挝爱国战线的基地。在抗法斗争中，这支部队不断发展壮大，到 1950 年发展到 73 人，装备了迫击炮和机枪，先后在桑怒、琅勃拉邦、川圹等省的农村建立了根据地。苗族领袖费当领导的"苗族抗敌同盟"在川圹省也开展了抗法游击战。这一时期，在下寮、万象等地也出现了"塞塔提腊""发翁"等游击队。从 1946 年到 1950 年，老挝人民主要是以游击战争的形式抗击法国殖民主义者，在芒新、孟洪沙、琅勃拉邦、桑怒、万象、甘蒙、川圹、阿速坡、沙拉湾、沙湾拿吉等地都出现了游击区

[①] 苏发努冯是佩差拉和富马的同父异母兄弟，1909 年 7 月 13 日生于琅勃拉邦，曾在越南河内上中学，后去巴黎留学，获桥梁和土木工程学位。1937 年在法国船厂工作时开始接受革命影响，1940 年在越南当工程师时接触越南革命力量，开始进行救国活动，后成为老挝革命力量的重要领导人。

[②] 凯山·丰威汉，1920 年 12 月 13 日出生于沙湾拿吉省一个公务员家庭，曾在越南河内大学学习法律，1942 年参加反法、反日学生运动，1945 年 8 月在沙湾拿吉参加起义，1947 年任老挝东北部抵抗运动领导人，后任老挝人民革命党总书记。

和根据地，但还没有形成一个全国性的统一抗法组织。

随着游击区的扩大和革命武装力量的发展，抗法斗争浪潮席卷全国。1950年8月13日至15日，召开了第一届寮国全国人民代表大会，来自全国各地的150名代表参加了大会。大会制定了老挝革命12大政策，包括建设武装力量、政治力量、革命政权和根据地等。大会选出了以苏发努冯为首相（兼外交部长）、凯山·丰威汉负责军事、昭苏·冯萨负责经济和教育、富米·冯维希负责内务、诺哈·冯沙万负责财政的寮国抗战政府，并组建了以苏发努冯为主席的老挝伊沙拉阵线中央委员会。从此，全国的抗战运动有了统一的领导和指挥。老挝伊沙拉阵线把"拉萨翁""塞塔提腊""发翁"等游击队联合起来，组织了"老挝自由阵线部队"。1956年1月6日，"老挝伊沙拉阵线"改组并扩大为"老挝爱国战线"，其行动纲领是"联合全国人民为反对殖民主义者、争取民族独立和解放而斗争"。与此同时，"老挝自由阵线部队"改称为"寮国战斗部队"，也就是后来著名的"巴特寮"。

二、老挝人民党的组成

老挝人民党的前身是印度支那共产党的一部分。20世纪20年代末，越南北圻、中圻和南圻分别出现了"印度支那共产党""安南共产党"和"印度支那共产主义联盟"3个共产主义组织。1930年2月3日，阮爱国（胡志明）以共产国际代表的身份在香港召开会议，将上述3个共产主义组织合并成为"越南共产党"。同年10月，越南共产党中央在西贡召开第一次会议，决定将"越南共产党"改名为"印度支那共产党"。该党党章规定，党的组织包括南圻、中圻、北圻、高棉和寮国5个区委员会。

不过，"在1930年到1931年的整个革命高潮中，印度支那共产党还没有在老挝和柬埔寨建立党部"[1]。1935年3月，老挝代表参加了在澳门举行的印度支那共产党第一次代表大会，到1936年，才建立了印度支那共产党老挝地区支部。[2] 印度支那共产党老挝支部建立后，开始进行革命活动，在1945年8月23日老挝人民的夺权起义和十月独立运动中，老挝地区支部都发挥了积极的作用。1946年法国重返老挝后，老挝地区支部提出了"全民、全面、长期抗战"的路线，宣传、教育和动员群众加入革命

---

① ［越］陈辉燎：《越南人民抗法八十年史》第2卷，北京大学东语系越南语专业译，生活·读书·新知三联书店，1974，第48页。

② 老挝《人民之声报》，1976年3月22日。

组织，建立和发展革命武装力量，培训干部，开展游击战，建立革命根据地。

1951年2月11—19日，印度支那共产党召开了第二次代表大会，会议决定由越南、老挝、柬埔寨三国分别建党。3月，老挝伊沙拉阵线、越南国民联合阵线和高棉阵线联合成立了三国人民联盟阵线。经过一个阶段的筹备，原印度支那共产党老挝籍党员代表300多人，于1955年3月22日至4月6日召开大会，成立了老挝人民党，制定了《老挝人民党章程》，选举凯山·丰威汉为总书记。其时，老挝共有党员400多人。

实际上，1949年成立的"拉萨翁""塞塔提腊"以及后来的巴特寮等武装即是老挝人民党的武装力量，老挝伊沙拉阵线也是以老挝人民党为领导骨干的。1956年1月，老挝人民党扩大老挝伊沙拉阵线，更名为老挝爱国战线，此后，就以其作为党的公开身份，领导老挝人民进行抗美救国斗争。至此，老挝人民党有了一定的组织形式，由三大部分组成：一是党的委员会，由凯山·丰威汉任总书记；二是巴特寮武装力量，由汶·蓬马哈赛任军委书记；三是党领导下的民族统一战线——老挝爱国战线，由苏发努冯任中央委员会主席。

从1947年到1954年期间，老挝人民党的口号是"独立、民主和繁荣"。因为老挝人民党认为这一时期的斗争是以法国殖民者为主要对象，同时也要推翻封建专制政府，摆脱国家民族的落后状态。根据当时的形势，老挝人民党派出大批政治工作人员深入边远贫困地区，宣传、组织群众，壮大革命力量。到1972年2月，老挝人民党召开第二次全国代表大会，决定改名为"老挝人民革命党"，"以便与党的阶级性和先进性更相称"。这时，党员已发展到21000多人。[①]但在1975年以前，该党一直没有公开活动。到1976年初，才正式公开活动，成为老挝人民民主共和国的执政党。

三、老挝人民抗法战争的胜利

老挝人民在伊沙拉阵线的领导下，在全国展开了抗法游击战争。法国殖民主义者则采取集中兵力、速战速决的战术，企图消灭力量还弱小的老挝抗法组织。面对这一形势，伊沙拉阵线提出了全民、全面、长期抗战的主张，确立了以山区和

---

① 老挝《人民之声报》，1982年4月30日。

农村为基地、以农民为主力军，从山区向平原发展，培养壮大革命力量，以打败法国殖民者和美国干涉者的路线。根据这一路线，各武装宣传队和群众工作队深入广大农村，发动、组织群众，建立抗战根据地。在抗法战争中，老挝伊沙拉提出的方针是：在边打边培养中建设武装力量，用敌人的枪炮打击敌人，发展游击战争，反扫荡，进而在敌占区打击敌人。①

早在 1950 年，寮国战斗部队就在南部地区战斗百次以上，歼敌 500 多人。随着寮国战斗部队的成长壮大，游击战争不断扩大。从 1950 年到 1951 年，各地游击队只能用简陋的武器反扫荡，袭击敌人小股部队。到 1952 年，寮国战斗部队与地方游击队配合，已开始打歼灭战，歼灭敌人大股部队。1953 年，寮国战斗部队在占领了桑怒全省和川圹省、琅勃拉邦省的部分地区后，接着向南挺进。12 月，在中寮战役中歼敌 2000 多人，解放了甘蒙省的大部分和沙湾拿吉省的一部分地区，使法军陷于被分割状态，分别被包围在甘蒙、沙湾拿吉两个省会以及塞诺和 9 号公路地区，切断了法军在上、中、下寮之间的联系。数月后，寮国战斗部队又直插下寮平原和高原，歼灭部分法军主力，解放了阿速坡全省、波罗芬高原以及沙拉湾省的老岩镇。

1954 年春，寮国战斗部队乘胜前进，歼灭数千名敌军，解放了丰沙里省，粉碎了南乌江的法军防线，进逼琅勃拉邦与万象，迫使法军不得不增援十几个营的兵力，以求固守琅勃拉邦省与越南奠边府的相连地带。当时，已形成面积达 4 万多平方千米、人口约 100 万的解放区。

老挝人民解放斗争的胜利，也是对越南抗法战争的支持和鼓舞。1954 年 3 月，越南军民取得了"奠边府战役"的重大胜利。此役从 1954 年 3 月 13 日开始，到 5 月 7 日结束，全歼法军主力 16200 人，缴获大批军用物资。在此次战役中，寮国战斗部队歼灭了从琅勃拉邦赶往增援奠边府法军的一支敌军，并封锁了从奠边府通往老挝的道路，使法军无法从老挝方向突围，招致被全歼的命运。

奠边府战役的胜利迫使法国在 1954 年 7 月 21 日的《日内瓦协议》上签字，老挝独立得到国际承认。日内瓦会议标志着历时半个多世纪的法国殖民统治终于宣告结束，老挝取得了国家的独立，老挝历史从此进入现代史时期。

---

① ［老］富米·冯维希：《老挝和老挝人民反对美国新殖民主义的胜利斗争》，蔡文欀译，人民出版社，1974，第 35-36 页。

第九章 两次日内瓦会议与老挝的中立（1955—1962）

第一节　日内瓦会议与第一次联合政府

奠边府的陷落最终宣布了法国在印度支那统治的彻底垮台，从而使法国不得不坐到了日内瓦会议的谈判桌前，并签订了1954年关于印度支那问题的《日内瓦协定》，承认印度支那三国的主权、独立、统一和领土完整。老挝人民和越南人民及柬埔寨人民一起，在第二次世界大战结束、世界多数国家和人民都走上了和平发展的道路之后，又经过了整整9年的艰苦抗战，终于迎来了国家的独立和人民的解放。在半个多世纪的殖民统治时期，老挝人民深受磨难和战争的痛苦与创伤，到1954年终于看到了和平的希望。但是，这种希望随着日内瓦会议之后不久美国的出面干涉而遭到了破灭。1954年的日内瓦会议，是第二次世界大战结束以来第一次关于地区停火的会议。这次会议结束了战后世界若干地区的热战状态，但对老挝似乎并未达到这一目的。

从1954年5月8日至7月21日，日内瓦会议共延续了70多天。参加这次会议的有中、美、苏、英、柬、老、越南民主共和国及南越。老挝代表团是以王国政府的外长培·萨纳尼空为团长，当时越南民主共和国的范文同外长曾在会议开始时主张邀请巴特寮参加，但遭到王国政府和美国等西方国家的反对。[1]因此，关于在老挝停战的协定，是由代表巴特寮战斗部队司令官的越南民主共和国国防部副部长谢光宝签署的。

停战协议规定，1954年8月6日上午当地时间8时停战，法国军队和越盟军队在120天内撤出老挝。法军可以留下训练王国政府军的军事教官1500名和军事设施要员3500名，但不得增加新的要员、军队和武器装备。巴特寮部队则集结在老挝北部的桑怒和丰沙里两省，老挝王国军队驻扎在其他地区。设立老挝国际监督委员会，由印度、波兰和加拿大等国组成。[2]

在日内瓦会议上，以培·萨纳尼空为首的王国政府代表团单方面公布了两个宣言。第一个宣言保证，老挝王国政府将不同其他国家缔结任何协定，如果这种协定使老挝王国政府参加不符合联合国宪章原则的或停止敌对行动原则的军事同

---

① M. Stuart-Fox, "Laos: Politics, Economics and Society", London, 1986, p. 21.

②《关于在老挝停止敌对行动的协定》，载《印度支那问题文件汇编》第一集，世界知识出版社，1959，第85—91页。

盟的义务，或包括当其安全不受威胁时在老挝领土上为外国军事力量建立基地的义务。在第二个宣言中则指出，王国政府将坚定地团结所有人民，并保证他们享受王国宪法所规定的权利和自由。另外，王国政府还将颁布在休战与老挝国内大选期间为丰沙里和桑怒两省提供在政府任职的特殊代表的措施。

法国为第一次印度支那战争支付了巨额的战争费用，并伤亡达20多万人。迫于国内外的多方面压力，在日内瓦会议上也不得不发表宣言，承认老挝为独立和主权国家。

7月21日，关于恢复印度支那和平问题的日内瓦会议闭幕，除美国以外的与会国家签署了最后宣言。有关老挝问题，除了上面所说的停战及国际监督机构的协定条款以外，还有关于印度支那三国的完全独立和主权的保持，老挝的自由选举，强调老挝的中立化、禁止报复，法国及与会国家对印度支那三国的主权、独立、领土完整的尊重和不干涉内政的宣言等条款。

按照日内瓦会议有关老挝的停战协定，巴特寮军队暂时集结在丰沙里和桑怒两省，等待王国政府许诺的大选，以政治解决老挝国内的有关问题。但是，由于美国没有在日内瓦会议的最后联合宣言上签字，从某种意义上讲，这表明了它对印度支那问题的态度，也是美国将直接插手老挝及东南亚事务的一个信号。1954年9月初，在日内瓦会议的一个多月之后，梭发那·富马首相和国防大臣库·沃拉冯开始与巴特寮的领导人、富马亲王的异母兄弟苏发努冯亲王会晤，商谈有关执行《日内瓦协定》的具体问题。

但不幸的事件接踵而来，给王国政府和巴特寮之间的谈判投下了阴影，以致人们不得不将它们联系起来去思考问题。1954年9月13日，王国政府中的亲美势力将梭发那·富马首相赶下台，由一贯亲美的卡代·敦萨索里特取而代之。几天之后，9月18日晚，枪声打破了万象的沉寂，国防大臣库·沃拉冯在培·萨纳尼空的家里遭到暗杀。关于这个案件，似乎一直未能调查清楚。库·沃拉冯是参加日内瓦会议的老挝王国代表团的副团长，他非常赞同《日内瓦协定》，并为它的实施而积极努力。9月初富马首相和苏发努冯亲王的首次会晤，就是由库·沃拉冯安排的。这位国防大臣在内阁会议上对流传着的依靠美国发动对巴特寮的军事行动计划进行了严厉的谴责，因为其时巴特寮的部队正在重新集结，尚未获得稳定。库·沃拉冯还对培·萨纳尼空进行指责，据说这位老挝代表团团长曾拒绝在《日内瓦协定》上签字，作为交换条件，他可以得到 100 万美金的报酬。[1] 对于国防大臣的被刺，老挝官方将责任推到越盟身上，而左翼力量认为，这是由代表美国利益的集团所策划而由极右分子下的毒手。对于这个事件的处理令人觉得非常好笑，老挝国民议会的议长陶·彭·苏发那冯却被指控为谋杀库·沃拉冯的凶手，在关押了 5 个月之后才因证据不足而被释放。无论这次暗杀的计划是由谁安排和执行的，它的结果都是给王国政府和巴特寮的谈判带来了严重的影响。

在日内瓦会议举行以前，巴特寮已牢牢地控制了丰沙里和桑怒两省，并在中寮和下寮的阿速坡等省建有根据地，其辖区约占全国面积的一半。卡代上台以后，1955 年 1 月，王国政府同巴特寮又开始接触。但王国政府对巴特寮加以指责，认为他们在北部两个省以战胜者自居，而巴特寮认为王国政府对北部两省进行合并是要他们投降。双方争执不下，其原因是双方的出发点是不一致的。按照《日内瓦协定》，巴特寮集结在丰沙里和桑怒两省，等待大选，以求问题的政治解决；而王国政府则是先考虑对两省的合并，而后再考虑巴特寮的政治地位。3 月，双方达成了停火协议。4 月，谈判重新恢复。但几天之后，王国政府即中断了与巴特寮的谈判，认为不存在达成协议的基础。

接着，卡代政府力争夺取对北部两省的领导权，对巴特寮采取军事行动。老挝国际监察和监督委员会在第一次临时报告中也指出，经过数十次的调查，可以肯定，老挝王国政府在停战后向巴特寮所在两省的乌怒、乌西等地空投人员和物资；由其指挥或控制的军队也曾进攻巴特寮战斗部队的据点，并劫掠两省的和平居民。[2] 王国政府的军事行动，在受到国际监察和监督委员会的劝告之后才停止下来。实际上，除了日内瓦会议的有关协定之外，1955 年 6 月，老挝国际监察和监督委员会就双方的联合问题也曾发表过一项声明：王国政府对于北部两省的行动权力，可以从日内瓦会议参加国对老挝统一的承认中引申得出。但是，根据老挝的形势，如果政治问题得不到解决，王国政府要在两省建立行政权力是很困难的，因此，双方应该恢复谈判。

双方虽然停止了战争，但矛盾仍未得到解决。1955 年举行的大选，巴特寮被

① M. Salmon, "Focus on Indo-China", Hanoi, 1961, ch. 5.
②《老挝国际监察和监督委员会第一次临时报告（摘要）》，载《印度支那问题文件汇编》第一集，世界知识出版社，1959，第 299 页。

排斥在外，这一行动同时也违反了《日内瓦协定》和当时老挝王国政府的宣言。

1955年12月25日，王国政府举行了除巴特寮控制的两省以外10个省的片面大选。在约36万有选举资格者中，约有30万人进行了投票，从约230名候选人中选出了39名国民议会会员，其中以卡代·敦萨索里特为首的进步党15名，以培·萨纳尼空为首的独立党10名，以维拉·文翁为首的民主党4名，其他政党共占有10个席位。由于没有巴特寮方面参加，老挝国际监察和监督委员会并不认为这次大选合法。

在王国政府忙于大选的同时，巴特寮也加紧了在北部两省的活动。实际上，到1954年日内瓦会议召开的时候，老挝党已经具备相当的实力，并在全国各地积极开展工作。1955年3月22日，建立了"老挝人民党"，即现在老挝人民革命党的前身。核心成员有：中央书记凯山·丰威汉，副书记坎辛，中央委员坎代·西潘顿，中央委员兼军委书记汶·蓬马哈赛，中央委员兼丰沙里省委书记蓬马·銮马拉。在行政管理方面，政权工作以西宋喷·洛万赛为首，坎代·西潘顿和宋森·坎皮吞为副；统一战线工作由富米·冯维希、奔·西巴色、炮、西吞·库马丹、费当·罗比瑶等人负责；统一战线工作指导委员会由苏发努冯亲王任主席，西吞·库马丹和费当·罗比瑶任副主席。与此同时，还建立了军事武装力量的指挥机构。[1] 老挝人民党的成立在老挝现代史上占有一定的地位，但由于历史的原因，它是在越南的帮助下成立的，对以后两国关系的发展有一定的影响。

1956年1月6日至14日，老挝民族统一战线大会在桑怒省召开，并正式宣布成立老挝爱国战线。直到1975年，巴特寮战斗部队一直是由老挝爱国战线领导的。这次大会指出了当时全国人民的三项任务，即对内广泛团结全国人民，彻底履行《日内瓦协定》，获得国家的和平、独立、民主和统一；保持和发展人民的爱国力量作为民族政治斗争的基础；对外争取全世界爱好和平人民的同情和支持。为了实现上述任务，通过了12条爱国战线的纲领，主要内容是国内的和平、独立、统一、民族平等、民主、自由和对外在和平共处五项原则基础上同各国建立外交关系、不参加任何军事集团等。老挝爱国战线的12条纲领，是过去"老挝革命12大政策"的进一步发展和具体化。以此为背景，老挝爱国战线把老挝引导到独立与民主的发展轨道之上。

---

① 蔡文欑编译：《老挝发生的革命》，《东南亚研究》1987年第3期。

虽然王国政府在 1955 年 12 月举行了大选，以卡代·敦萨索里特为首的进步党获得了国会议员中的一定席位，但在 1956 年 3 月 21 日举行的内阁选举中，几乎所有的国会议员一致选出了梭发那·富马亲王为内阁首相。富马上任以后，又开始与老挝爱国战线的领袖苏发努冯亲王就老挝的统一问题进行谈判。[①] 8 月初，经过双方的交涉，确定了以下几条原则：① 双方停止交战；② 王国政权在两省的确立；③ 巴特寮部队编入王国政府军；④ 建立联合政府；⑤ 实行补缺选举；⑥ 不歧视，不报复；⑦ 执行和平中立的外交政策。原则的主要精神是建立联合政府，实现国家的统一，这也符合日内瓦会议的有关协定。

双方在确定了联合的原则之后，富马首相由卡代·敦萨索里特陪同，访问了中国和越南民主共和国。在中国，富马首相和周恩来总理签署了联合声明，首要的一条就是：老挝王国政府声明坚持执行和平中立政策，中国政府对此表示充分的尊重和支持。富马首相的出访，改善了万象与巴特寮之间的谈判以及筹组时民族团结政府的气氛。[②] 同年 12 月 18 日，富马首相和苏发努冯在万象发表联合声明，进一步确定了完成老挝统一的愿望和措施：① 王国政府和寮国战斗部队（即巴特寮）组织民族联合政府，使老挝达到民主、和平的统一；② 在联合政府建立之后，一是承认老挝爱国战线的合法地位，二是在行政、军事方面将丰沙里、桑怒两省置于王国政府的统治之下。老挝的统一原则上得到了认可。

富马和苏发努冯经过了数月才勉强达成的协议，不久以后便遭到了以卡代·敦萨索里特为首的右派的反对。国民议会对富马首相的和平、中立政策并不感兴趣，同时认为双方的协议对巴特寮的让步幅度太大，因而，遭到卡代·敦萨索里特和培·萨纳尼空等人的反对。由于在 1957 年 5 月的国民议会的信任投票中失败，富马内阁遂告全体辞职。然而，除富马之外的其他成员皆未能获得国民议会的信任，所以，经过了两个多月的无政府状态之后，国民议会和老挝爱国战线再次交涉，其结果是富马再次组阁。

富马说服了国民议会中的反对派，同意老挝爱国战线有两名成员参加联合政府。1957 年 11 月 2 日，富马首相和苏发努冯亲王签订了《万象协定》。根据该协定，老挝不得与外国建立军事同盟，对外采取和平、中立的政策，对内承认老挝爱

① Sisouk na Champassak, "Storm over Laos", Frederick A. Praeger, New York, 1961. pp. 40-58.
② ［美］约翰·F. 卡迪：《战后东南亚史》，姚楠等译，上海译文出版社，1984，第 336 页。

国战线，但巴特寮军队同王国政府军队合并，北部两省也移交给王国政府，王国政府保证不对老挝爱国战线采取歧视和报复行为，并组成联合政府和实施包括老挝爱国战线在内的补缺选举。按照这个协定，11月9日，联合政府组成，老挝爱国战线的两名内阁成员是：计划、建筑和城市规划大臣苏发努冯，宗教和艺术大臣富米·冯维希。由于丰沙里和桑怒两省并入王国政府的统治之下，所以，政府将国会议员的名额增加至59名，并进行了补缺选举。取得了合法地位的老挝爱国战线和富马的和平党，在后来1958年5月4日北部的补缺选举中，在21个竞选议席中共获得了13个议席，这13个议席是从6000张选票中选出来的。[①]与此同时，在丰沙里和桑怒两省设立了有老挝爱国战线参加的王国行政机构。

联合政府成立后，通过了关于民主、自由以及巴特寮成员公民权的决定，并作为法律公之于世。另外，巴特寮也忠实地履行《万象协定》，将其战斗部队两个营集结在琅勃拉邦的香干和川圹的查尔平原等待改编。从12月开始，巴特寮遣散、复员了10个大队，将1500名士兵编入了王国政府的军队。联合政府的成立，并举行了补缺选举，标志着老挝国内统一名义上的完成，因此，从1959年7月起，尽管波兰不同意，老挝国际监察和监督委员会仍决定无限期休会。

第二节　美国的干涉

美国干涉老挝及东南亚事务，可以说是历史的必然。1949年10月1日中华人民共和国成立，翌年1月，中国和苏联承认了越南民主共和国。与此同时，美国一方面发动了侵朝战争，另一方面与法国交涉，对印度支那进行军事和经济援助，企图继续维持对印度支那三国的殖民统治，并为取代法国作准备。第二次世界大战以后，美国的军事、经济实力位居世界首位，有此基础作后盾，所以，美国的对外政策也比较强硬，同时具有一定的向外侵略和扩张的特性，出兵朝鲜、在

---

① Hugh Toye, "Laos: Buffer or Battleground?" Oxford University Press, New York, 1968, pp. 133–134.

日本和南朝鲜设立军事基地、插手印度支那事务，就是这种特性的具体表现。在东南亚方面，美国主要强调这一地区的战略地位以及在抵御共产主义运动中的作用，认为东南亚是经济和战略上的必争之地，同时又可以"遏制"共产主义运动的发展。美国甚至有人提出，"假使共产党人控制该地区的话，世界将被他们事实上割成两半"[1]。而老挝又在该地区占有重要位置，甚至被称为东南亚的"瓶塞"。美国认为，假如这个"瓶塞"被拔掉，共产主义运动就会扩展到其他东南亚国家，这一地区就将落入共产党之手。[2]

美国在朝鲜战场上的失败，使其更加感受到了中国在亚洲的重要地位。就东南亚地区而言，中国和越南民主共和国也就成了美国在这一地区利益的主要威胁，至少在美国政府看来是如此。所以，美国积极插手印度支那事务是人们预料之中的事情。

美国对老挝的侵略，主要有以下几种手段：① 使用军事、经济、财政"援助"，干涉、控制老挝的政治、军事、外交各方面事务，全面控制老挝的经济、文化和社会，把亲美政权控制区变为美国的新殖民地；② 通过各种"顾问"系统控制、支配老挝右派军队和政权的一切活动；③ 利用外部力量如东南亚条约组织、南越和泰国的基地等侵略和干涉老挝。[3]

法国在印度支那的殖民统治彻底崩溃以后，老挝在美国东南亚战略中的地位似乎变得更加重要了。这不仅是由于它本身的战略地位，而且更重要的是美国企图使老挝成为它的新殖民地，和南越一起形成和社会主义的中国及越南民主共和国相对抗的阵营和基地。这样，老挝就成为美国反对中国和北越战略中的前哨阵地。因而在1954年，美国人也是很不情愿地坐到了日内瓦会议的谈判桌旁，而美国在日内瓦会议上采取的阻挠达成协议和企图扩大印度支那战争的态度，并不为与会各国所欢迎。当时中国的周恩来外长在会议发言中对美国的企图进行了彻底的揭露和严厉的谴责。[4]

在日内瓦会议上，美国国务卿杜勒斯"竭力游说那些参加过朝鲜战争的国家，

① ［美］劳伦斯·肖普、威廉·明特：《帝国智囊团》，上海译文出版社，1981，第233页。
② 美国前总统艾森豪威尔的讲话，载《纽约时报》，1959年8月17日。
③ ［老］富米·冯维希：《老挝和老挝人民反对美国新殖民主义的胜利斗争》，蔡文欉译，人民出版社，1974，第46-58页。
④ 《周恩来外长在日内瓦会议上的发言》（1954年5月12日），载《印度支那问题文件汇编》，第50-55页。

在印度支那参加一场新的干涉战争。但是，只有南朝鲜和澳洲表示愿意提供军队，泰国和菲律宾表示愿意'原则上'提供。到了丘吉尔拒绝英国予以支持和加拿大的皮尔逊采取同样立场时，杜勒斯乃愤然离开日内瓦。但是，他在华盛顿继续竭力阻止停火"[1]。杜勒斯在日内瓦会议上为插手印度支那、抵制中国和北越的种种努力，曾被称为"演出了一场尽力去做而不受欢迎的大把戏"[2]，真可谓历史的教训值得注意和借鉴。

美国不仅拒绝在日内瓦最后宣言上签字，而且于 1954 年 9 月 6 日至 8 日，和英、法、泰、巴基斯坦、菲律宾、澳大利亚、新西兰等国在马尼拉签订了《东南亚集体防务条约》，这些国家也就是东南亚条约组织的成员国。在该条约的议定书上，老挝也被划入所谓的保护地区范围之内。

1954 年底，在美国的大力支持下，卡代·敦萨索里特取代了富马亲王的首相地位。此后，卡代政府在美国的唆使下，对集结在北部两省的巴特寮部队发动了军事进攻。与此同时，在日内瓦会议之后，美国也在积极准备对老挝事务进行直接干涉。在 1955 年初王国政府与巴特寮恢复谈判时，美国运输机就把别动队空投到巴特寮部队所在的北部两省。有美国的军事和经济两方面的援助作后盾，所以，在双方的谈判开始以后，卡代政府的代表不是谈如何按照《日内瓦协定》实现国内的统一等有关问题，而是提出设立一个"受降委员会"，安排巴特寮部队解除武装和投降的计划。理所当然，这个计划遭到了巴特寮的断然拒绝。谈判立即陷入瘫痪。

1955 年 2 月初，美国国务卿杜勒斯结束了在曼谷的东南亚条约组织会议之后到达万象，与卡代·敦萨索里特进行会晤。双方达成协议，由美国为老挝在菲律宾和泰国训练军队和警察，这无疑对王国政府试图消灭巴特寮是一个很大的鼓励。在此之前，王国政府已经派出第七营、第八营、步兵营和第二伞兵营等 4 个营的兵力，进驻丰沙里和桑怒两省的一些地区，与巴特寮战斗部队处于对峙状态。随着杜勒斯的到来，王国政府军队便向丰沙里的乌西、乌怒和桑怒的孟奔等地的巴特寮战斗部队发起了进攻。

巴特寮战斗部队长期活动在北部山区，其战士有很多来自当地的老听族系各

---

① ［澳］威·贝却敌：《第二次印度支那战争》，孙捷译，香港四海出版社，1972，第 113 页。
② ［日］真保润一郎：《老挝的中立主义及其基础》，刘百生、郑焕宇译，《东南亚研究资料》1961 年第 4 期。

民族，据说比例达到 60% 以上。[①] 当时巴特寮战斗部队在丰沙里和桑怒两省共有 10 个营的兵力，其中桑怒省驻有 7 个营，丰沙里省驻有 3 个营。部队的建制是：12 个人为 1 班，3 个班为 1 排，3 个排为 1 连，4 个连为 1 营（3 个步兵连和 1 个炮兵连）。越南人在日内瓦会议后并没有完全撤走，所以，在巴特寮战斗部队的每个营里有 7 名越南顾问。其中，军事和政治顾问各 2 名，另外 3 名任秘书和其他干部。[②] 面对政府军的进攻，巴特寮战斗部队进行了抵抗和还击。美国则积极地对王国政府军给予多方面的援助，从武器装备到军事顾问、教官，美元也源源不断地流向老挝。美国为把老挝变成一个"反共堡垒"[③] 付出了相当的代价。美国前总统肯尼迪的特别顾问阿瑟·施莱辛格写道："为了追求这个梦想，到了 1960 年底，美国已把近 3 亿美元送进这个荒野和原始的国家……其中 85% 用于支付老挝王国军队的费用。到了 1959 年，这支军队已经是美国装备了，配备有吉普、卡车，还配备有运输队、军械队、军需队和宪兵……在这 3 亿元中，只有 700 万元用于技术合作和经济发展。"[④]

从 1954 年日内瓦会议以后，美国便开始了对老挝的直接干涉和给老挝王国军队提供军事和经济援助。美国给予老挝的援助，按人口计算比给世界任何国家的都多，且绝大部分是用在军事方面。老挝也主要是依靠美国的援助度日，美国的"顾问"开始直接控制老挝王国政府的内外政策。[⑤] 尽管屡遭失败，但美国仍在为实现其所谓的东南亚战略计划而继续努力，因此，它对老挝的干涉和渗透也在逐步加深。

据认为，1954—1962 年美国给老挝提供的近 3 亿美元的经济援助，其中绝大部分直接被政府的上层官员装进了腰包。[⑥] 虽然有美国的军事援助，但王国军队并不可能消灭巴特寮，反而在后者的反击下不断遭到失败，因此，双方时战时停。王国政府在美国支持下对巴特寮发动的内战，给老挝人民带来了深重的灾难。

① MacAlister Brown and Joseph J. Zasloff, "Apprentice Revolutionaries: the Communist Movement in Laos, 1930–1985", Hoover Institution Press, California, 1986, p. 33.

② 蔡文欉编译：《老挝发生的革命》，《东南亚研究》1987 年第 3 期。

③ D. G. E. 霍尔前引书，第 988 页。

④ ［澳］威·贝却敌：《第二次印度支那战争》，孙捷译，香港四海出版社，1972，第 119 页。

⑤ Nina S. Adams and Alfred W. McCoy, "Laos: War and Revolution", New York, 1970, p. 129.

⑥ Ibid., p. 256.

表 9-1　美国对老挝王国的援助（1955—1963 年）①

单位：百万美元

年度	经济发展与技术合作	预算供给＊	军事装备	总计
1955	—	40.9	—	40.9
1956	1.0	47.3	27.4	75.7
1957	1.5	42.9	4.3	48.7
1958	1.7	29.8	5.4	36.9
1959	1.7	23.4	7.5	32.6
1960	1.2	40.9	13.4	55.5
1961	1.4	29.1	33.4	63.9
1962	−0.6	27.5	37.1	64.0
1963	—	38.5	24.0	62.5
	7.9	320.3	152.5	480.7

注＊：主要用于支付军事和行政人员的工资。

　　1956 年 3 月，梭发那·富马亲王出面再次组阁，并开始与老挝爱国战线进行谈判。富马首相的和平、中立、国家统一的内外政策并不能使美国感到满意，因而美国便想方设法进行干涉。美国总参谋长雷特福、美国太平洋舰队司令斯汤姆及其他高级军官相继到达万象，扬言中断对王国政府的经济援助和在下寮成立分裂政府，对富马首相进行威胁和施加压力。与此同时，美国还积极扶持培·萨纳尼空，以准备代替越来越不受欢迎的卡代·敦萨索里特。

　　从 1956 年 3 月富马亲王再次出任首相到 1957 年 11 月老挝民族联合政府成立，这期间美国进行了多次干涉，但并未能阻挡住老挝人民实现国内统一的步伐。但是，老挝国内的形势似乎更加危急。在第一次联合政府中，老挝爱国战线的两名代表分管计划、建筑、城市规划和宗教、艺术等方面，而重要的职能部门，如内政、财政、外交等实权，则由政府中的右派卡代·敦萨索里特、培·萨纳尼空兄弟及

① Arthur J. Dommen，"Conflict in Laos, the Politics of Neutralization"，Frederick A. Praeger，New York，1964，p. 104.

伦·英锡相迈掌握。老挝民族联合政府的成立，使老挝的社会发展向前迈进了一步，但另一方面，美国对老挝的干涉也采取了更直接和更加严酷的手段。

在美国积极扶持培·萨纳尼空的同时，1958年6月，老挝的一些亲美军官和行政官员，以富米·诺萨万为首，成立了"保护国家利益委员会"（CDNI）。前美国助理国务卿希尔斯曼在若干年后承认，这个组织显然是美国中央情报局倡导的。① 当时，美国也认为这个组织的任务是致力于政府的清廉和把老挝从共产主义中拯救出来。② 这里所说的要对政府的廉洁进行督查，是因为当时政府中有人将美援装入私囊。

在1958年5月举行的补缺选举中，老挝爱国战线取得了一定数量的席位，但随之而来的是第一次联合政府的宣告破裂，因为选举的结果对以美国为后盾的共产主义的反对者是一个残酷的打击和一个高度个人化政党组织不利方面的清醒教训。③ 1958年7月，富马被迫辞职。这是美国中央情报局在老挝的"顾问"采取的又一行动。④ 8月，由亲美的培·萨纳尼空组成新政府，老挝爱国战线的代表被排斥在政府新内阁之外，苏发努冯赋闲在其万象的家中。培·萨纳尼空右派的上台，是美国干涉老挝事务的结果。早在1957年11月20日，即富马首相和苏发努冯亲王双方达成《万象协定》的两个星期之后，美国国务院发言人就宣称，美国认为在老挝成立包括寮国战斗部队代表参加的联合政府是危险的。在此之后，美国多次派员到老挝进行干涉活动，组织建立"保护国家利益委员会"，极力扶持卡代·敦萨索里特和培·萨纳尼空，后者终于在1958年被亲美势力扶上了首相位置。

培·萨纳尼空政府不仅将苏发努冯等老挝爱国战线的代表排斥在外，而且在上台以后即开始为进攻巴特寮作军事上和政治宣传上的准备，声称关于老挝的《日内瓦协定》已执行完毕，因此，老挝已不再受该协议的约束，拒绝国际监察和监督委员会重返老挝和联合国秘书长哈马舍尔德拟定于1959年3月代表联合国的来访。⑤ 美国对老挝的坚决态度也表示尊重。当时，巴特寮战斗部队按照《万象协

① ［澳］威·贝却敌：《第二次印度支那战争》，孙捷译，香港四海出版社，1972，第127页。

② "News Week", June 1, 1959.

③ MacAlister Brown and Joseph J. Zasloff, "Apprentice Revolutionaries: the Communist Movement in Laos, 1930-1985", Hoover Institution Press, California, 1986, p. 63.

④ Perala Ratnam, "Laos and Super Powers", New Delhi, 1980, p. 20.

⑤ Sisouk na Champassak. , "Storm over Laos", Frederick A. Praeger, New York, 1961, pp. 61-68.

定》,已解散了大部分的部队,只留下两营兵力,第一营驻守在琅勃拉邦以南,第二营驻守在查尔平原。1959年5月11日,培·萨纳尼空政府借口这两营拒绝接受授予的军衔,企图用武力解除其武装,并将苏发努冯等人软禁起来。5月18日,第二营突破了培·萨纳尼空政府军队的包围,撤出了查尔平原。这意味着巴特寮不得不重新拿起武器,右派挑起的内战破坏了《日内瓦协定》签订以来短暂的和平。

7月,培·萨纳尼空宣称,既然老挝王国的军队已经在使用美国提供的武器,在征得了法国的同意之后,老挝政府决定要求美国军事专家的援助。这种决定是对1954年《日内瓦协定》的公开违背。[1]

与此同时,培·萨纳尼空右派政府在下寮的沙湾拿吉、沙拉湾和阿速坡等省实行镇压和恐怖政策,不少人遭到杀害。巴特寮二营撤出查尔平原的第二天,老挝爱国战线的《老挝爱国报》被王国政府取缔。[2] 不久以后,苏发努冯等老挝爱国战线领导人被关进了监狱。培·萨纳尼空还以越盟侵略为借口,利用国民议会投票给他为期一年的特别行政权,向联合国提诉越盟,请求得到联合国的帮助。但1959年9月联合国派团实地调查的结果是并不存在外部的侵略,培·萨纳尼空内阁为此十分困窘而辞职。老挝内战再次爆发,政局一片混乱。虽然老挝将所谓的"越盟入侵"问题提交联合国的做法失败了,但它呼吁美国政府给予"紧急援助"的要求却获得了成功。1959年8月25日,美国总统艾森豪威尔批准了对老挝提供"紧急援助",美国决定帮助扩大老挝正规军和民兵的编制,并运入了大批军用物资、武器和飞机。从9月开始,每天都有数架运送军用物资的飞机到达万象,另外,还有许多军事装备是通过曼谷到万象的铁路运输的。美国还为老挝修建机场、射击场和战略公路等军事设施,它的插手无疑使老挝的局势更加复杂化,而当时的泰国军人政权在支持老挝的右派和扩大老挝内战方面也起了不怎么光彩的作用。

培·萨纳尼空下台以后,1960年1月7日,由无党派人士库·阿贝出面组阁。这个内阁只是临时性的,而且实权掌握在"保护国家利益委员会"的首脑富米·诺萨万手中。6月初组成的昭·宋萨尼特政府,仍然为富米·诺萨万所控制,这种局面的形成与美国几年来的大力扶持不无关系。1960年,美国帮助王国政府把军

---

① Perala Ratnam, "Laos and Super Powers", New Delhi, 1980, p. 22.

② Arthur J. Dommen, "Conflict in Laos, the Politics of Neutralization", Frederick A. Praeger, New York, 1964, p. 92.

队从 25000 人扩充到 32000 人，警察从 300 人扩充到 5000 人，建立了一支拥有 16000 人的民兵卫队和一个伞兵营。另外，还帮助老挝建立了一个军官学校、一个警察学校和一个别动队学校等，美国在老挝的军事人员数量也在不断增加。

1960 年 5 月 24 日，苏发努冯等 16 位老挝爱国战线领导人从万象越狱成功，回到了桑怒，继续领导老挝爱国战线的抗美救国斗争。

从 1959 年 5 月右派挑起内战，巴特寮战斗部队撤出查尔平原，到同年 7 月美国同法国达成在老挝安插美国军事顾问和使用新式武器的协议，以及 8 月美国政府决定对老挝提供"紧急援助"和扩大老挝军队编制，表明老挝爱国战线的斗争进入了一个新的阶段，即政治斗争和武装斗争相结合的新阶段。如果说日内瓦会议结束以后，当时只存在巴特寮与王国政府之间的政治斗争的话，那么，进入 1959 年年中以后，老挝爱国战线正式开始了反抗美国军事侵略的武装斗争。经过了半个多世纪的努力终于摧毁了法国殖民统治的老挝人民，在刚刚看到了独立和统一的曙光时，这一历史进程便被美国的武装入侵打断了。老挝人民不得不再次拿起武器，抵御和抗击外国军队的武力干涉和军事侵略。

第三节　中立运动的发展

在日内瓦会议的最后一天，老挝王国政府发表声明，表示决心永不参与侵略政策，并永不允许老挝的领土被用来为这种政策服务。与此同时，王国政府表示不与其他国家缔结任何军事同盟，在不危及和平与国际安全的前提下，以和平与正义的方式解决其国际纠纷。这些内容被列入《日内瓦会议最后宣言》，这实际上意味着，独立以后的老挝将采取和平与中立的对外政策。当时，老挝人民的主要任务是实现他们的基本权利即和平、民主、统一和独立。所以，1956 年以前，在巴特寮的宣言、声明和《老挝爱国战线纲领》（1956 年 1 月 6 日）中，在谈及对外关系时，都是表示在和平共处五项原则的基础上同各国建立外交关系，而没有直接提及保持老挝的中立。随着美国干涉的不断加剧和王国政府右派势力与美国的加紧勾结,这时的老挝已不再仅仅是国内的政治斗争的问题,而且面临着老挝的和平与独立无法实现的危机,所以,和平、中立便成了当时老挝人民斗争的主要目标。

鉴于王国政府军队在美国的支持下不断进攻巴特寮战斗部队,破坏了老挝爱国战线与王国政府之间的谈判,1956 年 5 月 4 日,苏发努冯亲王代表巴特寮战斗部队就重新恢复谈判发表声明指出,为了寻求使老挝能够按照《日内瓦协定》精神成为一个中立、民主、统一的国家,巴特寮同王国政府进行了谈判。但由于美国的粗暴干涉,使老挝的和平受到了威胁,老挝的中立地位无法得到实现。声明随时都希望通过和平谈判来解决双方之间的各项问题,"在《日内瓦协定》的基础上保持老挝的中立,从而建设一个和平、独立、民主和统一的老挝"[1]。在苏发努冯发表声明提出保持老挝的中立之前不久,梭发那·富马刚刚取代了卡代·敦萨索里特,组成了新的内阁。富马出任首相以后,宣布新内阁将通过谈判达成老挝国内的和解,对外则希望建立与邻国的友好关系,反对外国的干涉。因此,在苏发努冯亲王的声明中,对富马内阁的政策表示欢迎。双方又恢复了谈判,并于 1956 年8 月初确定了执行和平、中立外交政策的原则,这条原则也被写进了 1957 年 11月双方签订的《万象协定》之中。

1956 年 5 月老挝爱国战线正式提出保持老挝的中立以来,在以后的与老挝王国政府及其与外国的联合声明中,都重申了在对外关系中要执行和平、中立的政策。[2]1957 年 11 月 19 日,第一次联合政府组成,其基础就是双方于 11 月 2 日签订的《万象协定》,1958 年 7 月,贵宁·奔舍那在万象建立了"老挝和平中立党",宣布该党的目标是"集合抱有拥护和平、中立政策之目的和维护国家主权的每一个老挝人",致力于维护实行和平、中立政策的第一届联合政府。关于老挝和平中立党的政策,该党副主席帕雅班扎·洛维吉指出:"和平中立党的政策具有一定要树立使人类真正以人类相待的思想方针,避免造成人类互为奴隶。""和平中立的政策,不是某甲或某乙当家作主,而是全体老挝人当家作主。其要点是建设人民的生活,使人民获益并有恒久保障。避免肮脏、落后的社会现象,特别是贪污、盗

---

① 《苏发努冯亲王代表寮国战斗部队就重新召开政治会议发表的声明》(1956 年 5 月 4 日),《印度支那问题文件汇编》,第 312 页。

② [日] 真保润一郎:《老挝的中立主义及其基础》,刘百生、郑焕宇译,《东南亚研究资料》1961 年第 4 期。

窃和谋财害命、卖身为业（妓女），保证不使乞丐出现。"[1] 这种中立、和平、平等的思想，反映了老挝人民在长期遭受外国统治之后渴望得到独立与和平的愿望。

然而，随着美国的干涉和第一次联合政府的解体，老挝的中立运动遇到了阻碍。1958 年 8 月培·萨纳尼空出任首相以后，推行的内外政策和第一次联合政府有着很大的不同，原因是这时的新内阁已经将老挝爱国战线的代表排除在外，原来苏发努冯和富马共同制定的和平中立政策对亲美的培·萨纳尼空来说是不适用的。培·萨纳尼空认为，老挝的中立并不意味着意识形态方面的中立：我们是反对共产主义的。[2] 虽然他将中立的概念界定为：既然现在力量的均衡已经存在，实现中立意味着不参加任何军事同盟，[3] 但这里所说的"军事同盟"是指东南亚条约组织，而老挝同法国之间依然存在着双边的共同安全协议。培·萨纳尼空所说的"中立"仅仅是对某些国家而言，而且这种对外关系中的中立，并不排除对本国的共产主义力量使用武力手段。[4] 1958 年 9 月，在刚刚出任首相以后不久，培·萨纳尼空便宣称："像所有的佛教徒一样，老挝人民有着惯于容忍的习俗……然而，诸多事件已经清楚地表明，我们不能再仅仅是静静地思考，而是要保卫我们的文化遗产和对自由的热爱，因为这些正受到颠覆性的改变信仰的威胁。[5] 很显然，他所说的这种使老挝人民改宗的威胁，是来自老挝爱国战线，这番讲话可以说是他对老挝爱国战线采取武力行动的一个信号。

培·萨纳尼空上台后，完全破坏了按照《日内瓦协定》老挝应采取的和平中立政策，不但在美国的支持下对老挝爱国战线发动了军事进攻，而且在 1959 年 2 月 11 日发表了老挝不再受《日内瓦协定》约束的声明。但培·萨纳尼空的好景不长，1959 年 12 月底，富米·诺萨万的"保卫国家利益委员会"发动了一次不流血的军事政变，推翻了培·萨纳尼空政府。虽然说培·萨纳尼空试图去掉"保卫国家利益委员会"的内阁成员来安插他的老朋友，[6] 但富米·诺萨万手中所掌握的王国的国防、外交和财政大权与美国的支持和默许是分不开的，原因是富米·诺萨万在亲美

① 蔡文欐:《试论老挝的中立运动》,《印支研究》1983 年第 3 期。

② L'Independant（Vientiane）, June 17, 1958.

③ Ibid.

④ Arthur J. Dommen, "Conflict in Laos, the Politics of Neutralization", Frederick A. Praeger, New York, 1964, p. 110.

⑤ Le Journal d'Extreme-Orient, September 2, 1958.

⑥ [美]约翰·F. 卡迪:《战后东南亚史》, 姚楠等译, 上海译文出版社, 1984, 第 353 页。

方面比培·萨纳尼空更胜一筹。1960 年 6 月初，昭·宋萨尼特组成政府，但实权仍然在富米·诺萨万手中，老挝的中立政策也就无从谈起。

1960 年 8 月 9 日，万象军队第二伞兵营营长贡勒大尉发动军事政变，趁亲王们全部到琅勃拉邦同现任国王西萨旺·瓦达纳商量已故国王西萨旺·冯的葬礼之际，接管了万象，推翻了昭·宋萨尼特政权。[1] 贡勒主张老挝实行和平中立政策，而且对美国的干涉表示不满。军事政变的当天，贡勒的革命委员会即在万象电台发表声明说，政变的目的是保卫祖国、宗教、国王、宪法，反对美帝国主义的干涉，停止内战，实行民族和睦，尊重老挝王国所缔结的协议，实现真正的和平中立政策。老挝爱国战线对贡勒的声明和主张表示支持，并提议迅速建立民族联合政府，来实现上述政策和主张。[2]

贡勒的政变也是希望老挝实现真正的和平与中立而采取的行动。8 月 10 日，在政变的两天之后，贡勒宣布了其内外政策的声明。在对外方面，声明指出："同胞们不要忘记，真正的中立是革命委员会的崇高的愿望。革命委员会愿意自由地同世界各国建立友好关系，愿意实现纯洁的中立……革命委员会将严正实行和平的原则，避免干涉其他国家或者邻国的事务……中立就是真正的中立，不偏向东方和西方两个阵营的任何一个。假如有一个国家在我国国土上建立军事基地并唆使我们，我们就坚决拒绝。在对内方面，我们尊重民主制度，尊重人权，尊重法律所规定的权利。"[3] 政变成功以后，贡勒要求国民议会信任梭发那·富马首相，紧接着，富马被邀请出面组织政府。富马政府宣布奉行和平、中立和民族和睦的政策，受到了老挝爱国战线的欢迎和支持。富马政府是 1954 年日内瓦会议以来第一个最坚持实行和平中立政策的内阁，老挝中立派力量的形成和发展，与当时老挝遭到美国的武力干涉是分不开的。

贡勒政变以后，富米·诺萨万逃出万象。在美国的支持下，他组织右派力量和集结他控制的军队，准备对万象发起反攻。9 月 10 日，在沙湾拿吉成立了以文翁·纳占巴塞亲王和富米·诺萨万为首的"革命委员会"，企图推翻和取代富马政

① See M. L. Manich Jumsai, "Battle of Vientiane", Chalermnit Press Correspondent, Bangkok, 1961.

② 见《老挝爱国战线党中央委员会就老挝当前局势发表的声明》(1960 年 8 月 9 日)，载《印度支那问题文件汇编》第三集，世界知识出版社，1961，第 59 页。

③《老挝革命委员会主席贡勒关于革命委员会对内对外政策的声明》(1960 年 8 月 10 日)，载《印度支那问题文件汇编》第三集，世界知识出版社，1961，第 64-65 页。

府，并宣布不承认王国宪法。文翁和富米的行动，给老挝走向真正的和平中立的道路造成了严重的障碍。为此，老挝爱国战线党中央委员会发表声明，号召全国人民起来反对富米—文翁集团，巴特寮战斗部队和人民武装力量也随时准备同愿意实现富马政府和贡勒大尉所提出的和平、中立和民族和睦政策的王国军队官兵实行合作。9月16日，老挝爱国战线党中央委员会主席苏发努冯写信给日内瓦会议的两主席和参加国，就美国对老挝内政的粗暴干涉与美国、泰国、南越对富米—文翁集团的支持行为进行了揭露，并呼吁日内瓦会议两主席采取紧急措施制止这些行为及该集团对万象的进攻。9月21日，苏发努冯再次致函日内瓦会议两主席，除了重申第一封信的内容之外，还要求老挝国际监察和监督委员会恢复活动和召开日内瓦会议参加国的非常会议，以便保证贯彻执行关于老挝问题的日内瓦协议。

以文翁和富米为首的"革命委员会"成立以后，9月16日，富米的军队对万象发起试探性进攻，但被贡勒的军队击退，贡勒还收复了北汕。同月，巴特寮战斗部队解放了桑怒省。11月18日，老挝王国政府首相、"争取和平中立、民主和睦和统一国家委员会"名誉主席梭发那·富马亲王访问了桑怒，与老挝爱国战线党主席、前寮国战斗部队领袖、"争取和平中立、民族和睦和统一国家委员会"名誉主席苏发努冯亲王举行了会谈。双方一致认为，老挝必须坚决奉行和平中立路线，全国人民的团结，是实现真正的和平中立政策的具有决定性的力量。[1]

富马政府和老挝爱国战线的和平中立路线，随着1960年富米—文翁集团攻入万象而暂告中断。在此之前，当时美国驻万象大使温思罗普·布朗认为，华盛顿应该支持梭发那·富马达成和解的诚意，但是五角大楼和美国中央情报局却予以否决，并派飞机和泰国的飞机一起，为富米·诺萨万日益扩大的军队运送军事物资。与此同时，苏联表示愿意给贡勒的万象部队提供一些帮助，10月6日，苏联政府同王国政府决定建交，互换大使级外交代表。双方同意老挝驻法大使兼驻苏大使，苏联驻柬埔寨大使兼老挝大使。从此以后，苏联在老挝的事务中扮演着越来越重要的角色。

---

① 《老挝王国政府首相梭发那·富马和老挝爱国战线党主席苏发努冯会谈第二号联合公报》（1960年11月20日），载《印度支那问题文件汇编》第三集，世界知识出版社，1961，第92—94页。

12 月 12 日，富米—文翁集团在沙湾拿吉成立新政府，以文翁为首相，诺萨万为副首相。翌日，诺萨万的军队进攻万象，贡勒部队抵抗了 3 天之后，撤往查尔平原。王国中立政府转移到康开，以此为临时首都，富马本人则流亡柬埔寨，由贵宁·奔舍那代理首相职务。

中立运动是老挝历史发展的产物。在当时老挝的政治派别中，位于老挝爱国战线和右派之间的中立派的力量相对弱小，但该派的力量在 1960 年 8 月 9 日贡勒政变以后得到了迅速的发展。虽然中立派并不能完全代表人民的利益，但在当时的形势下，该派成员对美国干涉和侵略老挝十分不满，因此，他们是老挝爱国战线积极团结的对象，目的是联合他们共同进行反对美国侵略的斗争。另外，和平中立的思想在当时老挝的政治社会发展中也曾起到了相当重要的作用。它可以将除美国支持的右派以外的各阶层人民联合起来，为实现老挝的和平、中立、独立、民主和统一而共同努力。1957 年的第一次联合政府就是建立在和平中立政策的基础之上的，在后来的第二次联合政府的政治纲领中，和平中立的思想得到了更充分的阐述和肯定。

第四节　第二次日内瓦会议

贡勒部队撤出万象以后，在辛加坡领导的巴特寮战斗部队的支持下，于 1961 年元旦攻下查尔平原。查尔平原的战略地位十分重要。1960 年 10 月，驻扎在川圹省的王国军队中的王宝等人，在外国力量的指使和帮助下，夺取了川圹市和查尔平原。贡勒和巴特寮战斗部队占领查尔平原，对美国来说是一次不小的打击，从战略地位的意义上讲，美国宁愿失去万象，也不愿失去查尔平原。

为了夺回查尔平原，美国同意给诺萨万以更多的援助和立即进行干涉的要求，给诺萨万调配了 6 架 AT-28 型飞机，并派出了"白星"军事顾问团，给诺萨万的部队每个营配备一名美国军事顾问。1961 年 1 月底，诺萨万集中了 20 个营的兵力，对查尔平原发动大规模进攻。美国甚至有人提出空降一个师的美国海军陆战队的兵力到查尔平原。[1] 彼时，肯尼迪刚刚接替艾森豪威尔继任美国总统。据说这位新总统对待老挝的态度和他的前任有所不同，但从后来美国更大规模的武装干涉老挝，在老挝直接进行"特殊战争"来看，并没有什么区别。苏发努冯指出，自从肯尼迪担任美国总统以后，他宣称希望老挝得到和平、中立、独立，并且表示寻求"政治措施"来解决老挝问题。但是事实上，美国新政府仍然继续执行艾森豪威尔的极端反动的政策：加强武装干涉老挝，扩大老挝内战，设法推翻由梭发那·富马亲王担任首相的合法政府，帮助美国走狗富米—文翁叛国集团巩固他们的地位，以便破坏老挝的和平中立政策。[2]

按照美国人的说法，"直到 1962 年为止，美国在老挝采取的军事政策，一直是假定巴特寮代表参加万象政府将会成为世界共产主义阴谋的一大胜利……1958 年华盛顿抛弃了在老挝成立联合政府的安排，去支持反共的右派，这在政治上是失误……就老挝的经济发展活动而言，美国的政策对什么是行得通的，什么是合乎需要的，也估计错误了。美国根据在西欧搞马歇尔计划的概念而作出的努力，毫无意义"[3]。乔·赫尔彭认为，1961 年 1 月肯尼迪就任美国总统以后，为在古巴猪湾的失败而感到苦恼，所以，他对日益加深的老挝危机作出反应，决定放弃中央情报局支持反共的但又腐败透顶的文翁—富米政府的无益的政策，转而鼓励梭发那·富马再度出面组织新的联合政府。[4] 3 月，肯尼迪建议要求国际监察和监督委员会重返老挝并邀请梭发那·富马回到万象出任首相。肯尼迪的这些主张，与其说是他上台以后对老挝的态度有所改变，不如说是为应对当时的国际局势而不得不作出的反应。

富马流亡到柬埔寨以后，立即发表声明，对美国支持的极右派给老挝局势造成的混乱进行了揭露。苏联政府就老挝局势照会美国政府，对美国在老挝的做法予以指责，并照会英国政府，希望恢复老挝国际监察和监督委员会的活动。中国政府、波兰政府和越南民主共和国等国也多次发表声明，对美国粗暴干涉老挝内政的行径进行了严厉谴责。当时中国的外交部长陈毅、越南民主共和国的外交部

① [澳] 威·贝却敌：《第二次印度支那战争》，孙捷译，香港四海出版社，1972，第 136–138 页。
② 《老挝爱国战线党中央委员会主席苏发努冯关于老挝国王声明的声明（摘要）》（1961 年 2 月 20 日），载《印度支那问题文件汇编》第三集，世界知识出版社，1961，第 160 页。
③ [美] 约翰·F. 卡迪：《战后东南亚史》，姚楠等译，上海译文出版社，1984，第 356 页。
④ Joel Halpern, "The Laos Elite", New Haven, 1958, pp. 85–89.

长范文同分别给日内瓦会议两主席去信,建议召开 1954 年日内瓦会议参加国的会议和恢复老挝国际监察和监督委员会的活动,以便迅速制止美国对老挝的干涉和侵略,恢复老挝的和平。12 月底,梭发那·富马分别给各国驻金边的使节写信,希望召开一个关于印度支那和平和政治稳定的国际会议,并再度重申了老挝政府中立化的主张。

1961 年元旦,西哈努克建议召开扩大的日内瓦会议,由 14 个国家参加。这 14 个国家包括:1954 年《日内瓦协定》的签字国即法、英、苏、中、北越、柬和老挝王国,参加该协议的国际监察和监督委员会的成员国即印度、波兰和加拿大,和老挝拥有共同边界的泰国、南越和缅甸,以及和老挝事务密切相关的美国。西哈努克的建议得到许多国家的支持和响应。1 月 14 日,中国外交部长陈毅再次致函日内瓦会议两主席,表示中国政府赞成西哈努克的积极建议,并建议作为 1954 年日内瓦会议两主席的苏联和英国,对西哈努克的建议给予有利的考虑,并采取适当的步骤,使这一会议能够早日召开。[①] 与此同时,世界各国爱好和平的人民对老挝人民的斗争也积极声援,1 月 21 日至 22 日,亚非人民团结理事会在开罗开会,谴责美国等国对老挝的侵略战争,确定 1961 年 3 月 5 日为声援老挝日,号召亚非各国人民支持老挝人民争取和平、中立、民族和睦和国家统一的斗争。[②]

另一方面,在富马流亡柬埔寨以后,贵宁·奔舍那作为老挝王国合法政府的代表,于 1960 年 12 月 22 日前往桑怒与苏发努冯亲王进行了会谈,26 日,在桑怒发表了会谈公报。双方在公报中重申:“老挝王国的合法政府和老挝爱国战线党在实现和平中立、真正的民族和睦的共同斗争中将紧密合作。”“老挝王国军队和寮国战斗部队武装力量,将加强团结,协力战斗,反对侵略者和叛国分子,建设一个和平中立、民族和睦、统一、独立的老挝。”“双方强调指出,梭发那·富马首相亲王和老挝爱国战线党主席苏发努冯亲王 1960 年 11 月 20 日发表的联合公报的内容是完全正确的和必须继续实行的。”“双方再次郑重声明,老挝人民只承认已经得到国会信任和国王批准、由梭发那·富马亲王为首的唯一合法政府。这个政府曾经宣布

① 《中华人民共和国外交部长陈毅给日内瓦会议两主席的信》(1961 年 1 月 4 日),载《印度支那问题文件汇编》第三集,世界知识出版社,1961,第 139—140 页。
② 《亚非人民团结理事会特别会议关于老挝的决议》(1961 年 1 月 22 日),载《印度支那问题文件汇编》第三集,世界知识出版社,1961,第 144—145 页。

并且已经初步实现了真正的和平中立、民族和睦政策。这个政府符合全国人民的愿望，也符合日内瓦协议和万象协议的精神。"① 公报还呼吁老挝各阶层、各族人民团结起来，为实现和平中立、民族和睦政策、祖国的独立和统一而斗争，并希望得到世界爱好和平的各国人民和政府的支持。老挝爱国战线即老挝人民党最大限度地利用中立政府的合法地位，发动全国人民进行武装斗争和政治斗争。②

在积极团结中立派力量的同时，巴特寮利用诺萨万的部队进攻查尔平原之际，攻占了上寮丰沙里和琅勃拉邦两省的大部分地区、中寮的万象和甘蒙两省的部分地区以及下寮包括9号公路两侧地区在内的大部分领土。鉴于老挝国内的局势和国际上的压力，美国总统肯尼迪这才不得不作出要恢复老挝的和平、中立的虚假姿态，以使富米—文翁集团渡过难关。老挝的事态发展确实令美国政府感到恼火，肯尼迪自己也承认："老挝的可悲的危机是我的政府在外交方面面临的重大问题之一。"③ 这种"可悲的危机"不仅指国际上的种种指责和压力，而且也包括富米—文翁集团的极不争气，在政治上和军事上都是如此，使得美国政府十分丢脸。

1961年1月31日，富马内阁在川圹解放区恢复，由坎苏·高拉代理首相职务。2月底，梭发那·富马从柬埔寨返回老挝，与苏发努冯进行了会谈并发表了联合声明。声明谴责了美国干涉和侵略老挝的新阴谋，感谢世界各国人民和政府对老挝争取和平中立和民族独立斗争的支持，主张召开14国会议解决老挝问题。联合声明指出："两位亲王认为，老挝王国在当前局势下，必须实行真正的和平中立、民族和睦政策，必须让老挝人自己解决他们自己的事情，同时必须制止美帝国主义及其仆从对老挝的武装干涉。"④ 联合声明中所说的"新阴谋"，是指美国利用中国国民党残部扩大老挝的内战。国民党残部原盘踞在缅甸北部，由于受到缅甸军队的追击，于1961年2月初逃到老挝的西北部地区。富米—文翁集团派其部队总司令汶勒·沙尼赞和总参谋长万·拉迪功同美国驻老挝大使馆武官一起，到

① 《老挝王国政府代表贵宁·奔舍那和老挝爱国战线党主席苏发努冯的会谈公报（摘要）》（1960年12月26日），载《印度支那问题文件汇编》第三集，世界知识出版社，1961，第119—121页。

② ［老］凯山·丰威汉：《老挝人民革命党的25年》，老挝《人民之声报》，1980年3月18日。

③ 《肯尼迪给西哈努克的信》（1961年2月20日），载《印度支那问题文件汇编》第三集，世界知识出版社，1961，第167—168页。

④ 《老挝王国政府首相梭发那·富马和老爱国战线党中央委员会主席苏发努冯亲王的联合声明（摘要）》（1961年2月26日），载《印度支那问题文件汇编》第三集，世界知识出版社，1961，第174—175页。

会晒同国民党残部谈判,利用其力量来扩大老挝的内战。美国和老挝极右派的这种做法,遭到了富马中立政府、老挝爱国战线以及中国的反对。

对于富马等中立派,美国也企图加以拉拢和利用。1961年3月9日至10日,在美国的指示和操纵下,梭发那·富马和富米·诺萨万在金边举行了会谈,之后发表了联合声明。对此老挝爱国战线发表声明,谴责了美国的破坏阴谋,并表示坚决反对违背祖国的利益和人民的愿望的一切妥协。与此同时,美国还利用东南亚条约组织从外部对老挝进行干涉。3月27日至29日,在曼谷举行了第七届东南亚条约组织理事会,在会后发表的公报中,东南亚条约组织成员国准备在某种情况下,对老挝采取条约的条款范围内的任何行动。4月19日,美国又宣布成立军事顾问团(Military and Advisory Group,简称MAAG),并在接近老挝的南海海面上举行了一次规模空前的军事演习,准备进一步扩大在老挝的战争。

4月24日,作为1954年日内瓦会议主席的苏联外交部长安·葛罗米柯和英国外交大臣霍姆共同发出老挝三方停火的呼吁,同时就召集老挝国际监察和监督委员会问题分别致函印度、波兰和加拿大。停火呼吁受到了老挝爱国战线和老挝王国政府的欢迎,而且建议邀请诺萨万共同召开三方会议,确定停火和停战规则并讨论有关重大问题,以便迅速恢复老挝的和平。5月3日,王国政府军总司令贡勒大尉和老挝爱国战线战斗部队最高指挥部坎代·西潘敦分别向其所属部队下令,于当天早上8时停止军事活动。5月8日,梭发那·富马发表关于为建立一个真正和平中立的老挝而斗争的政治纲领的声明,呼吁停火,实现老挝的独立、统一、民主、和平与中立。5月13日,老挝三方在位于万荣南面13号公路上的纳门会谈,并发表了联合声明,确定在老挝已经实现了停火。

扩大的日内瓦会议原定于1961年5月12日召开,但由于美国的阻挠,16日才开始举行。会议断断续续地前后经历了一年多的时间,共举行了42次全体会议和43次限制性会议。与会国家充分阐述了本国对老挝问题的态度和解决老挝危机的措施。老挝王国代表团团长贵宁·奔舍那在第三次全体会议上(1961年5月17日)的发言中,宣布了王国政府准备实施的政治纲领,并要求与会国保证在1954年日内瓦协议、1956—1957年万象协议以及1960年11月20日梭发那·富马亲王和苏发努冯亲王联合声明的基础上,承认和尊重老挝当局所确定的老挝的中立,而东南亚条约组织集团必须取消将老挝包括在其"保护地区"之内的决定。

老挝爱国战线代表团团长富米·冯维希在第四次全体会议上（1961 年 5 月 18 日）的发言中，对老挝爱国战线所主张的和平、独立、中立、统一、民主和繁荣进行了阐释，揭露了美国对老挝的侵略和干涉活动，并表示支持梭发那·富马于 1961 年 5 月 8 日在川圹发表的六点纲领。扩大的日内瓦会议的召开，为老挝第二次联合政府的组成奠定了基础，也使老挝的中立运动向前迈进了一步。

根据关于印度支那的日内瓦会议两主席 1961 年 4 月 24 日的信件，老挝国际监察和监督委员会于 4 月 28 日在德里复会。5 月 8 日，委员会到达老挝，开始履行其职责。虽然老挝实现了停火，但各方都在积极扩大自己的力量，想方设法取得民众的支持，巩固自己已经占领的地区和扩大控制范围，因此，小规模的冲突现象仍有发生。

1961 年 6 月 19 日，老挝三方的最高代表——梭发那·富马、苏发努冯和文翁三位亲王在苏黎世举行会谈。22 日，发表了关于通过组织民族团结政府的政治纲领和它当前的任务。其主要内容是，根据老挝人民的利益和意愿并按照 1954 年 7 月的日内瓦协议，遵循和平中立的道路，以求建设一个和平、中立、独立、民主、统一和繁荣的老挝；实现停火并在全国恢复和平，发展生产，实现民主、自由和民族和睦。①

每当老挝人民自己决定实现和平、中立和独立的时候，美国都要加以干涉和阻止，以达到它在老挝及东南亚地区不可告人但众所周知的目的。老挝三位亲王发表联合公报的同一天，参加日内瓦会议的美国代表团团长、美国国务卿腊斯克在记者招待会上表示，美国不承认公报中关于"不承认任何军事集团和联盟的保护"的协议。他认为该公报不是作为一项政府的声明而发表的，因而这种声明不能够对东南亚条约组织政府之间的安排产生影响。言外之意，美国仍准备通过东南亚条约组织对老挝进行干涉。针对腊斯克和美国的言行，老挝三位亲王在发表联合公报的第二天便在苏黎世宣布，老挝的三个代表团都将出席日内瓦会议，直到组成一个统一的代表团为止。苏发努冯还在苏黎世向报界发表谈话，再次强调公报中所说的老挝不承认任何军事联盟和集团的保护，并明确指出，正因为如此，我们反对东南亚条约组织的"保护"。

---

① 《苏黎世会谈公报》（1961 年 6 月 22 日），载《解决老挝问题的扩大的日内瓦会议文件汇编》（1961 年 4 月至 1962 年 7 月），世界知识出版社，1962，第 350–352 页。

然而，美国并没有因为关于老挝和平中立的日内瓦会议正在举行而停止它对老挝的干涉活动。相反，它不但多次阻挠日内瓦会议的顺利进行，与此同时，军事援助仍源源不断地运往沙湾拿吉，以充实和扩大富米·诺萨万的部队，日内瓦会议的时开时停也与此有极为密切的关系。根据苏黎世公报，以培·萨纳尼空为团长的富米—文翁集团于 1961 年 6 月 27 日日内瓦会议举行第二十四次全体会议时第一次参加会议。但是，第二天富米·诺萨万便离开日内瓦前往华盛顿。据诺萨万本人的说法，前往华盛顿是为了加强他与美国之间的同盟；但他此行的目的，也是为了使华盛顿放心，他和另外两位亲王共同发表的苏黎世联合公报，并不是对美国的背叛。①

　　随着扩大的日内瓦会议的召开，人们似乎重新看到了老挝和平与独立的希望，老挝的中立运动也得到了进一步的发展。1961 年 8 月 12 日，梭发那·富马宣布成立老挝中立党，称该党的纲领将以"提高国家福利、经济发展、保持民族习俗和奉行中立政策"为目的。梭发那·富马试图以该党的名义执行他一贯主张的中立路线。10 月 1 日，老挝中立党在康开西面的丰沙湾镇召开第一届全国代表大会，通过了该党的党纲和党章，并选举了以梭发那·富马为首的中央领导机构。老挝中立党成立以后，在当时的情况下一度发展较快，党员达数万人。1962 年第二次联合政府成立以后，该党总部从康开迁至万象。② 除了梭发那·富马的老挝中立党以外，老挝还存在着丰沙里中立力量等中立派别。

　　同时断时续的扩大的日内瓦会议一样，老挝三方在纳门举行的会谈，由于富米—文翁集团的破坏而多次中断。老挝爱国战线党中央委员会委员辛加坡曾发表书面谈话揭露，从 1961 年 5 月 3 日停火之日到 9 月 15 日，美国和诺萨万方面共有 170 次派兵进攻爱国军队。1961 年 7 月 26 日，老挝国王西萨旺·瓦达纳在万象主持所谓的"内阁会议"，决定于 29 日召开"国民议会"，修改宪法。富米—文翁集团则立即召开老挝"国民大会"，提出宪法修正案，规定国王可以任命自己为首相。老挝国王和富米—文翁集团的上述阴谋行为，遭到了苏发努冯和富马的反对，坎苏·高拉和方·丰萨万也发表声明予以谴责。对此文翁仍不甘心，多次到金

①《老挝问题大事记》，载《解决老挝问题的扩大的日内瓦会议文件汇编》（1961 年 4 月至 1962 年 7 月），世界知识出版社，1962，第 395 页。
② 蔡文欀：《试论老挝的中立运动》，《印支研究》1983 年第 3 期。

边与富马见面，建议成立以国王为首相的政府，富马任副首相，苏发努冯任公共大臣，遭到了富马的愤怒拒绝。随后，富米—文翁集团先是提出 10 个首相候选人名单，后又提出 3 人名单，坚决反对只提富马一人的主张。鉴于富米—文翁集团的无理取闹，富马致电文翁，建议三亲王再次举行会谈。苏发努冯对此表示赞成，并希望沙湾拿吉方面在和平解决老挝问题中拿出诚意。

1961 年 10 月 6 日至 8 日，老挝三亲王在万象以北 60 千米的欣合村进行了会谈，主要议题是就组织临时民族联合政府交换意见。会谈达成三点协议：① 临时民族联合政府由 16 个成员组成；② 首相兼任一个内阁成员，副首相也兼任一个内阁成员；③ 三位亲王一致同意向国王提名梭发那·富马为将来的临时民族联合政府的首相。

欣合会谈时，三位亲王同意由富马决定下次会晤的时间和地点。之后，富马多次致电文翁，请他到查尔平原举行又一次三亲王会谈。文翁先是拒绝前往，后来则坚持万象为会谈的地点。富马同意了文翁的要求，三方到万象会晤，但由于富米—文翁集团毫无诚意，谈判没有任何结果。富马再次致电文翁，要求他在 1961 年 12 月 1 日到欣合举行三亲王会谈，文翁拒绝并坚持会谈要在万象举行；诺萨万则干脆声称，不同苏发努冯会晤。

在欣合会谈之后的两个多月的时间里，富米—文翁集团多次拖延举行会谈，以商讨有关恢复老挝和平的具体问题，但其军队对川圹地区的进攻并没有停止。诺萨万军队向解放区发动了数十次军事进攻，并向川圹地区空投土匪，以在当地制造事端进行挑衅。富米—文翁集团的土匪和"别动队"对川圹及其周围地区进行了炮击，波兰代表的住宅被击中，炮弹还落在川圹的天主教堂内，有 5 名儿童被炸死。[1] 除了供给诺萨万部队大量的飞机、坦克、军用汽艇和大炮外，美国还亲自出动飞机侵入川圹市上空，美国及其富米—文翁集团的破坏和进攻行动，使得老挝的军事形势和政治形势更加严峻和危急。

有鉴于此，日内瓦会议两主席多次致函和致电老挝三位亲王，呼吁遵守停火协定，恢复老挝的和平，尽快组成一个民族团结政府。1961 年 12 月 14 日，老挝三位亲王在查尔平原举行会谈。会谈之后发表的联合公报指出，三位亲王重申，必

---

① 《老挝国际监察和监督委员会主席给（日内瓦）会议两主席的第十三号报告》（1961 年 11 月 2 日），载《解决老挝问题的扩大的日内瓦会议文件汇编》（1961 年 4 月至 1962 年 7 月），世界知识出版社，1962，第 308-309 页。

须共同执行苏黎世和欣合联合公报，并且认为这是符合国王和老挝人民的意愿的。为了具体组成临时民族联合政府，三位亲王决定尽早在万象举行一次会谈。根据日内瓦全体会议将在 1962 年 1 月 7 日复会的决定和会议，两主席希望届时老挝能够派出一个统一的代表团出席的信函，富马和苏发努冯于 1961 年 12 月 27 日到达万象，同文翁商谈组成临时联合政府之事。他们在万象耐心等待了 3 天之久，"但是文翁用尽种种方法躲避，使三位亲王会谈无法举行。他甚至于进而宣称：苏黎世和欣合联合公报已经过时，三亲王会谈的阶段已成过去"[①]。两位亲王反对文翁的不合作态度，并重申始终准备同文翁会谈，以便迅速组成临时联合政府。

文翁不仅拒绝与梭发那·富马和苏发努冯会谈，而且派军队大举进攻老挝爱国战线控制的解放区。在北部，富米—文翁集团的军队占领了纳莫、芒奔、南赛、纳巴、丁通、纳温以及解放区的重要中心芒赛，并从这些地点向其他地区继续进攻。在中部，富米—文翁集团的部队于 1961 年 12 月中旬开始准备，目的是夺取甘蒙省的容马拉和马哈赛。1962 年 1 月初，在文翁拒绝和两位亲王会谈之后，立即发动了对中部解放区的进攻，先后占领了堪非、班梅、法南、他老、孟龙、班东、纳东、纳开等地。美国军用飞机也参加了富米—文翁集团部队的进攻，对富哈、马哈赛等地进行了轰炸和扫射。富米—文翁集团的军事行动也是由美国军官指挥的。[②] 对美国和富米—文翁集团的进攻，王国政府和老挝爱国战线的军队进行了自卫和反攻，在芒赛战役中收复了纳乡、纳巴、芒奔、芒昏等地，并给进攻马哈赛的富米—文翁集团的军队以沉重的打击。

冲突与和谈交织在一起，是 1954 年日内瓦会议以来老挝社会发展的一个主要特点。1962 年 1 月以后，富米·诺萨万的部队不断对老挝爱国战线的解放区发动进攻，文翁则出尔反尔，尽量拖延与梭发那·富马和苏发努冯关于成立联合政府的谈判。而美国在世界爱好和平国家和人民的谴责之下，一方面声称努力使老挝的独立和中立得到实现，并且表示所谓的向富米·诺萨万施加压力，但另一面却在各方面大力支持右派集团。对于美国和富米—文翁集团扩大内战，破坏老挝独

① 《梭发那·富马亲王和苏发努冯亲王致日内瓦会议两主席的电报》(1962 年 1 月 1 日)，载《解决老挝问题的扩大的日内瓦会议文件汇编》(1961 年 4 月至 1962 年 7 月)，世界知识出版社，1962，第 265 页。

② 《苏发努冯亲王致日内瓦会议两主席的信》(1962 年 1 月 29 日)，载《解决老挝问题的扩大的日内瓦会议文件汇编》(1961 年 4 月至 1962 年 7 月)，世界知识出版社，1962，第 272–274 页。

立、和平和中立的阴谋，老挝爱国战线积极团结富马等中立派别，共同进行政治斗争和武装斗争。

1962 年 5 月 6 日，老挝爱国军队攻占了军事重镇南塔，这对美国和富米—文翁集团来说是一次沉重的打击。肯尼迪两次召集军事和外交顾问会议，同国务卿腊斯克、国防部长麦克纳马拉、副总统约翰逊、参谋长联席会议主席兰尼兹尔、副国务卿鲍尔一起商量应对老挝事态的对策。会议决定，让美国军事力量能够在东南亚地区迅速采取需要的任何行动。随后，肯尼迪下令派遣陆空军部队进入泰国，并利用在泰国北部地区的蒋介石的残余部队配合富米—文翁集团的军事行动。于是，老挝处在危急之中。6 月初，赫鲁晓夫和肯尼迪在维也纳会谈，双方在发表的会谈公报中重申："他们支持一个由老挝人自己选择的政府领导下的中立和独立的老挝，并支持确保这一中立和独立的国际协议，在这方面，他们承认了在老挝有效停火的重要意义。"[1] 老挝的形势得到暂时缓和，同时这也使富米—文翁集团的部队免遭彻底失败。

6 月 7 日，老挝三位亲王在查尔平原举行会谈，商讨关于组成临时民族团结政府的具体问题。11 日，三位亲王达成协议。协议规定，联合政府将包括 12 个部和 7 个国务秘书，共由 19 个人组成。梭发那·富马方面占有 8 个部的大臣席位和 3 个国务秘书席位（其中，富马在川圹以外的中立人士中选择 3 人担任 3 个部的大臣和 1 个国务秘书），老挝爱国战线方面和文翁方面各占 2 个部的大臣席位和 2 个国务秘书席位。富马任首相兼国防、退伍军人和社会行动部大臣，苏发努冯任副首相兼经济计划部大臣，诺萨万任副首相兼财政部大臣，贵宁·奔舍那任外交大臣，方·丰萨万任内务、社会救济部大臣，富米·冯维希任新闻、宣传、游览部大臣。12 日，三位亲王在该协议上签字。国防部、内政部和外交部这 3 个重要的部，皆由富马方面的人士担任大臣。

6 月 23 日，老挝临时民族团结政府全体成员在万象接受国王的任命，宣誓就职，并公布了《老挝临时民族团结政府的政治纲领》。翌日，老挝临时民族团结政府举行第一次会议，决定由外交大臣贵宁·奔舍那担任出席日内瓦会议的老挝统一代表团团长，并在同一天的中午 12 时实行全面停火。7 月 4 日，老挝临时民族

---

① 《赫鲁晓夫—肯尼迪维也纳会谈公报》(1961 年 6 月 4 日)，载《解决老挝问题的扩大的日内瓦会议文件汇编》(1961 年 4 月至 1962 年 7 月)，世界知识出版社，1962，第 372 页。

团结政府在美国第七舰队 1000 名海军陆战队官兵撤出泰国的第二天，发布了一项法令，成立联合停火委员会、中央军事委员会和中央执行委员会，以分别解决停火问题和研究军事、行政的统一问题。7 月 9 日，老挝王国政府发表中立声明。7 月 21 日，扩大的日内瓦会议举行最后一次全体会议，一致通过关于老挝中立的宣言和议定书的两个文件。23 日，扩大的日内瓦会议举行签字仪式。在参加扩大的日内瓦会议的 14 个国家签署的《关于老挝中立的宣言》中，老挝王国政府明确指出，执行和平中立的政策，以建立一个和平、中立、独立、民主、统一和繁荣的老挝。同时，老挝王国政府还声明，老挝不干涉其他国家的内政，也不允许外国干涉老挝的内政或在老挝领土上建立军事基地。老挝不参加任何军事同盟或任何与中立不相容的协定，也不承认东南亚条约组织的保护，并要求一切外国军队和一切外国军事人员撤出老挝。该宣言强调尊重老挝王国中立的原则，并要求各签字国承担维持老挝王国的主权、独立、中立、统一的义务。[①]

经过多年的斗争和努力，老挝人民坚持走中立道路的要求又一次在国际协定中得到了承认。这一协定确认了老挝王国的中立政策，使其在国际上的中立地位得到了法律意义上的保证。

---

① 《关于老挝中立的宣言》（1962 年 7 月 23 日），载《解决老挝问题的扩大的日内瓦会议文件汇编》（1961 年 4 月至 1962 年 7 月），世界知识出版社，1962，第 2–5 页。

第十章　老挝人民民主共和国的建立（1963—1975）

第一节　全面内战和中立派的分化

英国外交大臣霍姆在 1962 年 7 月 21 日扩大的日内瓦会议上说："我很高兴能主持老挝国际会议的这最后一次全体会议，因为今天我们对大家都赞同的一项国际协定（即《关于老挝中立的宣言》——引者注）达成了完全的协议，这项协定使老挝王国政府和民族得到保障：出席这次会议的所有政府将不仅尊重老挝的统一和独立，而且也将尊重老挝的中立。"他接着讲道："这是老挝人欢欣的一天，对老挝人来说，预兆是好的，因为他们能够得到一个和谐、安宁和进步的未来。"①从后来老挝的局势发展来看，这仅仅是一个良好的愿望。虽然扩大的日内瓦会议进一步确立了老挝的国际中立地位，但老挝人民与到达幸福彼岸的距离还十分遥远。这其中有老挝王国长期封建割据、分崩离析的社会历史背景，当然，最主要的是来自外部世界对它的武力干涉。

根据日内瓦协议，外国军事人员和准军事人员必须撤出老挝。美国表面上也遵守协议，但拖延到 9 月中旬才撤走了一小部分军事人员，而且这些人员大部分以大使馆、国际开发署、文化中心、通讯等机构官员的身份重新进入老挝。在沙湾拿吉集团的军事学校、军事基地中，也有不少美国军事人员。与此同时，美国加紧运送包括战斗机在内的武器、弹药和军用品给诺萨万集团，并在下寮的巴色和波罗芬地区修建基地和军用仓库，继续支持以文翁和富米为首的右派集团。从 1962 年起，美国就秘密开始了对从胡志明小道至老挝北部解放区的轰炸。

第二次联合政府同样是一个有名无实的组合体，各派力量都有自己的打算，因而工作也就无法开展。原富马中立政府解散，合并到联合政府之中，新政府的地点定在万象，实际上是在诺萨万的控制之下。诺萨万拒绝把政府机关移交给联合政府，联合政府各部门的公务人员也是由他一手安排的，大多是过去他非法政府中的旧职员。诺萨万吩咐他们，只服从他的旧政府的指令。由经济计划大臣苏发努冯提出并经过国民议会批准的经济计划，大多受到财政大臣诺萨万的阻挠。

---

① 《英国代表团团长、外交大臣霍姆在最后一次全体会议上的发言（摘要）》（1962 年 7 月 21 日），载《解决老挝问题的扩大的日内瓦会议文件汇编》（1961 年 4 月至 1962 年 7 月），世界知识出版社，1962，第 226 页。

在美国的支持下，诺萨万积极扩充自己的军队，扩大右派集团占领的地区范围，武装土匪和别动队。1962 年 12 月 27 日，老挝三方面政治力量的最高代表签署了一项联合公报，宣布三方面就统一老挝的武装部队和国家警察以及成立首都万象的警察部队达成协议。公报说，三方面同意王国统一国民军的总人数为 3 万人，人数由三方面平均分配；万象的警察部队人数为 1200 人，国家警察总人数为 6000 人，皆由三方面平均分配；国家警察归内政部直接管辖。[①] 虽然如此，但诺萨万并没有停止扩充军备和军队的行动，老挝爱国战线和富马中立派也就无法袖手旁观，因而内战的再度爆发是不可避免的，只是时间早晚而已。

1960 年以后，中立派的力量得到了一定的发展。第二次联合政府建立在和平、中立的基础之上，联合政府中的多数和主要的职务也是由中立派成员担任，因而中立派在老挝政治斗争中的地位就显得更为重要了。老挝爱国战线一直把中立派作为团结的对象，在当时的局势下，中立派的存在对老挝人民为独立、和平、中立、民主而奋斗的事业是有益的，中立派的主张与老挝爱国战线纲领也有某些共同之处。正因为如此，诺萨万集团对中立派加以拉拢和控制，进行分化瓦解，拉拢不成则加以杀害。

当时老挝的中立派分为几支不同的力量，主要有以富马、贡勒等人为首的老挝中立党，以贵宁·奔舍那为首的老挝和平中立党和以坎温·布法为首的丰沙里中立力量等。丰沙里中立力量是在原王国政府军第一军区及所属第十一义勇营的基础上发展起来的，1960 年贡勒政变以后宣布支持中立政策。1961 年底曾扩充到近 4000 人，后因补给困难，陆续遣散到只剩 1000 余人。1962 年 10 月，丰沙里中立力量内部发生内讧，最后坎温·布法获胜，控制了丰沙里的北部地区[②]。由于坎温派的人数不多，偏踞老挝最北部，况且内讧已使其元气大伤，对诺萨万并没有多大威胁。因此，诺萨万要对付的主要是老挝中立党和老挝和平中立党两个中立派派别。

由于贵宁·奔舍那坚持爱国中立，并且在日内瓦会议以后指责诺萨万集团阻挠联合政府行使其真正的职责，所以，深遭右派的痛恨。1963 年 4 月 1 日，贵

---

① 《老挝三方面政治力量的最高级代表签署的关于统一国家军队和警察的联合公报（摘要）》（1962 年 11 月 27 日），载《印度支那问题文件汇编》第四集，世界知识出版社，1964，第 199-200 页。

② 蔡文欚：《试论老挝的中立运动》，《印支研究》1983 年第 3 期。

宁·奔舍那夫妇在参加王宫酒会后回到家门口时遭到枪击,贵宁中弹身亡,贵宁夫人身受重伤。贵宁·奔舍那是联合政府的外交大臣,在被害之前曾随富马出访美国。富马答应了肯尼迪的要求,即无论如何都不能把美国的军事和经济援助转给巴特寮一方。双方达成秘密协议,富马将竭力限制、削弱以致最后消灭巴特寮的影响。美国中央情报局开始是想收买贵宁·奔舍那,继而对他进行各种威胁。但是,贵宁·奔舍那仍然坚持参加包括富马同肯尼迪会谈在内的所有会晤,因此,美国也担心贵宁·奔舍那将其与富马的秘密协议转告巴特寮一方。具体执行这次谋杀的,是诺萨万手下的辛少校,后者在"国家安全统筹办公室"的掩护下,组织了一个实际的暗杀委员会,负责谋害巴特寮和左翼中立派的高级干部。① 继贵宁·奔舍那之后,在查尔平原的中立派军队的指挥官坎提·西潘通中校以及青年炮兵营的正、副营长和近 30 名官兵也被杀害。

对于以贡勒为首的中立军队,诺萨万积极进行拉拢。联合政府成立以后,诺萨万的部队成排成连地"投奔"到贡勒的部队之中,其人数甚至和贡勒原来的兵力不相上下。老挝爱国战线曾多次提醒贡勒,后者颇不以为然,并与寮国战斗部队发生了冲突。在诺萨万的拉拢之下,贡勒从查尔平原到达万象,逐渐为诺萨万所控制。1963 年初,老挝中立党开始分化,贡勒转向诺萨万,另外一些成员转向老挝爱国战线,其中包括党中央社会委员坎苏·高拉、副秘书长亨·蒙昆维莱和青年委员敦·逊纳拉等。后来,富马撤销了这些人的党内职务,改组了其党中央委员会。

敦·逊纳拉原是贡勒的部下,曾参加了 1960 年 8 月 9 日的政变。1963 年 4 月初,老挝和平中立党主席、联合政府外交大臣贵宁·奔舍那遇难以后,有大量诺萨万士兵在内的一支贡勒部队围攻敦上校,企图消灭左翼中立派,接管上寮的军事重地查尔平原。但敦上校击退了此次进攻,同贡勒正式分裂,率领一支部队独立出来,坚持与老挝爱国战线合作,同寮国战斗部队并肩作战。敦上校这支部队的总部设在原中立政府的所在地康开,主要活动于川圹、查尔平原地区,所以,又被称为川圹中立力量。

到 1963 年年中,老挝的几支中立力量实际上已完全分化,其中的左翼转向

---

① [澳]威·贝却敌:《第二次印度支那战争》,孙捷译,香港四海出版社,1972,第 152—153 页。

老挝爱国战线，坚持走和平、中立的道路，继续为老挝的独立和自由而战；其中的右翼逐渐转向诺萨万右派集团。因而可以说，这时的老挝已不存在真正的中立派，老挝爱国战线和诺萨万亲美势力之间的矛盾逐渐加剧，老挝的政治形势日益恶化。

联合政府成立以后，美国飞机便开始轰炸老挝爱国战线所在的老挝北部地区。1962年底，由美国中央情报局经营的美国航空公司进驻老挝，向土匪空投武器和各种急需物资。进入1963年以后，美国飞机的轰炸次数不断增加。1月5日，一架美国飞机侵入芒新地区上空，被寮国战斗部队击落，第二天，美国又派6架飞机飞抵南塔省太法地区上空，给那里的土匪空投武器弹药和食物。另外，"美国特工机构还组织起'白星'苗族游击队，在巴特寮后方和附近的山区活动。由空运投向指定地点的大米袋中，也装着轻武器和弹药。这种空运物资活动还以空袭来配合，大约有40架涂有老挝空军标志的螺旋桨推动的轰炸机，由美国航空公司驾驶员驾驶，由受过训练的泰国人员当助手。在地面上，中央情报局还从老挝南部招募山地民族组成队伍（即'机灵鬼行动计划'），渗透到胡志明小道沿线地区，但收不到什么效果。1963年以后，又以各种手段从南越派出一些渗透小组，进入老挝境内"①。

在美国武装的老挝山民队伍中，以王宝为首的苗族部队的力量最为强大，这是美国的所谓老挝"特种部队"的主力。1959年，美国就开始了对苗族的训练。1960年，当美国中央情报局支持的右派富米·诺萨万反叛梭发那·富马中立政府的时候，对苗族的训练计划迅速扩大。1961年初，肯尼迪政府采取措施稳定地增加"白星"苗族游击队，同时开始帮助王宝组织新的游击力量。② 王宝的苗族部队由美国中央情报局直接提供军事装备和各类所需物资，其中不少人曾被送到美国接受军官训练。③ 每一个军事地区的指挥官，都有一个副手专门负责非正规军，定期向设在龙镇的总部报告。龙镇位于川圹的西南，是夹在两山之间的一片谷地，原来并无人居住。自从建立了苗族部队的军事基地以后，龙镇逐渐成为一个城市，大多数是苗族军人和从事与战争有关行当的苗族在此居住。在龙镇"特种部队"

① ［美］约翰·F.卡迪：《战后东南亚史》，姚楠等译，上海译文出版社，1984，第371—372页。

② Nina S. Adams and Alfred W. McCoy, "Laos: War and Revolution", New York, 1970, pp. 183-184.

③ Joel M. Halpern, "The Economy and Society in Laos", New Haven, 1964, pp. 6-8, 36-37.

的秘密基地中，设有机场、军官训练学校、供应仓库，以及谍报、破坏、联络和暗杀技术等训练中心。从 1962 年起，美国中央情报局的许多人以经济援助团的名义参与了对老挝的非正规雇佣军的支持活动。这种非正规武装力量，在老挝南部地区被称为"特别游击队"（Special Guerrilla Units），也是由美国中央情报局直接提供各种所需物资。[①]

用美国军事装备武装起来的诺萨万集团的部队和土匪，不断发起对原富马首相和老挝爱国战线控制地区的进攻。到 1963 年 4 月中旬，查尔平原的一些地方被占领，诺萨万集团的军队在美国军官的亲自指挥下，越过了 1961 年的欣合停火线，并且以贡勒将军的名义向川圹、腊黄、康开和丰沙湾等地的寮国战斗部队和中立派进步军队发动进攻。为此，寮国战斗部队电台曾向中立派军队全体官兵发出呼吁，把美国及其仆从的军事人员从中立派军队中全部清除出去，把亲美的土匪赶出解放区。敦·逊纳拉上校以第五军区司令、老挝王国最高军事委员会委员、"八·九"政变委员会副主席的名义，写信给贡勒将军和"八·九"政变委员会中的其他军官，呼吁他们"停止对祖国、对人民，特别是对中立派没有好处的行动，避免无益的可悲的死亡，坐下来协商，重新携手合作，共同努力，把中立力量变成真正为祖国、为人民服务的力量"[②]。敦上校在信中指出，中立派军队日益混乱复杂，彼此之间的隔阂和误解日益加深的原因，主要是由于美国及其在中立派中的仆从竭力进行企图消灭中立派力量的破坏活动所造成的。如果这种状况继续发展下去，中立派军队将会变成富米·诺萨万的军队和美国及其仆从的工具。[③] 随着沙湾拿吉军队和中立派右翼向老挝爱国战线和中立派进步军队发动武装攻击的开始，老挝内战的序幕又一次被揭开。

鉴于诺萨万的军队不断进攻解放区，根据老挝爱国战线的建议，1963 年 4 月 14 日，富马亲王和苏发努冯亲王到查尔平原视察，命令各方面军队停止冲突。寮国战斗部队和敦上校指挥的中立部队，欢迎并严格执行了两位亲王的命令。但是，诺萨万的军队并没有停止行动，而且与中立派右翼分子勾结在一起，攻击寮

① Arthur J. Dommen, "Conflict in Laos, the Politics of Neutralization", Frederick A. Praeger, New York, 1964, p. 296

②《老挝第五军区司令、老挝王国最高军事委员会委员、"八·九"政变委员会副主席敦上校给贡勒将军等的信（摘要）》(1963 年 4 月 17 日)，载《印度支那问题文件汇编》第四集，世界知识出版社，1964，第 244–245 页。

③ 同上。

国战斗部队和敦上校的中立派进步军队。此后，苏发努冯亲王和富马亲王多次会晤，商谈缓和查尔平原及老挝的紧张局势问题，虽然双方对有关方法和步骤的看法并不一致，但有一点是彼此共同确认的，即查尔平原和老挝全国的紧张和复杂局势，是由美国、富米·诺萨万和中立派中的极少部分反动分子造成的。

面对老挝不断加深的危机，1964年4月6日至12日，老挝爱国战线在桑怒举行了第二次全国代表大会，出席大会的代表共有227名。大会选出了由63名成员组成的中央委员会，通过了《十点行动纲领》，决定巩固和加强同爱国中立力量之间的联盟和互助关系，团结各民族、各阶级、各宗教、各政治党派、爱国人士和知识分子、王族人士和僧尼以及拥护和平中立政策的各社会团体和人士，为建立和平、中立、独立、民主、统一和繁荣的老挝而奋斗。除了恢复和平，实现独立、中立、民族平等等内容外，《十点行动纲领》还强调经济建设和老挝人民有义务积极保卫和巩固解放区，增强爱国战线的力量，并帮助加强其他爱国力量，坚决粉碎入侵、占领和利用土匪破坏扰乱解放区的阴谋。①

这一时期，在老挝爱国战线的斗争策略中，强调独立是一个重要的内容。其原因就在于，老挝人民经过了半个多世纪的努力，终于将法国殖民者赶出自己的家园。通过1954年的日内瓦会议，老挝理应获得其国际上的独立地位。然而，由于美国的干涉和侵略，老挝的独立也就无从谈起，更不可能有国家的和平、中立、民主、统一和繁荣的希望。因此，要获得这一切，首先要争取国家的独立和人民的自由。在这种情况下，从某种意义上讲，武装斗争比政治斗争显得更为重要。

随后，1964年8月26日，爱国中立力量在敦·逊纳拉和坎温·布法的领导下，在康开举行了第一次大会。② 大会选出了中央执行机构，坎苏·高拉当选为主席，敦·逊纳拉上校等当选为副主席。这个组织参加了1965年3月在金边举行的印度支那人民会议。老挝爱国中立力量同老挝爱国战线紧密团结，为反抗美国的侵略并肩战斗。

---

①《老挝爱国战线党第二次全国代表大会通过的十点行动纲领》，载《印度支那问题文件汇编》第五集，世界知识出版社，1965，第390–392页。

② MacAlister Brown and Joseph J. Zasloff, "Apprentice Revolutionaries: the Communist Movement in Laos, 1930–1985", Hoover Institution Press, California, 1986, p. 93.

第二节　第二次联合政府的崩溃

　　外交大臣贵宁·奔舍那遇害以后，万象的政治形势险象环生，联合政府中的老挝爱国战线的代表苏发努冯和富米·冯维希等人不得已离开了万象，回到康开和桑怒。松散的联合政府陷于瘫痪，实际上已经解体。

　　1963年5月，美国开始向查尔平原运送武器，并将大批诺萨万集团的军队空运到这一地区，为全面内战作最后的准备。据美国驻万象大使伦纳德·昂格宣称，美国向查尔平原运送武器，目的是援助贡勒将军的部队，美国国务院发言人则指出，美国是应联合政府首相梭发那·富马亲王的要求才作出这一举动的。为此，5月14日，老挝爱国战线武装部队最高指挥部发表声明进行抗议。5月10日，苏发努冯致电富马指出，如果富马确实已提出上述要求，而且没有经过老挝爱国战线的同意，那么，这种做法是不正确的。苏发努冯要求富马撤销这一要求，立即停止非法向老挝运进武器。然而，大批美国飞机依然向查尔平原机场空运武器和诺萨万集团的军队，苏发努冯再次致电富马，并且就富马在万象宣称不在康开同老挝爱国战线会谈一事措辞严厉地指出："您的上述行动和讲话，证明您是不想根据我们的邀请，通过和平途径来解决问题了，是想通过武力来解决问题。如果您真有这样的打算，那么将会给祖国和人民带来巨大灾难，而您将成为对所造成的一切后果担负完全责任的人。"[1]

　　当时，老挝爱国战线与富马之间的矛盾也在不断加剧。在美国和诺萨万集团的威胁和利诱下，富马主张的和平中立政策显然没有得到贯彻和执行，他本人也逐渐向右派靠拢，至少他对老挝爱国战线的态度是十分不友好的。5月17日，富马写信给日内瓦会议两主席，认为苏发努冯于5月5日给两主席写信谴责美国和诺萨万集团在程序上超越了政府，换句话说，是没有征得他的同意，因而提出强烈抗议，并且声明，苏发努冯关于中立派部队的说法是不全面的、没有根据的或是捏造的。富马反过来指责老挝爱国战线采取不合作态度，认为正是由于寮国战斗部队利用敦上校及其同伙这批分裂派，在川圹、查尔平原等地挑起敌对行动，

---

[1]《老挝爱国战线党主席、老挝临时民族团结政府副首相苏发努冯亲王给首相梭发那·富马亲王的电报（摘要）》（1963年5月16日），载《印度支那问题文件汇编》第四集，世界知识出版社，1964，第289页。

冲突重新爆发。① 美国和诺萨万集团的日益扩大的挑衅行动和富马方面的非中立、不合作的态度，迫使老挝爱国战线方面不得不作好应对内战的准备。

实际上，富马方面的态度有着明显的倾向性，外交大臣贵宁·奔舍那被美国指使的右派杀害以后，组成联合政府的三方曾在 4 月 12 日举行的政府会议上一致决定，任命坎苏·高拉代理外交大臣的职务。但是到了 5 月份，外交部却发布公报说，富马首相亲自担任了外交大臣的职务。这种违反三方面一致原则的做法，不能不引起老挝爱国战线方面的强烈抗议。另外，联合政府建立以后，三方面也曾达成原则性协议，规定凡是现有的货币、财产和外国的援助，应为联合政府所共有，必须根据三方面领导人的一致决定，分配给三方面使用。在等待统一分配期间，每方每月可以领取 1 千万基普。但是，自从 1963 年 4 月份以后，老挝爱国战线方面的经费被停发，富马方面每月有 4 千万基普，而诺萨万方面每月则领取经费 3 亿基普，对于诺萨万集团的种种违反日内瓦协议和老挝三方协议的行为，富马方面并未采取积极有效的制止措施，反而对老挝爱国战线方面表现出极大的不满。

面对老挝的局势，1963 年 5 月底，老挝爱国战线党中央委员会发表声明，揭露美国和诺萨万沙湾拿吉集团的侵略行径，指出老挝正面临着重新爆发内战的危机。这种局势已发展到迫使老挝爱国战线方面和爱国的中立派力量进行坚决自卫的地步，但老挝爱国战线仍希望同梭发那·富马亲王、贡勒将军和中立派的其他领导人会谈，以共同交换意见，达成各方面都可以接受的协议和措施，来制止一次随时都可能爆发的大规模军事冲突的危机。②7 月 4 日，在日内瓦协议签订一周年之际，老挝爱国战线发表了美国及其老挝右派集团破坏日内瓦协议的备忘录，再次强烈谴责美国及其仆从破坏老挝和平、独立和中立的罪行。日内瓦协议签订之后的一年中，美国运送了大批武器帮助训练和扩充诺萨万的军队，在老挝修建了无数个秘密军事基地和机场，仅在查尔平原和川圹地区就有 3 个新建的机场，其目的不言而喻。美国的军事顾问不仅没有按照日内瓦协

① 《老挝临时民族团结政府首相梭发那·富马亲王致日内瓦会议两主席的信》（1963 年 5 月 17 日），载《印度支那问题文件汇编》第四集，世界知识出版社，1964，第 290—291 页。

② 《老挝爱国战线党中央委员会就当前老挝局势发表的声明》（1963 年 5 月 29 日），载《印度支那问题文件汇编》第四集，世界知识出版社，1964，第 299—303 页。

议完全撤走，而且安排了数百名泰国军事人员和数以千计的士兵、数百名菲律宾的"军事顾问"和南越吴庭艳军事人员以及蒋介石残部在老挝。美国还假借"移民"之名，把300名日本军事人员运进老挝，帮助诺萨万方面扩军和修建军事基地。

在美国的指使下，诺萨万部队的军事行动平均每月多达20次。另外，美国还利用东南亚条约组织和它在这些国家的军事基地对老挝进行武力干涉，再次破坏了老挝的联合政府，造成了老挝日益紧张的局势。9月9日，在万象的诺萨万军队包围和枪击老挝爱国战线代表团的住宅和警卫部队的驻地，老挝爱国战线警卫部队的一名士兵被打死，另有几名士兵受伤。当时，老挝爱国战线方面的代表，联合政府的新闻、宣传和游览大臣富米·冯维希驻在万象，他受苏发努冯委派于8月下旬前往那里，以便会晤富马亲王，解决查尔平原的紧张局势和老挝的危机。9月9日的枪击事件，也是针对他采取的行动。第二天，由富马主持召开了老挝三种力量的代表会议，富米·诺萨万和富米·冯维希参加，苏联和英国驻老挝大使作为日内瓦会议两主席的代表以及国际监察和监督委员会三个成员国的代表也出席了这次会议。会议对老挝爱国战线方面在万象的大臣和警卫部队的安全作出了保证。但诺萨万方面的挑衅仍未停止，包括富米·冯维希在内的老挝爱国战线方面的工作人员的行动，仍旧受到不应有的限制。

尽管如此，老挝爱国战线方面仍然在为争取老挝的和平进行不懈的努力，与这种努力相伴随的，常常是诺萨万部队不断的军事进攻。1963年11月16日和12月3日，老挝爱国战线战斗部队最高指挥部代表辛加坡将军和贡勒将军两次会晤，希望双方停止武装冲突，并恢复相互之间的合作关系。为了破坏辛加坡和贡勒的谈判，诺萨万的部队向老挝爱国战线控制的万荣和纳门地区发起进攻，并出动飞机扫射无辜百姓。12月8日，老挝爱国战线代表奔·西巴色将军和老挝北部中立力量代表坎温·布法会谈后发表联合声明，指出必须实现首都万象和王都琅勃拉邦的中立化，恢复查尔平原—川圹地区的和平状况。双方表示，将全力支持由梭发那·富马亲王为首相的三方面的民族团结政府，并且呼吁民族团结政府采取积极措施，严格执行它的政治纲领和三方面一致的原则。

虽然不断遭到诺萨万部队的军事进攻，但老挝爱国战线方面与富马方面之间会谈的努力仍在继续。1963年12月20日，梭发那·富马和苏发努冯两位亲王的全权代表，邮电大臣西苏曼·西萨銮萨与新闻、宣传和游览大臣富米·冯维希在查尔平原的会谈中达成协议，发表了联合公报，双方同意使琅勃拉邦市中立化和非军事化，并建立混合警察部队维持那里的治安。琅勃拉邦的市政权原则上必须是直属民族团结政府的三方混合政权。万象也应实现中立化和非军事化，由混合警察部队来维持首都的治安。两位全权代表一致认为，两位亲王有必要尽早举行会晤。1964 年 1 月中旬，富马亲王到桑怒访问，参观了解放区的建设，同苏发努冯亲王进行了会谈。双方认为，老挝国家的问题，必须在很短的时间内，在 1962 年日内瓦协议和老挝三方所缔结的各项协议的基础上求得解决。因此，王都琅勃拉邦必须完全实现中立化，之后联合政府将迁到那里。

中国政府和人民一贯关心、同情和支持老挝人民争取独立、统一、和平和中立的正义斗争，而且长期以来为老挝问题得到公正合理的解决作出了积极不懈的努力。1964 年 4 月 4 日，富马率领老挝王国政府代表团访问中国，4 月 8 日，签署了《中国老挝联合公报》。双方认为，严格遵守和切实履行 1962 年日内瓦协议，彻底实施老挝民族团结政府的政治纲领，是实现老挝和平、独立和中立的正确途径。在该联合公报中，中国方面再次表示，坚决维护日内瓦协议，支持以梭发那·富马亲王为首的老挝民族团结政府奉行和平中立政策；由衷地希望老挝国内三种力量团结合作，排除外来干涉，和平地解决自己的问题，把老挝王国建设成一个独立、民主、中立和繁荣的国家。[1] 事实上，老挝政治的发展离日内瓦协议的规定相差甚远。

1964 年 4 月 19 日，富马结束了与苏发努冯在查尔平原的会谈后刚刚回到万象，那里便发生了一次军事政变，富马遭到软禁，一些政府大臣、国务秘书、公务人员、军官、警察等被逮捕。政变首领是与培·萨纳尼空有亲戚关系的右派将领库帕拉西·阿贝和诺萨万手下的治保军官西河·兰浦塔古将军。当时，富米·诺萨万的势力在右派中已大为减弱，而且和富马一起前往查尔平原，因此也被解除了部分职务。阿贝成立了一个"国家军队革命委员会"，自立为该委员会的主席，[2] 宣布废除民族团结政府管理国家的权力和义务。

---

① 《中国老挝联合公报》（1964 年 4 月 8 日），载《印度支那问题文件汇编》第五集，世界知识出版社，1965，第 388-390 页。
② ［澳］威·贝却敌：《第二次印度支那战争》，孙捷译，香港四海出版社，1972，第 158-159 页。

两天之后，美国总统肯尼迪的特使威康·邦迪匆匆赶到万象，他所关心的只是富马和诺萨万到查尔平原是否与苏发努冯达成何种协议的问题，因为这与美国对老挝的干涉和控制密切相关。在这一点上，美国的担心和老挝极右亲美势力发动政变的想法是一致的。阿贝要求扩大政府内阁作为富马继续担任首相的条件。所谓扩大"内阁"，不过是亲美右派加紧控制富马政府、排挤老挝爱国战线方面政府成员的一种手段。经过多方面的讨价还价，富马和诺萨万终于恢复了他们原来的职务。从这个角度来讲，阿贝的这次政变并未获得成功，但它对富马一方的影响不可低估。原因是联合政府名义上依然存在，但右派对它的控制，对老挝局势的发展有着极为重要的作用。

　　这次军事政变是破坏临时政府和日内瓦协议的粗暴行为，其目的是十分明显的。亲美的极右派不愿意看到老挝国家的统一和民族的和睦，在饱受战争灾难之后仍不希望有国家的和平与中立，或者说，他们所希望的，是要由在美国支持和控制下的亲美右派来完成老挝的统一。这实际上是为了消灭老挝爱国战线和其他爱国力量，挑起老挝全面的内战。虽然在此之前，老挝内战的序幕已经拉开，但由于老挝爱国战线和爱国中立力量的一再克制和忍让，致力于和平解决不同派别之间的问题，所以，战争尚未在全国范围内展开。这次军事政变，可以说是美国和右派集团在老挝发动更大规模的全面内战的一个危险的信号。

　　对于右派发动的军事政变，苏发努冯、老挝爱国战线纷纷发表声明进行抗议和谴责，苏发努冯还致电日内瓦会议两主席和老挝国际委员会主席，写信给1962年日内瓦会议的参加国，希望有关方面采取紧急有效的措施，制止美国的侵略，维护关于老挝问题的日内瓦协议，使老挝的局势得到稳定。西哈努克亲王也写信给日内瓦会议两主席，要求召开1962年日内瓦会议参加国会议，以解决老挝和印度支那问题。

　　尽管老挝爱国战线对亲美右派集团的所作所为一再表示抗议，世界爱好和平的国家和政府也发表声明加以谴责，但亲美右派集团扩大内战的行动仍在加紧进行。5月初，诺萨万突然宣布"移交权力"，将他的军队同富马方面的军队合并在一起，由富马统一管理，并且指责老挝爱国战线方面不将军队与富马的军队"统一"起来是没有"善意"。诺萨万在1964年5月6日发表的声明中宣称，如果苏发努冯真正愿意民族和睦的话，那么，他就应该无条件地解散老挝爱国战线。这里所谓军队的"统一",只不过是诺萨万军队企图吞并富马方面军队的一个幌子,而控制和消灭老挝爱国战线才是他真正的目的之所在。

在政治上,右派集团希望改组和扩大民族团结政府。5月4日,富马与苏发努冯在康开会晤,双方表示不同意改组民族团结政府。苏发努冯并且提醒富马警惕美国和沙湾拿吉方面的阴谋,不要被敌人利用来破坏自己的力量。然而在5月7日,富马在美国和右派集团的扶持下,宣布成立新政府,并且发表首相府声明,在得不到安全保障的情况下要求反对万象政变的副首相、大臣和副大臣们回到万象。这实际上是在排斥老挝爱国战线方面在民族团结政府中的席位。如果他们前往万象,人身安全无法得到保证;如果他们不去,则将被所谓的"新政府"除名。5月下旬,富马正式决定将苏发努冯负责的经济计划部和富米·冯维希负责的新闻、宣传和游览部交给其他人管理。如果说在此之前,三方联合政府虽然一开始就陷于瘫痪但名义上还存在的话,那么,到了1964年5月,它已经完全解体和崩溃,所谓的"新政府"的权力,完全掌握在亲美右派集团的手中。

第三节 美国的轰炸和解放区的巩固

在老挝爱国战线方面的代表被排斥在联合政府之外以后不久,1964年5月17日,美国飞机开始对老挝爱国战线和爱国中立力量控制的解放区进行轰炸。在此后的一段时间内,轰炸的主要目标是芒番、康开和查尔平原地区。美国之所以从幕后策划和指挥转为公开和直接的武装侵略,是因为它依靠亲美势力变老挝为其新殖民地的企图已经失败。虽然它在政治上可以扶持富马,由右派集团掌握政权,但是,使用美式装备的诺萨万军队对解放区的多次进攻,不但没有消灭老挝爱国战线和爱国中立力量,而且常常遭到寮国战斗部队和爱国中立力量的沉重打击,后者控制的解放区的范围不断扩大。随着事态的发展,老挝人民越来越清楚地认识到了美国和老挝右派集团的真实面目,纷纷起来反抗美国的侵略。

在美国开始轰炸解放区之前,驻扎在查尔平原地区的一些原中立派部队,由于对诺萨万集团的控制不满而发动了起义。这些起义包括：在富腊代由温乔少尉率领的起义、在塔通由坎费少尉率领的起义、章中校在查尔平原发动的第四伞兵营起义和宋旺上尉在芒雷发动的第六伞兵营的起义等。这种种情况使美国政府感到形势对其十分不利，于是便公开和直接地发动和卷入了老挝的全面内战。

富马和贡勒等人已经完全站到了诺萨万右派集团一方。在美国开始轰炸解放区之后，富马反而指责老挝爱国战线是"得到外国帮助的侵略者"，并要求美国提供紧急援助，"以保卫国家的统一"。贡勒也频繁同万象军事政变首领库帕拉西·阿贝和西河·兰浦塔古以及王国军队的总参谋长温·拉迪功会谈，讨论反对共产党人的方针以及在反对老挝爱国战线方面如何进行合作的问题。贡勒的行为已经完全违背了他 1960 年 8 月 9 日发动军事政变时的目的和立场。然而，贡勒的日子实际上并不好过，经过 1963 年和 1964 年的两次分化，他的实力已大为削弱，在现存为数不多的部队中，已被安插了不少诺萨万的士兵，他的部队已基本上被右派集团所控制。由于贡勒不再坚持和平中立的立场，倒向右派一边反对老挝爱国战线，因此，他在老挝国内的威信大大降低，以致后来成为孤家寡人，被迫到他国寓居。

面对美国和右派集团的军事进攻，老挝爱国战线于 1964 年 6 月 4 日发表《告全国人民书》，号召老挝人民加强团结，保卫三方面组成的民族团结政府、日内瓦协议和和平、中立，并提出了美国停止侵略老挝、右派集团军队停止进攻解放区、取消被非法引进政府的人员、恢复三方面领导人之间的会谈等四点要求。苏发努冯也发表声明，希望尽早举行 1962 年日内瓦会议参加国会议，得到了爱好和平国家的赞同。然而，美国的轰炸不仅没有停止，反而更加频繁和猛烈。美国飞机不仅对川圹—查尔平原地区进行轰炸和扫射，杀害无辜平民，包括许多妇女和儿童在内，而且对原王国政府的所在地康开进行狂轰滥炸，炸毁了中国驻老挝经济文化代表团的住所，代表团 5 人受伤，1 人死亡。另外，美国有时还用涂有老挝空军标志由美国或泰国驾驶员驾驶的飞机对北越进行轰炸空袭。[①] 从 1964 年 5 月 17 日至 6 月中旬一个月的时间里，美国飞机侵入老挝解放区 200 多架次，投掷了数百

---

① [美] 拉塞尔·F. 韦格利:《美国军事战略与政策史》，彭光谦等译，解放军出版社，1986，第 549 页。

枚炸弹,给老挝人民的生命财产造成了严重的损失,老挝的局势也更加紧张。

对于苏发努冯和爱好和平国家提出在金边召开 14 国会议的建议,英国作为日内瓦会议两主席之一却不予采纳,而是同美国站在一起,于 1964 年 6 月 2 日召集了有英、美、加、泰、印度和南越代表参加的所谓"万象磋商"。由于这次"磋商"是片面的,并且严重违反 1962 年日内瓦协议的精神和条款,所以,大多数参加日内瓦会议的国家拒绝前往万象。参加这次"磋商"的各国在 6 月 29 日发表的公报和停火撤退呼吁书中,闭口不谈美国对老挝的武装侵略,反而颠倒是非,诬蔑老挝爱国战线对右派集团发动了"全面进攻",因而要求寮国战斗部队"撤退"。这种对美国和老挝右派军事行动的包庇和怂恿行为,在一定程度上造成老挝内战的恶化。

为了达成老挝三方之间的和解,1964 年下半年,苏发努冯在巴黎多次与富马举行会谈,由于右派集团方面没有诚意,会谈没有任何结果。

1964 年 4 月万象军事政变、联合政府彻底垮台以后,美国开始轰炸老挝解放区,到 1964 年底和 1965 年初的时候,美国的侵略规模达到了前所未有的程度。在下寮,美国对解放区轰炸,并配合军队不断发起军事攻势,目的是要把下寮变成一个同它在南越和泰国的基地连在一起的战争基地。在中寮,继 1964 年 9—11 月的"松晒"(又名"胜利箭头")大规模战役之后,右派集团出动了 15 个步兵营,在美国飞机及炮兵、装甲车的配合下,对 9 号公路地区发动了猛烈的攻势,占领了沙湾拿吉省原老挝爱国战线控制的重要阵地。

相比而言,美国的侵略重点仍然是在上寮,那里是老挝爱国战线和爱国中立力量的所在地。美国积极帮助驻扎在孟绥、塔通和塔威尔的右派军队加强装备,以发动对川圹和查尔平原的进攻。与此同时,美国飞机不断从设在老挝、南越、泰国的空军基地和美国第七舰队的航空母舰上起飞,对上寮的解放区进行轰炸。1965 年 1 月 13 日,美国从南越基地派出 24 架轰炸机,对 7 号公路两侧,特别是对川圹省的南典和南马地区进行了连续数小时的频繁轰炸和扫射,造成当地居民大量伤亡。这次轰炸是美国空军为了执行美国在整个印度支那半岛地区的战争计划而对老挝采取的一系列军事行动的开端,美国和西方通讯社认为,这次轰炸是到当时为止美国人在老挝所采取的最重大的行动。在此以后,美国将更多的飞机、弹药运进老挝,甚至使用 B–52 轰炸机对解放区连续进行狂轰滥炸,给老挝人民带来了深重的灾难。

右派集团控制了老挝的政权以后，内部的争斗又显露出来。1965年1月31日，在诺萨万和西河的支持下，右派军队中的蓬勒上校率领部下发动政变，但被库帕拉西粉碎。诺萨万和西河只好越过湄公河，逃到泰国南部避难。库帕拉西和培·萨纳尼空掌握了实权。这次政变是诺萨万为控制万象政权所作的最后一次努力，但以失败而告终。1964年4月库帕拉西发动军事政变以后，美国对他的扶持更加明显。这也是美国侵略老挝在政治上的一贯策略，一个代理人无法实现它在老挝的目的，美国就开始扶植另一个代理人作为替代。从卡代·敦萨索里特、培·萨纳尼空到文翁和富米·诺萨万，再到库帕拉西和培·萨纳尼空，都是在美国的操纵之下进行替换的。从古代到现代，老挝政权的更迭和内部的冲突，常常是在外部力量的左右之下进行的，而受难的只能是老挝人自己。这不能不说是老挝社会发展的一个悲剧。

　　诺萨万出逃以后，万象方面召开所谓"内阁会议"，决定"罢免"诺萨万，"任命"仑·英锡相迈担任副首相。1966年10月21日，右派集团再次发生内讧。王国空军的陶马将军在沙湾拿吉发动政变，出动飞机轰炸了万象。政变失败后，陶马等人驾机逃往泰国。泰国政府同意了他们政治避难的请求，并拒绝了库帕拉西提出的引渡他们的要求。

　　面对美国对老挝和印度支那地区不断扩大战争的威胁，1965年3月1日至9日，在西哈努克的倡议之下，在金边举行了印度支那人民会议。共有38个运动组织或协会的代表团参加了会议，其中老挝有5个：老挝爱国佛教协会、老挝青年知识分子联合会、老挝爱国中立力量、老挝爱国战线和老挝和平中立党。与会各代表团决心制止美国的侵略，反对任何外国的干涉，实现以独立为前提的和平。老挝爱国佛教协会参加会议，充分说明了宗教在老挝社会和政治中的巨大作用。

　　美国在侵略老挝的战争中也清楚地认识到了这一点，因而采取多种措施利用宗教来为其服务，例如，垄断佛教组织、引诱和收买佛教协会成员、组织由亲美分子为首的青年佛教协会等。美国中央情报局设有佛教处，专门从事利用宗教对老挝进行文化侵略的活动。同样，在老挝遭受外来侵略和干涉的形势下，老挝爱国战线积极团结各阶层、各民族、各团体的力量，共同进行反抗美国侵略的斗争。由于佛教在老挝人民和社会中的地位和影响，所以，尊重和保护佛教是对团结全国人民、增强抗美救国力量的重要贡献。美国入侵以后，老挝爱国战线积极做好僧侣的工作，苏发努冯和宗教大臣富米·冯维希也深入到佛寺中进行宣传。而老挝的大多数僧侣也喜欢苏发努冯和巴特寮，认为他们是最可敬的人。[1]在国家生死存亡的危急关头，老挝爱国僧侣也积极行动起来，投身到老挝民族独立的斗争之中。

与此同时，老挝爱国战线对内号召全国人民动员起来，为国家的独立、和平而战，并多次积极与富马接触，力图达成内部的和解，共同抵抗外来侵略。在对外方面，老挝爱国战线多次发表声明，并致电或写信给日内瓦会议两主席和老挝国际委员会以及有关国际组织和国家，表明自己的立场，呼吁有关方面制止美国的侵略，实现老挝的独立、和平和中立。然而，万象方面依然故我，并举行把老挝爱国战线排除在外的"国民议会选举"，组成所谓的"新政府"。后来，在富马的同意之下，贡勒部队的反动军官宋佩—苏里万集团于1966年10月31日推翻了贡勒，宣布把孟绥、万荣等地的贡勒部队合并到右派军队之中。万象方面宣布由宋佩上校代替贡勒的职务，富马则下令将所谓的"中立派"警察和王国政府警察合并在一起。这种种行为都表明了万象方面不愿和解的立场。

老挝爱国战线和其他爱国力量为反抗侵略、维护民族独立进行了英勇顽强的斗争。1965年10月1日，老挝爱国战线决定，将寮国战斗部队正式命名为老挝人民解放军。1966—1967年，老挝爱国军民消灭敌人2万多名，击落敌机近500架，缴获各种武器6000余件、弹药和军用物资数百吨，击毁敌人军车数十辆以及汽艇、机动艇数十艘。此外，老挝爱国战线在战争中还扩大了解放区，使成千上万的人民摆脱了美国和右派集团的统治。

在进行武装斗争和政治斗争的同时，老挝爱国战线十分注意扩大和巩固解放区，以建立可靠的后方基地。老挝是一个典型的农业国家，商品经济极不发达。老挝的商业集中在万象、琅勃拉邦、川圹、巴色等大的城镇，而且多数是由华侨经营，[2]因而可以说，没有华侨也就没有当时老挝城镇的商业发展。在广大的农村，依然是自给自足的自然经济占主导地位，而且还要遭受美国和右派集团的掠夺和压榨。老挝爱国战线在抵抗美国和右派集团的侵略战争中，不断给对方以沉重的打击，在一个相当长的时期内，扩大、巩固和建设解放区一直是老挝爱国战线的主要任务。

① Arthur J. Dommen. "Conflict in Laos, the Politics of Neutralization", Frederick A. Praeger, New York, 1964, p. 91.

② 参见许云樵：《现阶段的寮国华侨》，载《南洋文摘》第3卷第5期，1962年4月；辛祖康：《寮国华侨教育》，（台湾）台北海外出版社，1950。

老挝爱国战线采取了多方面的措施来建设解放区。在政治上，老挝爱国战线主张各民族一律平等，反对一切在各民族之间挑拨离间的阴谋，执行民族团结的政策，保护外侨在老挝的正当权益；坚持男女平等的原则，保护妇女和儿童。同时，老挝爱国战线注意团结其他爱国力量，并积极争取外援和国际支持。解放区的行政区划分为省、县、乡、村4级，在各级组织行政委员会，并选出3—5人的行政委员，少数民族和妇女皆可担任。

老挝爱国战线巩固和建设解放区的主要任务是发展经济。在这方面，老挝爱国战线的主要措施有：废除徭役制度的残余和贸易垄断，发扬自力更生精神，开发森林产品和自然资源，帮助人民发展生产和手工业，建设工业，鼓励和帮助农民改进耕作技术，以增加收入、改善生活。在贫寒山区，老挝爱国战线发动群众合作互助，修建道路、桥梁和各种水利设施，发展交通运输和农田灌溉。后来，随着解放区的不断扩大，老挝爱国战线制订了以农业开发为中心来推动经济建设的3年计划。第一个3个计划开始于1968年，当时，老挝人民解放军已经在南博、艺银等一系列战役中取得了胜利，解放了全国大部分土地和一半的人口。

在农业生产方面，老挝爱国战线实施集体化政策，组织小的农户团结组或较大规模的生产互助组，组长由成员投票选举。以这些生产组为单位，开垦新的农田，整顿和扩大水利设施。在灌溉条件比较好的地区，则推广种植双季稻。解放区的灌溉面积从1967年的约6000公顷发展到1972年底的约14000公顷，稻米的产量随之得到提高。对于山区长期以刀耕火种为谋生手段的各少数民族，老挝爱国战线用改进生产技术和生产工具的措施来改善他们的生活条件，因此，在解放区建立了农机农具的制造和修理等方面的工厂。随着农田的扩大，用于农业生产的水牛、黄牛的数量也迅速增加。

相反，在万象控制地区，经济情况一片混乱。货币贬值，物价猛涨，万象方面的财政是靠外援来作为支撑的。[①]1963—1969年，美国给右派集团提供了6.5亿美元的援助，其中大部分是军援，小部分是经援。美国提供的经济和教育等方面的经费，大部分被右派集团从上至下的官员贪污掉了，所以，其控制地区的经济状况并未得到改善。

---

① Perala Ratnam, "Laos and Super Powers", p. 11.

在文化建设方面，老挝爱国战线培养各类学生，为他们的学习创造条件；关心知识分子、公务人员、文化和艺术工作者，使他们能发挥作用，为祖国的建设服务。为了抵制美国的颓废文化的入侵，老挝爱国战线积极发展进步的民族文化，发展中、小学和各种群众性的教育事业，组织扫盲活动，保护和发扬各民族优良的传统和风俗习惯。主张信仰自由，保护寺院，尊重僧侣，反对美国破坏和分裂宗教的阴谋。爱国僧侣们也积极宣传老挝爱国战线的路线，为扫除文盲、计划生产以及为保卫解放区而战斗。教育和文化建设也是巩固解放区的主要内容和措施。老挝爱国战线在解放区规定了 9 年制的教学制度，即小学 4 年、中学 2 年、高中 3 年。在各级学校一律使用老挝语教科书，并使用了一些少数民族的文字。此外，在解放区还创办了师范学校和农业、技术、艺术、卫生等各方面的专门学校，属于中央教育委员会管辖。在 1968—1970 年的 3 年教育计划中，要求达到每村有 1 所 5 名教师的小学的目标。1973 年还开办了师范大学，当时解放区的各种学生人数已达 8 万多名。①

另外，在桑怒还设有军事学校，实施政治思想教育、军事技术、组织活动等方面的严格训练。当时老挝人民解放军制定了 8 项纪律，主要包括服从命令，爱护人民财产，不弄污水井、水道和民居，对人民有礼貌，教育人民和帮助他们生产，尊重各族人民的习惯和传统等内容。可以看出，这些纪律也主要是为了团结群众、巩固解放区以战胜外来侵略而制定的。经过严格的军事训练和在战斗中锻炼成长，以及解放区的扩大和巩固，到 20 世纪 60 年代末，老挝人民解放军的各种部队总兵力已经发展到 4 万多人。解放区的扩大和巩固，以及老挝人民解放军的发展，为老挝人民民主共和国的建立奠定了基础。

表 10-1　老挝人民解放军兵力及分布状况（1969 年 9 月 15 日）②

省份	营数	人数
南塔	3	700
丰沙里	2	650
琅勃拉邦	20	5935

---

① 胡一声、郑焕宇编译：《现代老挝的实况》，《东南亚研究资料》1982 年第 4 期。

② Arthur J. Dommen. "Conflict in Laos, the Politics of Neutralization", Frederick A. Praeger, New York, 1964, p. 310.

省份	营数	人数
沙耶武里	6	1120
万象	3	625
波里坎	未证实	未证实
桑怒	14	3755
川圹	24	5105
甘蒙	13	3240
沙湾拿吉	7	1715
沙拉湾	5	1600
瓦比坎通	1	325
巴顿	2	700
占巴塞	3	650
阿速坡	4	1125
西坦顿	3	1025
指挥和援助的兵力		16400
总计	110	44670

第四节 和平协定和人民民主共和国的成立

美国对老挝的轰炸，从 1964 年断断续续地进行到 20 世纪 70 年代初，这时的美国与战后初期相比已经有了很大的变化。第二次世界大战结束以后，世界各主要国家都遭受了不同程度的损失，美国则自恃军力雄厚，到处出兵，它代替法国的位置入侵印度支那就是一个很好的例子。但是，这种军事扩张和称霸的行为并没有给美国带来荣誉和利益,反而在越南和印度支那的战争中陷入了困境。1968年,美国举行第 37 届总统选举,尼克松为共和党的总统候选人。他提出结束越南战争来实现和平,说明美国在印度支那的战争非常不得人心。因此,当时虽然是民主党执政,但尼克松在竞选中取得了胜利,当选为美国总统。

尼克松上台以后,面对越南战争的困境,开始减少美国在东南亚的军事力量。1969 年,尼克松提出"关岛主义",宣布美国将鼓励并有权期望亚洲国家自己来处理本国的安全与军事防务问题。1971 年 7 月,尼克松秘密派遣国家安全事务特别助理基辛格到北京,同周恩来总理进行了密谈。1972 年 2 月,尼克松访华,实现了中美关系正常化。这对印度支那局势的发展产生了一定的影响。从 20 世纪 70 年代初开始,美国从南越、日本、朝鲜、泰国、菲律宾和中国台湾撤出部分军队,提供军援建立当地部队来代替美国军队。美国驻亚太地区的总兵员从 90 万人减为 24 万人,现役军人也由 354 万缩减为 216 万。[①]美国在亚太地区的战略目标,基本上缩小到维持对日本和南朝鲜的条约义务方面。

美国对东南亚政策的改变,是印度支那三国和世界爱好和平国家及人民长期斗争的结果,也是美国在越南战争中陷入困境后而不得不作出的反应。1968 年 3 月 31 日,美国宣布"部分停炸"越南北方,5 月 10 日,美国和越南在巴黎的会谈开始。

然而,美国对老挝的轰炸仍没有结束,反而更加大了轰炸的规模。1969 年,美国在老挝农村投下的炸弹,比任何一年在越南北方投下的炸弹都多。在此以后的 3 年中,美国在老挝投下了 300 万吨炸弹,破坏了绝大部分的老挝村庄。在对农村进行轰炸后,幸存者被带走集中到"难民营"中,对待川圹地区的人民尤其如此。随着集中的人数不断增加,又出现了"难民中心""团结村""复兴区"等被控制区域,同南越的"战略村""繁荣区"属同样性质。到 1970 年,"复兴区"的人口已达 50 万,其数字相当惊人。原因是老挝人口较少,而当时大多数地区又是在老挝爱国战线的控制之下,万象方面控制地区的人口最多不超过 150 万。美国的 B-52 型飞机不仅继续轰炸老挝,而且进驻了泰国基地,这不能不说是对老挝的严重威胁。除了指使和利用右派军队进攻解

---

① 徐天新、梁志明等:《当代世界史,1945—1987》,人民出版社,1989,第 285-286 页。

放区、采用"老挝人打老挝人"的战略以外，美国还把南越军队的"特种兵"运入老挝参战，并且在中、下寮地区使用化学毒药。因此，老挝人民斗争的任务还相当艰巨。

1968年10月25日至11月1日，老挝爱国战线在桑怒解放区举行第三次全国特别代表大会，通过了12点政治纲领，号召全国人民和各阶层、团体团结一致，共同进行斗争，打败美帝国主义，建立新的民族民主联合政府，实现老挝的独立与和平。1969年4月，老挝爱国中立力量在川圹举行全国会议。会议通过了当前行动纲领，并宣布组成老挝爱国中立力量联盟，坎苏·高拉任联盟中央主席，丰沙里中立力量领导人坎温·布法和川圹中立力量领导人敦·逊纳拉等人任联盟中央副主席。老挝中立力量联盟和老挝爱国战线并肩战斗，共同反抗美国的侵略和右派的进攻。1970年2月，老挝爱国军民粉碎了美国利用王宝部队发动的"库杰"战役，保卫了川圹—查尔平原的解放区。

在对外方面，由于长期共同抗法、抗美等方面的原因，老挝爱国战线和越南的关系日益密切，这对抗美战争胜利后两国关系的发展有一定的影响。1969年12月，老挝爱国战线在河内正式设立驻越南新闻处。1970年4月，印度支那三国举行了四方领导人最高级会议。苏发努冯在会议上强调，三国人民要加强团结，相互支持，打败美国及其仆从，以保卫三国真正的独立和主权。为了进行共同抗战，会议决定采取相互支援的策略。这在当时无疑是正确的方针，但后来这种相互支援的关系被歪曲和利用。

随后，老挝人民解放军在下寮发起了一系列的军事攻势。在三国的边境地带，出现了由北越、南越解放战线、柬埔寨民族统一战线和老挝爱国战线相互支援的后方基地。1970年6月9日，老挝人民解放军解放下寮重镇沙拉湾。9月以后，美国出动大批战略轰炸机，对从老挝北部到胡志明小道的地区和边境地带进行了大规模的轰炸。1970年，美国飞机轰炸老挝达111872架次；1971年为90059架次。1971年美国每月对老挝的轰炸次数由517架次增加到1096架次，这一年美国还出动B-52轰炸机8823架次轰炸老挝，占美国使用B-52轰炸机轰炸印度支那三国的70%。[1]

① Perala Ratnam，"Laos and Super Powers"，p. 133.

为了切断胡志明小道，消灭老挝爱国战线的后方基地，1971 年 2 月，美国又派南越军队进攻下寮地区，发动了"岚山七一九"战役，但很快就被老挝人民解放军击退。经过了无数次争夺，到 1971 年底，老挝人民解放军完全收复了查尔平原、芒绥等地。在这一年里，老挝爱国军民共歼敌 4 万多名，击落、击毁敌机 700 多架，缴获大炮、武器不计其数。1972 年 1 月，老挝人民解放军攻占了桑通、龙镇等重要城镇。5 月，整个波罗芬高原获得解放。老挝人民解放军粉碎了美国和"特种部队" 7 月在老挝南部发动的"黑狮"战役和 8 月份对查尔平原的进攻。这一系列的胜利，为老挝抗美战争结束和内部的和平谈判奠定了基础。

为了实现老挝的和平，与万象方面进行会谈，1970 年 3 月 6 日，老挝爱国战线发表声明，提出了解决老挝问题的五点政治主张，主要内容是：美国必须停止侵略老挝；老挝必须成为一个独立、中立的国家；老挝各方面通过谈判解决自己的问题；保障全体老挝人民的民主权利；立即停止敌对行动，为会谈创造条件。当时美国的轰炸十分凶猛，美国国防部长也宣称，在任何情况下都要继续轰炸老挝。富马感到自己仍有能力采取其他手段解决问题，因而拒绝了老挝爱国战线的提案。1971 年 5 月，随着老挝人民解放军不断取得战斗的胜利，老挝爱国战线再次提出两项新建议：① 美国必须无条件地停止轰炸和侵略老挝；② 老挝各方立即停火，商谈组织临时联合政府等问题。6 月，苏发努冯又致电富马，重申解决老挝问题的两项建议：一是停火，二是会谈。两项建议再次遭到富马的拒绝，他建议仅在查尔平原地区实行停火。实际上，这个时候，美国在老挝的战争已经宣告失败，连美国也不得不承认这一点。富马之所以提出仅在查尔平原停火，无非是想避免更多的地区被老挝人民解放军占领，以保持未来进行的谈判条件而已。

1972 年 2 月 3 日至 6 日，老挝人民党召开第二次全国代表大会，决定将党的名称改为老挝人民革命党。大会通过了党的政治纲领，修改了党章，选举了新的中央委员会，凯山·丰威汉再次当选为党中央总书记，并兼任中央军委主席。随着解放区的不断扩大，老挝人民已经胜利在望。在长期抵抗外来侵略的战争中，印度支那三国人民并肩战斗，相互支持，精诚团结，越南方面也给了老挝一定的支援。但是，在抗美战争的最后时期，越南军队却更多地进入老挝，双方的关系似乎更加密切。很显然，这种行为不仅仅是为了帮助老挝抗美，而是另有目的。

富马的日子很不好过，军事上的不断失利使他感到十分恼火，右派军队装备精良，但士气低落，战斗力差，他只有要求美国增加军事援助来作为支撑。政治上，虽然他一直认为自己是政府首脑，但实权常常是操纵在别人手里。1972年5月4日，万象方面"国民议会"的30多名成员成立了"保卫宪法委员会"。该委员会在16日举行的会议上，通过要富马内阁辞职的议案，理由是富马内阁没有按照宪法的规定举行国会承认政府的仪式。议案遭到了富马的拒绝，他表示不改变三方联合政府的内阁形式。7月24日，在富马与苏发努冯的全权代表会谈以后，万象方面不得不同意在老挝爱国战线1970年3月6日提出的五点政治主张的基础上进行谈判。不过，富马认为，这五点政治主张只不过是个讨论基础，他并不能全部接受下来。他还提出，在解决老挝问题时将军事问题和政治问题分开讨论，遭到了苏发努冯的拒绝。

从1972年10月中旬开始，老挝爱国战线方面的代表团和万象方面的代表团在万象正式举行谈判。在这期间，富马分别访问了美国和法国等国，以寻求对老挝的支持和援助。1973年1月27日，美国和越南在巴黎签订《关于在越南结束战争、恢复和平的协定》。在该协定中，美、越双方都表示尊重老挝和柬埔寨的中立；柬、老两国的内政由这些国家的人民在没有外来干涉的情况下自己解决；印度支那各国之间的问题，将由各国在相互尊重独立、主权和领土完整以及互不干涉内政的基础上加以解决。从后来的情况看，美国不得已确实撤走了其侵越的50万军队，结束了对印度支那三国的战争。但是，越南并没有完全履行其在协定中的许诺。

美越和平协定的签订，对老挝双方的谈判也有一定的影响。1973年2月21日，老挝爱国战线方面和万象方面在万象签署《关于在老挝恢复和平和实现民族和睦的协定》。该协定规定，从2月22日中午起停战，并准备组成新的临时联合政府；在此之前，双方各自管辖自己的地区。在签署万象协定的第二天，驻檀香山的美军司令部宣布停止对老挝的轰炸。然而，富马亲王要求美国飞机继续对老挝进行轰炸，万象方面的军队也没有停止进攻。在这期间，万象还发生了以前老挝王国空军司令陶马为首的政变，但很快归于失败。

9月14日，老挝双方终于签订了《关于在老挝恢复和平和实现民族和睦的协定的议定书》（下称《议定书》）。《议定书》规定，准备组成的临时民族联合政府，将包括1名不在双方相等席位之内的首相。政府共设25名大臣和国务秘书，万象方面有副首相1人和大臣4人，负责教育、艺术和体育、青年部、国防和退伍军人部、内务和社会救济部、财政部、卫生部等5个部,以及国务秘书6名;各爱国力量方面大臣和国务秘书的人数一样,1位副首相和4位大臣负责外交部、公共工程和运输部、经济和计划部、新闻、宣传和游览部、宗教部等5个部。另外两位大臣的名额给赞成和平、独立、中立和民主的知名人士,分别负责邮电部和司法部。临时民族联合政府将按照双方一致的原则处理国家的一切重要事务,奉行独立和中立的对外路线,实现民族和睦和统一,把老挝建成一个和平、独立、中立、民主、统一和繁荣的国家。此外,《议定书》还规定了关于成立民族政治联合委员会、实现人民的各项自由民主权利、使琅勃拉邦市和万象市中立化、停火、外国撤军和组织执行协定和《议定书》的中央联合委员会以及有关监察和监督机构等条款。[①]

1973年10月,为了实现琅勃拉邦和万象的中立化,老挝人民解放军开始进驻这两座城市。11月,执行协定中央联合委员会在万象开始工作,以黎笋为团长的越南党政代表团也访问了老挝的解放区和爱国战线。在发表的联合声明中,双方决定将进一步加强团结,密切合作,相互依靠,决心像保护自己的眼珠一样维护两国各民族之间的团结和友谊,并且为两国人民之间的特殊关系感到自豪。由此不难看出,越南对老挝的影响在不断增加。

经过了多次的会谈、磋商之后,1974年4月5日,富马和苏发努冯在琅勃拉邦共同签署公报,成立了以富马为首相、富米·冯维希和仑·英锡相迈为副首相的临时民族联合政府和以苏发努冯为主席的民族政治联合委员会。第二天,上述两政府机构成员在富马和苏发努冯的率领下,在万象翁德庙举行隆重的宣誓就职仪式,而后便分别开始了其正常工作。5月24日,民族政治联合委员会主席苏发努冯、副主席坎苏·高拉和西苏曼·西萨銮萨签署了关于把老挝建成和平、独立、中立、民主、统一和繁荣的国家的18点政治纲领,在7月份临时民族联合政府的例会上获得一致通过。

临时民族联合政府成立前后,老挝爱国战线已经控制了全国绝大部分地区。虽然这时期仍有战斗,但右派早已无力抵抗老挝人民解放军的强大进攻,老挝的抗美救国战争已进入决定性的胜利阶段。1955—1975年的20年间,老挝爱国军民共消灭敌军231285名,其中打死138082名,打伤39943名,俘虏和投降48874

[①]《关于在老挝恢复和平和实现民族和睦的协定的议定书》,载《印度支那转折的一年,1972—1973》,越南外文出版社,1974。

名，起义投诚 4359 名。在被消灭的敌军中，有美国兵及其雇佣兵 27349 名。在这 20 年中，老挝爱国军民共缴获和摧毁各种枪炮 77359 件，击毁和击落敌机 2519 架，缴获和摧毁无线电收发报机 2750 台、各种车辆 1885 辆，缴获、击沉和击伤敌人战舰 249 艘，缴获各种军用物资共 199000 多吨。①

从 1975 年 1 月开始，老挝各地群众纷纷举行示威游行，要求执行万象协议，解散"国民议会"，镇压反动分子。4 月 13 日，老挝国王签署谕令，解散以培·萨纳尼空为主席的"国民议会"。与此同时，印度支那三国的抗美战争也进入了最后阶段。4 月底，柬埔寨金边和越南西贡先后被解放，这大大鼓舞了老挝人民。5 月 5 日，老挝人民革命党号召全国军民夺权，于是，在全国各地纷纷掀起了夺权运动，老挝人民解放军也相继进驻各重要城镇。在万象和琅勃拉邦等地，爆发了反美、反右派的示威和游行活动。老挝爱国战线也举行中央委员会，号召老挝军民奋起斗争，驱逐美国新殖民主义者和右派分子。5 月 20 日，老挝人民解放军的坦克、炮兵和装甲部队进驻万象市。5 月底，美国关闭了在老挝的"美援署"。

随着夺权斗争的进行，一些高级官员和将领辞职或逃出老挝。联合政府中的财政部大臣贡·萨纳尼空、国防和退伍军人部大臣苏·纳占巴塞，万象方面军队的第二军区司令王宝、第五军区司令通立等都宣布辞职，右派分子或外逃，或被清除，逐渐为老挝爱国战线的成员所代替。6 月 27 日，美国军事人员撤离老挝。8 月 23 日，万象省、市群众举行夺权大会，宣布推翻旧政权，万象省、市正式由老挝爱国战线方面接管。全国的夺权斗争胜利结束以后，老挝人民革命党也逐步公开。

1975 年 11 月 29 日，老挝国王西萨旺·瓦达纳宣布自愿退位。12 月 1 日至 2 日，老挝爱国战线中央在万象召开老挝全国人民代表大会，接受了国王的退位书及临时民族联合政府和民族政治联合委员会的自行解散书，宣布废除君主制度，建立老挝人民民主共和国。大会通过决议，任命苏发努冯为国家主席和最高人民议会主席，凯山·丰威汉为政府总理，诺哈·冯萨万和富米·冯维希为副总理，西萨旺·瓦达纳为国家主席最高顾问，梭发那·富马为政府顾问。象征旧王朝的三头象国旗也被老挝爱国战线旗所代替，成为新的国旗。从此，老挝的社会发展进入了一个新的时期。

---

① 老挝《人民之声报》，1977 年 1 月 20 日。

图书在版编目（CIP）数据

老挝史 / 申旭著. —上海：上海教育出版社，
2024.8. — ISBN 978-7-5720-2844-1

Ⅰ. K334

中国国家版本馆CIP数据核字第2024KJ8819号

策　　划　张　弛　陈杉杉
责任编辑　张　弛　陈杉杉
书籍设计　陆　弦

老挝史
申　旭　著

出版发行　上海教育出版社有限公司
官　　网　www.seph.com.cn
地　　址　上海市闵行区号景路159弄C座
邮　　编　201101
印　　刷　上海盛通时代印刷有限公司
开　　本　700×1000　1/16　印张 17.25　插页 5
字　　数　280 千字
版　　次　2024年8月第1版
印　　次　2024年8月第1次印刷
书　　号　ISBN 978-7-5720-2844-1/K·0029
定　　价　98.00 元

如发现质量问题，读者可向本社调换　电话：021-64373213